U0137569

大清权监

李莲英

王牧 著

团结出版社

图书在版编目（ＣＩＰ）数据

大清权监李莲英 / 王牧著. -- 北京 ：团结出版社，
2019.3

ISBN 978-7-5126-6815-7

Ⅰ．①大… Ⅱ．①王… Ⅲ．①李莲英（1848-1911）
—传记 Ⅳ．①K827=52

中国版本图书馆 CIP 数据核字(2018)第 277754 号

出　　版：团结出版社
　　　　　（北京市东城区东皇城根南街 84 号　邮编：100006）
电　　话：(010) 65228880　65244790　（出版社）
　　　　　(010) 65238766　85113874　65133603（发行部）
　　　　　(010) 65133603（邮购）
网　　址：http://www.tjpress.com
E-mail：zb65244790@vip.163.com
　　　　　fx65133603@163.com（发行部邮购）
经　　销：全国新华书店
印　　装：三河腾飞印务有限公司

开　　本：170mm×240mm　　　16 开
印　　张：15
字　　数：232 千字
印　　数：4045
版　　次：2019 年 3 月　第 1 版
印　　次：2019 年 3 月　第 1 次印刷

书　　号：978-7-5126-6815-7
定　　价：45.00 元

前　言

中外历史都曾出现过太监，在古代奴隶制时期的埃及、希腊、罗马、波斯等文明古国，太监的活跃程度亦不亚于当时的中国。但上述这些国家的宦官随着时间的推移，均较早地退出了历史舞台，而中国的宦官制度却逐渐发展完备。中国宦官制度产生之早、延续之久、组织之严、影响之大，都是世界历史上绝无仅有的。中国历史上多次发生宦官专权、干预朝政，对封建社会政治有重要影响。

在漫漫的岁月长河中，或气吞山河，或文韬武略，或诗词歌赋擅长者无数，但有这样一类人一直不被人重视。他们拿腔捏调、脚踩碎步，在皇宫大内维持着生活秩序，干一些体力劳动，在皇帝嫔妃的日常起居中终老一生……总之，他们的下场一般都不是很好。

这些人丧失的不仅是男人的雄性气概，更多的是丧失了基本的尊严……生时，在主子面前不敢竖直脊梁；死在家乡的坟园中也要偷偷摸摸地藏在犄角旮旯里。但是，正所谓行行出状元，就在这些阉人之中，偶尔也有一两位倚仗着主人的势力，在中国的历史进程中，发挥了极为重要而又特殊的作用。其中，最著名的就是清朝的大太监李莲英。

李莲英祖籍杭州，生于河北大城一个农民之家。9岁时自愿净身入宫，抱定沐浴皇恩、光耀门楣的决心。入宫后，他为人处世活络，很快就熟悉了宫中生活。为了得到慈禧的宠爱，他不惜只身前往青楼苦练梳头绝技；慈禧抱病在床，他数月衣不解带，日夜伺候在床前；为了结交权臣，他不惜将同乡的女儿作为礼物供人享乐；为了巩固、提高自己在宫中的地位，他竟然异想天开，想通过慈禧让胞妹入皇宫，做光绪的妃子，以跻身皇亲国戚之列……

最终，他凭着伶牙俐齿、聪明的头脑、俊朗的相貌，博得了慈禧的充分信任以及王公大臣的敬畏。他也趁机打着慈禧的旗号，大肆卖官鬻爵，私收贿赂，在不长的时间里便在京城和家乡建起了数处豪华宅院……

李莲英

在慈禧垂帘听政的几十年中，不管是挪用军费建颐和园，还是协助慈禧扫除政敌；不管是签订丧权辱国的不平等条约，还是立溥仪为帝，李莲英都在其中起到了不容忽视的作用。

本书从李莲英儿时的超凡不群，到青年时的邀宠苦干；从中年时的权倾天下，到老年时的衣锦还乡均给予了详尽细腻的描述……

李莲英的一生，不仅是一部中国头号大太监的心酸血泪史和腾达发迹史，更是一部惊心动魄的皇权争斗史。李莲英聪明伶俐，随机应变，不离慈禧身边，为她充当耳目，参与朝政出主意，卖官鬻爵敛财富，成为首屈一指的人物。由于他左右了慈禧太后，朝中无人敢惹，文武君臣敢怒不敢言。

李莲英虽然狡狯圆通，生前没有受到大的政治报复，但终因作恶多端，不得善终，死因始终是个解不开的谜。

目　录

第一章

一代权监的童年

1 李莲英故乡大城县

富饶而广袤的华北平原，沃野千里，一望无垠。巍巍太行山之东，有一条小河静静地流淌而过，这就是子牙河。子牙河位于河北省南部，河道由西南流向东北，穿越饶阳、献县、河间、大城、静海等县，经天津市注入海河，是海河水系五大河流之一。在历史的长河中，她久经沧桑，给人们带来过喜悦和欢乐，也带来过灾难和忧愁。

在子牙河流经的县域中，大城县历史悠久，底蕴深厚，旧时曾以人性平和宽舒称"平舒"。自从五代时期改为大城以来，已有一千多年的历史。大城县历史上虽是个小县，却出了不少的历史人物，至今仍然挂在人们嘴边。如明代万历年间的辽东巡抚李松，就是大城县东陈村人，他与总兵李成梁一起抗击女真人入侵，取得了赫赫战功。另外，据《清史稿》记载，慈禧太后的先祖杨吉砮就死在李松手下。而偏偏这里又出了一个慈禧最喜欢的奴才，真是造化弄人啊！

子牙河蜿蜒流入大城县境内，在城南十多里处，突然向东拐了一个大弯，变成了由西向东的走向，而且流经十几里后，接着又折向东北而去。因此，老辈儿人把这一带叫做十里弯。这一段子牙河的南堤外，历来是大城县的富庶之地，因为它地势高，土质好。旱了可用子牙河水浇地；涝了又可以向低注处排水，可谓旱涝保收。所以此处一年都显得有生机。就在这块富庶的土地东头，错落有致地分布着十几个村落。无论朝代如何更迭，这里的人们繁衍生息，很少受到外界的干扰。李莲英就出生在这里一个叫李贾村的地方。

李家的祖籍是浙江钱塘。明朝初年，钱塘人李滋出仕到山东做官，因不愿同流合污，得罪了当地的乡绅酷吏，被贬为庶民。又因任上清廉，没有落下家资，甚至连回浙江的路费都没有，便流落到山东省青州府齐河县石门高庄为民。

明洪武大帝朱元璋死后，靖难兵起，朱棣由北而南处处用兵，历时三年之久，而大城县正好在北京和山东之间，给这里的老百姓带来了深重的灾难。一时间，大城县境内人烟稀少，土地荒废，荆棘丛生，景色凄凉悲惨。朱棣登基后下令迁民，李滋趁机携同眷属迁到大城县落户。李滋来到这里，举目无亲，只好在乡邻的帮助下暂时栖身于村东许财主家看守园田的两间破房里。后来李滋几经努力才盖了几间茅屋草舍，算是定居下来。

李滋为人平易近人，又老实肯干，再加上读过几年经文，因此对操持家业、从事农耕无不克勤克俭，日子逐渐富足起来。《李氏家谱》中就有这样的记载：李滋凡与人交往，持重老成，又从不与官吏豪绅过往，凡乡间邻里，有议论时政者，皆避而远之，因此人们称他"隐君子"。

李家逐渐繁衍壮大起来，儿孙们又各立门户，自建家业，家族日渐兴旺。当地一直流传着这样一个神奇的故事，算是对李家先祖勤谨品德的一种肯定吧，其内容是：李滋初到大城县，暂时住在两间破房子里，因天冷总是把门关得很紧，可每天晌午时分，外屋里总有一只老母鸡"咯咯"地叫个不停，李滋很纳闷，它是从哪儿进来的呢？为什么偏偏在自己家门口叫个不停？一天上午，他趁其不备突然扑上去，想抓住它，结果这只老母鸡在屋子的西北角处遁入地下不见了。李滋疑惑不解，就拿起铁锨往下刨，结果掘地三尺，掘出大量金银财宝，从此，李滋就发了财。

明王朝自从明成祖朱棣迁都北京后，大城县归顺天府南路同知管辖。朝廷为了加强管理，便于征丁和纳税，户籍制度很严，村村落落都要有个名称，建立户籍、编制保甲，李滋便随着赵贾村的名字，也以自己的姓氏起名为李贾村，户籍归属安庆里（今安庆屯）十甲管辖。后来在它的西面和南面又相继建立了张、白、宋、梁、骆、房、王等七个贾村，也都是以首来户的姓氏命名的。李氏后人的讲述，除《李氏家谱》可资佐证外，刻于光绪十一年（1885年）的石碑也是有力的证明。

如今，仍然有人把李莲英当做河间府人，其实这种说法是不对的。河间古属瀛州，历史上大城县也确属其管辖过。但从五代起，大城县就归属霸州管辖了。到了明代大城县已归属顺天府管辖。《旧京人物与风情》一书中详细讲述了顺天府所管辖各州县情况：清代时顺天府管辖5州19县，5州是蓟州、通州、昌平州、涿州、霸州；19县为大兴、宛平、良乡、房山、三河、武清、宝坻、宁河、香河、保定（今文安新镇乡）、文安、大

城、固安、永清、东安、顺义、怀柔、密云、平谷。大兴、宛平县衙设于北京城中，分治城区与近郊。其余22州县的地方事务，由顺天府尹和直隶总督共同"查核"，所属的同知、知州、知县的升调迁谪都要与直隶总督会衔办理。也就是现在说的双重管理。一府掌管24个州县，事务太过繁多，往往难以细细考量，不免挂一漏万。遂于清康熙二十七年（1688年）将顺天府所辖5州19县，设4厅，由4路同知分管所属24州县。南路厅有霸州、保定（今文安县新镇乡）、文安、大城、固安、永清、东安等7州县，这样管理效率就大大提高了，不至于下情难以达上。

2　曾经辉煌的先祖们

李莲英（1848—1911）是李滋的第14代后嗣，这其中出过很多入仕途的读书人。李莲英的六世祖李应魁，字伯卿，号鹏所，万历戊子举人，壬辰进士，历任直隶凤阳府推官、吏部文选司主事、吏部验封司署员外郎主事、青州兵部防海道、山东按察使等职，敕封嘉议大夫，崇礼贤卿，山东省名宦祠还立有神牌；其九世祖李仔，字元弼，康熙戊午举人，敕授文林郎内阁中书。后来还有任其他官职者数人。所以，李莲英墓志碑文中提及其先祖多宿儒显官，是完全属实的。

李莲英的祖上后来家道中落。曾祖叫李弘起，早年因家境贫寒还要讨饭。他因拉得一手好胡琴，就随乡里的"打锣班"为一些富贵人家婚丧嫁娶时唱戏伴奏。他所在的"打锣班"常常因他的出色表现而获得赞赏和额外的赏钱，乡人便送了他一个"胡琴李"的美称。他的名声后来还传到京城，还进京为朝廷大员家演奏，得了不少的赏银，便决定在北京的西直门外开一个缝补旧鞋的小摊。因善于经营，家境慢慢好转起来。他省吃俭用，又过了些年，积累了些银子，就在西直门外堂子胡同买地盖房，开了个皮匠作坊，生意越发红火。

起初做些熟制皮毛等小生意，后来逐渐发展到制作车马鞍辔套具为主，生意越做越大。再后来又经人介绍与清廷军机处在前门外打磨厂开设的军需被服厂挂上了钩（即后来的永增军衣局），所熟制的皮革供应军需，生意由此有了质的飞跃，算是正式上道了。并且立了个字号叫"永德堂"，算是正式有了自己的品牌。

李莲英的祖父叫李万芝，共兄弟3人，大哥李万芬，二哥李万芳，他排行老三。因其叔父李弘秀无了，遂将其二哥李万芳过继过去以承后嗣，《李氏家谱》上对此有详细的记载。兄弟二人婚后就分家单过了。李万芝娶妻刘氏，分了十多亩土地，三间房子，夫妻二人起早贪黑，一个耕耘田间，一个在家纺线织布，过着衣食无忧的田园生活。几年后生了个儿子，取名叫李玉，这就是李莲英的父亲。

李玉是家中的独生子，有人说他是从西直门外捡来的，这是毫无事实依据的，《李氏家谱》也没有相关记载，不可采信。

由于北京店铺里生意兴隆，人手不够，李莲英的祖父就在道光六年（1826年）前后离开家乡，到北京与其父亲一起经营生意。李玉在衣食无忧的家庭环境中长到了十七八岁，好胜心也很强，一心想着发大财，便趁春冬两个闲季，也跑到北京的店铺中打下手，顺便学点儿手艺。后来，他还曾经在家乡为人制过皮毛。就这样一直长到了20岁，顺理成章地娶妻成亲，他的妻子是本县交河村曹姓家的姑娘，人称曹氏。曹氏虽然生活在普通的农家，但是天生一张巧嘴，能言善辩，遇事有主见，又会过日子，人人夸李玉娶了个好媳妇。

小两口过了两年以后便生了个男孩，起名国泰。又过了两三年，生了第二个男孩，这就是后来大名鼎鼎的李莲英。大凡与众不同的人物出生时，总有奇怪的事情发生，李莲英也是如此，他一生下来就长有两颗门牙，力气很大，哭声很大。可见李莲英出生时就异于常人。

3 童年生活非常优厚

李莲英的幼年时期，家道已经中升，他基本上是在一个小康之家度过了幼年时代，而非苦命出身。人们之所以说他出身寒门，肯定是有人根据一般太监的经历杜撰的。

李氏家族自迁居大城以来，前后历经四百多年的风雨沧桑，在饱经战乱中得到了发展。到了清朝咸丰年间，已繁衍成一个有五六十户人家的大家族。由于灾荒、战争等种种原因，家族中开始产生矛盾并逐渐分化。这

时的李氏家族，大体上已分成四支派系，李莲英家族属于第四门派后人。经过咸丰年间的家族大分化，李氏家族中有的在竞争中胜利了，便趁机发财，置买房屋、土地；有的在竞争中失败了，只好变卖家产维持生计，家境每况愈下。贫富分化很快就显现出来了。有些人家因入不敷出，寅食卯粮，常常上顿不接下顿，在大城难以继续苟活，只好迁徙外地，谋求其他生活的门路。

李莲英的父亲李玉在这次大分化中虽然不是获益者，但至少结果不是很差，加上他本来就有些积蓄，便趁着族人离家背井、逃难他乡之际，大量低价收购他们的房屋土地。没过几年工夫，他就购置了六七十亩土地。拴了一挂大车，盖了十多间房子。甚至农忙时节还要雇些短工，以便打理田中的一应劳作。在别人颠沛流离之际，李玉的日子却越过越红火。李玉夫妇认为这是求助神灵保佑得到的福气，便经常到村西的大庙里去上香，那一尊尊泥胎，则成了他们虔诚崇拜的偶像。

李玉向来教子很严，对他们也充满了希望，希望他们有人能继承李家的手艺和家产。李莲英从小就显得比同龄孩子顽皮、聪明，七八岁时便跟随父母打下手，做一些力所能及的活计。他在母亲面前总是显得比哥哥勤快能干，他干活用心，又麻利、乖巧，能把父亲熟制好的皮毛擦得干干净净，梳得顺溜又光滑，叠得整整齐齐，是继承"家族产业"的好苗子，因此很得父母喜欢。母亲见他聪明伶俐，认定他是块读书的好材料，便主张让他读书，指望将来获得功名富贵，升官发财，光耀门楣。父亲李玉则主张让他学手艺，继承自己的衣钵，保住李家的饭碗。夫妻二人为这件事还争吵过。

李莲英还有两个弟弟，平时照看小弟弟是他的主要任务。但是李莲英毕竟是小孩子，平时很是贪玩，可又总想在妈妈面前讨好，让妈妈高兴，就自己想出一个办法，每当和小朋友们做游戏时，总是用布条把小弟弟捆在自己的后背上。

有一次他和小朋友们玩耍，玩得很投入，弟弟在背上睡着了都不知道，脑袋在李莲英后背上随着李莲英的蹦蹦跳跳不停地晃来晃去，看着让人心酸。恰好妈妈看到了，就觉得李莲英太懂事了，很心疼地对他说：

"看好弟弟，等他会走了，就不用你背他了。"妈妈以为李莲英会非常高兴，谁知他却说："等他会走了，你又要给我生出一个弟弟了。"在场的人都被他逗得前仰后合。

李莲英不仅聪明伶俐，而且胆量过人。他小时候很会爬树，其他小孩都比不过他。他常常爬到大树上掏乌鸦和喜鹊蛋。其他伙伴都非常羡慕他的这项本领。他和小伙伴们一起玩耍时，从来都不吃亏。做骑马游戏时，他总是愿意先假装做奴才，然后假装做主人。这样他就可以"后发制人"，掌握占便宜的主动权了。而且他做游戏非常认真，他当奴才时，就服服帖帖、老老实实地跪在地上，让装主子的人骑到他背上去，认真履行"奴才"的职责；轮到他装主子时，手里总是拿一根柳条做鞭子，一面不断抽打"奴才"的屁股，一面耀武扬威、神气十足地大喊着："老爷来了！老爷来了！快开道！开道！"恰似一个高人一等的王爷。其实从这里也能看出他为什么会在宫中得到慈禧的重用和太监宫女们的敬重——认真履行自己的职责，把握好自己的定位：做奴才就要像个奴才样，做主子就要摆出主子的谱！

子牙河养育了大城县，是繁衍生息在这一带人民的母亲河。夏天他和小伙伴们到河里洗澡，总爱抹上一脸泥巴，做出各式各样的鬼脸，当逗得别人捧腹大笑的时候，李莲英却趁机偷袭小伙伴，使他们防不胜防，显出颇多的心机。

李莲英从小就得到祖母的疼爱，他经常跟祖母一起睡，躺在被窝里听祖母给他讲故事。他祖母是一个封建时期典型的乡下信奉鬼神的妇人，总爱给李莲英讲一些带神奇色彩的故事，李莲英也常常在这些神奇的故事中睡去。

一次祖母破天荒给他讲了一个真实的人物故事：明代万历年间，大城县东陈村出了一个兵部左侍郎，姓李名松，早年镇守辽阳，屡建战功，大城县令奉皇旨在县城内建立石牌坊一座，坐东向西，镌刻"兵部左侍郎少司马李松坊"，供后世瞻仰（此牌坊1958年被毁坏），人们都称他"李督堂"。

有一年冬天，李松到城隍庙里去玩儿，刚下过大雪，李松便随手捏了

个雪球，放在城隍爷的供桌上，随口叫城隍爷给他看好，如果丢失了，就要城隍爷的脑袋抵偿。到了第二年春天，天气暖和了，城隍爷再也看不住了，便在一天夜里，给他老师托梦，央求他快快告诉李松，赶快到庙里来取他的雪球，不然实在是看不住了。老师醒来，梦中情景活灵活现，很是纳闷，觉得非常稀罕。

第二天早上，李松来到学堂，老师便问李松，到城隍庙里玩闹过没有？李松一时记不起来，就说没有。老师说："你好好想想，城隍庙里的雪球是怎么回事？"李松经老师一提，忽然想起，说："去年冬天，学生去城隍庙里玩过一次，正好天降大雪，便随手捏了个雪球放在供桌上，让城隍爷给我看着。"先生说："你赶紧去吧！这么热的天气，城隍爷实在给你看不住了。"李松飞快地跑进庙里，果然看到供桌上尚有一片水渍和杏核大小的一个雪球。李松便顽皮地说："区区小事，何必如此当真。"他刚说罢，只见一阵清风吹来，雪球化作一团气体被刮走了。老师知道这件事的前因后果，认定李松日后必定大富大贵。从此就认真教习李松，功夫不负有心人，李松于万历年间考中武举，封疆镇守辽阳。后来打败入侵的金兵，当了兵部左侍郎。

李莲英平时听故事都是听着听着就睡着了，那天他却听得津津有味，以至睡意全无，听完后还问祖母："李松为什么不怕城隍爷？"祖母告诉他："人有一分胆量，就有一分天意，有一分天意，就有一分官职。李松有天分，又有胆量，所以后来才做了大官。"

李莲英被这个故事深深吸引住了，他非让祖母看他有几分天意，祖母告诉他："人一生有多大天分，都是命中注定的，做皇上的天分最大，就叫天子，老百姓的天分总在皇上之下。"李莲英虽然对祖母的这些话半懂不懂，但坚定了一个信念：人只要有胆量就能做官，胆量越大官越大。

不仅如此，祖母还给他讲了家乡的另一个名人——大太监李义的故事。明朝成祖迁都北京以来，大城县的黎民百姓，净身当太监的人很多。一是离北京近，二是生活所迫。大城县在明朝出了不少有权有势的宦官，其中影响最大、最有权势的就是李义。李义是大城县大里北村人。明朝宦官专权，李义辅佐朝政，很得皇帝宠信，权倾一时。

有一年，他私造宅院，雕梁画栋，富丽堂皇，吸引了很多人的目光。由于他平时得罪了一些人，就有人趁机在皇帝面前参了他一本，说他在家私造金銮殿，意图谋反。皇帝半信半疑，便暗中派人查询。李义于眼通天，很快就得到了风声，知道事情不妙。

他急中生智，把所造宅院改为庙宇，并雕塑了很多佛像，里里外外香火缭绕。另外，他还暗中贿赂前来调查的官员，让他们报知皇上自己在修佛建庙做好事。皇上得知后，不但解除了怀疑，还嘉奖了他。这样一来，更没人敢惹他了。

家乡人投奔他做官的很多。大城县的"要做官，找李义，想发财，北京去"的歌谣流传了很多年，可见其影响之大。

在祖母的熏陶下，李莲英把一个个传奇式的人物都记在了自己那幼小的心里，把他们都当成了自己的楷模，并暗暗发誓要成为家乡人羡慕的人物。祖母是他童年最信赖的人，也对他人生观的形成起到了很大作用，所以他一直对祖母怀有感激之情。

李莲英的一生，只在故乡待过8年时间，度过了幼年时期，童年生活刚刚开始，便去北京净身入宫，开始了他传奇的一生。

4 算命先生这样预言

大多数太监都出身寒门，所以很多人以为李莲英也是如此，其实这是一个误解。李莲英家庭殷实，绝非因为贫寒交迫、生活难以为继才净身入宫的。李莲英到底是什么原因才净身当了太监呢？

咸丰四年（1854年），李莲英6岁，正是活蹦乱跳、天真烂漫的年龄，却发生了一件改变他命运的事。

此时李家的日子正过得红红火火，这年春节，一家人欢聚一堂，沉浸在节日的欢乐氛围中。恰好李莲英的爷爷由北京回来过年，大年三十这天，太阳刚刚落山，李莲英的爷爷提着食盒，到村西海潮寺去烧香摆供，请神仙进宅。李莲英与其大哥活蹦乱跳地跟在爷爷后面。回来时，走到村西路口，李莲英不慎掉在一个路边的大深坑里，把左腿膝盖扭伤了，虽然当时非常疼，但是倔强的李莲英一声没吭，硬是没哭出来。

李莲英

　　家里人一来沉浸在春节的欢乐中，二来李莲英也并无大碍，也就无人理会这件小事，但李莲英的灾难却接踵而来。没等出正月，李莲英的左腿膝盖出了毛病，疼得他一瘸一拐，已经肿成一个大包，化脓溃烂，经医调治，也无济于事。家人非常着急，等到四月天气渐渐暖和，李玉便带着李莲英去北京找父亲，想请京城的名医调治。爷爷看到孙子受到这样的折磨，很是心疼，责备儿子为什么不早想办法，弄到这步田地才来北京，万一治不好，岂不耽误了孩子的前程？

　　第二天，恰好西直门外来了一个牵骆驼的人，以卖野药、相面、算命谋生。父子两个商量了一下，便把李莲英带去，想请这个人瞧瞧。卖药的游商大多能说会道，靠耍嘴皮子骗人钱财。他打量了李万芝三人一眼，虽说衣着打扮并不十分讲究，倒也不像穷苦人家，认为是有油水可捞的。再看看李莲英腿上的疮，正流脓水，就下定决心敲竹杠。他信口开河说："这是人面疮，现在才刚刚开始，以后会长的有鼻子有眼，还会说话，到那个时候就是华佗转世也无力回天了。现在要治还不算太晚，幸亏你们碰上我，如果贴上我的膏药，包好。到时候还请给传传名；如果治不好，也不能怪我的药不好，怨你们自己给孩子治晚了。我这药不能说药到病除，但一般这样的病还是可以对付的。"

　　李万芝父子被这个游商忽悠得一惊一乍的，深感自己的孩子是得了不治之症，又见他说能治好，心里是又害怕又庆幸，认为这是求之不得的事，于是就请他给治。游商先给了他们一包药面，又给了几贴膏药，说此药并不贵，只收他们两个"咸丰重宝"。李氏父子救子心切，毫不犹豫就给他两个"咸丰重宝"。

　　游商本来只是想忽悠他们，没想到他们倒真的上钩了，于是趁热打铁，接着又像模像样地端详了李莲英一番。故意为难地皱了皱眉头说："这孩子命相与众不同，如果您二位先生肯多破费几个，我就给他相上一面。不过丑话说在头里，命相好也不要高兴，命相不好也不要烦恼，凡是我能破解的就给破解了，也不能让您白花钱。"他说着又问李万芝："这孩子是您的什么人？"当李万芝告诉他是自己的孙子时，这游商又说，"你多花点儿钱真的是值得的，因为这样可以避免以后出大乱子。"李万芝点头同意。

只见游商装模作样地先看了看李莲英的面相，又端详了五官，接着又看了看掌心和手纹。脸上的表情也变化莫测，最后对他们说："二位先生可别见怪，恕我直言，这孩子的命相实在不同一般，他是一把铁扫帚命，十岁以后，您家就要大祸临头，上克父母，下克兄弟姐妹。"李家父子听了不觉打了个寒战。

这个游商神秘地说："要想躲过这场灾难，办法有两个，一个是入佛门，一个是入皇门。入佛门就是让孩子出家当和尚；入皇门就是让孩子净身入宫当太监，别无选择。"李家父子听了神情有些恍惚，付过钱，便垂头丧气地回家了。

不管大人如何心事重重，李莲英毕竟是个只有6岁的孩子，对这些话显然是听不懂的，而且也不以为然，只是看到爷爷和父亲很不高兴。李玉把药给儿子敷上，又贴上膏药，叫他在炕上躺了几天。李莲英的疮流出不少脓血，果然日渐好转，十多天后，竟然长好了。李家本来迷信鬼神，这疮一好，就把游商的话奉若神明，天天挂在心上。从此一家人老老小小像是套上了一副沉重的精神枷锁，不知道哪天李莲英会把自己克死。

李莲英的爷爷本想把他留在北京，可是由于当时太平天国的活动人员已经在北京开始秘密活动，朝廷管得很严，北京城开始设防，时局变得非常乱。李万芝怕出意外，便给他们父子打点了些盘费干粮，让他们先回老家。分别时李莲英不愿离开爷爷，拉着爷爷的手久久不愿松开，李万芝也被深深触动了。

李玉带着李莲英回到家里后，他们在北京相面的事儿很快就传遍了全村几十户人家。好事不出门坏事传千里，人人都知道李莲英是个非同寻常的人。

正所谓墙倒众人推，平时和蔼的乡亲开始私下讨论李莲英。有的说他小小年纪，心眼多，鬼头鬼脑，虽不甚爱说，可说起话来一套一套的，挺受听的。出奇的是一生下来就长着两颗门牙，这不是好兆头，是犯天上星星来的；有的说算卦相面的就是为了糊弄有钱的人家，不说得邪乎点谁能给钱呢！也有的说信也好，不信也好，等着日后看结果吧。李莲英的奶奶

和妈妈素来信奉鬼神，便今天烧香，明日摆供，祈祷神仙保佑。

总之，年前腊月的那一跤，算是改变李莲英命运的一跤，彻底改变了他的人生轨迹，冥冥之中把他前方的路伸向了某个神秘的地方。

5 为避祸难决定进宫

一家人就在旁人异样的眼光中过着提心吊胆的日子。咸丰五年（1855年）春天，李莲英7岁了，到了启蒙的年龄，于是李玉就送他去乡塾里读书。李莲英头脑聪颖，一年间就把《三字经》《百家姓》《千字文》《圣贤集》等一类启蒙读本掌握了。李莲英有着惊人的记忆力，书背得滚瓜烂熟。第二年李万芝从北京回来，曾到村西海潮寺去施舍，并向主持讨回一套碗筷，给李莲英使用，还在寺里挂了单，意思是说这样就等于出家，虽然在家里吃饭，也不算是家里的人了，这显然是在北京经过"高人"指点后的做法。

对于"出家"这件事，李莲英始终都记在心上，凡涉及庄重场合都会强调自己的这个身份。光绪二十几年，他回家时还在寺里正殿上挂了一块长方形大匾。上书"以享亿年"四个金光闪闪的大字，下款署"信士弟子李英泰"，以此表明自己"出家人"的身份。匾的上方中间还刻有一方大印"慈禧御笔"。这块匾又厚又长，原是一块樟木所制，属于珍贵的历史文物，可惜在1947年十改时被盗，至今下落不明。直到今天，当地凡是涉及李莲英的题词落款等都用李英泰，怕用"莲英"二字，让人首先想到的是太监，惹人笑话。例如，光绪二十三年（1897年），大城县重修县志，他捐款资助，今天我们看到的《大城县志》中的记载是："李英泰捐助银一百两。"

李万芝在海潮寺给李莲英挂单出家的消息一经传出，村里那些关心此事的人都说不行。说李家这是自己欺骗自己，孩子8岁了，再也耽搁不起，还是想个万全之策为妙，别等真的出了什么意外，弄得家破人亡，后悔药可没处去买。李家人本来就对这一举动持中立态度，现在见这么多人表示怀疑，加上七长八短地这么一说，他们就沉不住气了。整日提心吊胆。经过反复商议，认为出家当和尚，做道人，会受一辈子穷，吃一辈子苦，枉来一世，不妥；送去净身当太监，又是断子绝孙的路，自己家庭虽算不上富裕，但是做到衣食无忧还是绰绰有余的，实在难下决心。况且宫里可不比寻常百姓人家，万一做错了事，不仅孩子倒霉，说不定还会株连到家族，风险太大。一家人为此踌躇不决。但面对村里人的议论纷纷，又不得不赶快作出决定，以防以讹传讹。

李莲英毕竟聪明伶俐，况且8岁了，常常听到家人谈论，外人对他也是闪烁其词、指指点点，也慢慢知道这些事情了。他自己想，必须尽快作出决定，一来解除家人的担心，二来堵上村里人的嘴，免得他们嚼舌根。于是他就在当和尚和进宫做太监之间进行权衡。心想当和尚没意思，秃头顶，穿沙鞋，一身灰布衣裳，整日担水弄柴，当道人也不过如此，还不够丢人的呢！于是他就对最信任的奶奶说："我不愿去庙里当和尚或当道人，我要去北京当太监。"其实他连什么是太监都不知道，但是他去过北京，只是从感官上觉得北京城又大又好，比乡村热闹繁华，那么太监也不会差到哪儿去。就这样，他在众人复杂的眼光中，为自己的命运作出了选择。

太监是奴隶社会、封建社会制度下的一种特殊产物，本来好端端的一个男子，硬生生改变他的生理结构，变得似男非女，成了一个畸形人，供帝王之家使役，在中国漫长的历史上一直持续了二千多年。

太监在中国古代称作寺人、阉人、阉宦、宦者、中官、内侍、内监等。太监的称谓始见于唐代。唐高宗龙朔二年（662年），皇帝命掌管车舆、服饰的殿中省为中御省，改监为中御"太监""少监"。这里的太监和少监是指充当这种职务的官衔。因其以宦官充任太监或少监，从此人们把早已存在而且沿用已久的宦官，通称为太监了。清代，满语称太监为"夸兰达"，汉语为"内奏事处太监"。

咸丰六年（1856年），在春寒料峭中，李莲英跟着父亲、祖父，拜别了祖母、母亲、老师和伙伴，又一次踏上去往北京的路途。这次跟以前不同，常言道："儿行千里母担忧"，何况这又是去那深宫大内，过那与世隔绝的生活？临走时一家人大哭一场，一向疼爱她的奶奶和妈妈一再嘱咐他，皇宫不比外面，规矩多，一定要小心谨慎，勤快办事，只有讨好主子，才有出头之日。李莲英虽然没说什么，但都铭记在心。然后告别了家

乡和亲人，和父亲、爷爷上路了。

6 "净身"太监的劫难

抱着美好幻想的李莲英到了北京，他第一次见到宫墙大院，天安门城楼，威武雄壮的石狮子，手持刀枪的禁卫军，心里不免有点害怕。

清朝中前期，进宫当太监，首先经内务府批准，送进敬事房，交慎刑司去净身。这里的"刀儿匠"称"官刀儿匠"，正名叫"阉役"。采用这种方法手术的人多是被拐骗来的孩子，或者是人贩子买来的孩子，卖给敬事房的，一来人贩子得了钱财，二来敬事房也懒得出宫去挑选合适的人选，所以这是最大的太监来源；也有些是穷苦人家的孩子，没有生路，想进皇门没有钱托人净身，就自己进去。通常称其为"官刑"。清晚期则出现了私设者，称"私刀儿匠"。这样的营生当时北京共有两家，一家姓刘，住在地安门内方砖胡同；另一家姓毕，叫毕五，住在南长街会计司胡同。会计司可不是管钱管账的人，当时的会计司是内务府的一个下属单位，专门负责往宫里输送太监和奶妈。"私刀儿匠"都是世家经营，别人不能随意插手，这也是经朝廷准许的。他们都和内务府来往频繁，关系盘根错节，是同一条利益链上的人。据说他们能享受六品顶戴，比七品知县还高。

每年的春、夏、秋、冬四季，他们将本季度阉割的人数登记造册，连同被阉的人一并送交内务府会计司。其中凡不满15岁者，按每人发给刀儿匠12吊铜元赏钱，名为"刀子赏"，亦称"洗手钱"。别看这些太监被折磨得很惨，但是太监入宫以后，得到权势还要贿赂"私刀儿匠"。特别是有些被拐卖来的无家可归的小孩，入宫前还要和他们认亲，以后当亲戚走动。入宫后对他们的净身之恩还会给予重礼报答，他们也可以从中捞到更多的油水。

李莲英的爷爷知道其中的弯弯道道，为了让自己的孙子少受痛苦，决定自己花一笔钱让李莲英净身。经请当时在刑部供职的亲戚赵惠田援引，就把孩子送去了南长街会计司胡同毕五家。毕家按照惯例，先是对孩子进行检查和测试。所谓的检查，其实就是检查生理结构，以此决定是否留用；其次是面试，主要是看五官是否端正。因为宫中对太监的要求很严，整日伺候主子，当然不能歪瓜裂枣让主子一天到晚看了心里堵得慌。所以五官不端正不行，脸上有疤、麻子不行，说话口吃不行，秃头不行，人不机灵、傻乎乎的更不行，总之要求很严格。

李莲英顺利通过检查，最后，毕家告诉李万芝父子，为了减少孩子的痛苦，趁着现在气候季节都合适，很快就要给孩子净身，否则不好愈合。净身后要养一段时间，最快也得入冬前才能交进内务府会计司去。这期间要交百十两银子作为饭费、手术费、置办靴帽袍褂费等。李氏父子知道这些都是"规矩"，就同意了。一切都商量妥当后，叫李家父子在一张生死与毕家无关的合同书上签字画押。签过字，李氏父子知道李莲英的命运就将发生彻底的改变，是福是祸，听天由命吧。李莲英倒没什么感觉，只需等待净身手术这道鬼门关了。

其实这净身是个"技术含量高"的工作，并不是一厢情愿就能遂心愿的。毕五是世家出身，对这一行非常熟悉，他下手稳准狠，干净利索，自己和孩子都少了不少麻烦。若是碰上那些手上技术不纯熟的，说不定还要进行二次"净身"，想来真是痛苦万分。

据史料记载：太平天国的领袖洪秀全为了后宫基本生活料理的需要，想制造一批太监，被阉者皆是童子。他从广州请来著名的西医负责阉割术，所用的药物、医疗器具等也都一应俱全，设备也比北京的刀儿匠的条件优越，按说成功率应该比北京高出很多。谁知手术后几百名童子全部丧生，没有一个能活下来。而北京的刀儿匠们，在当时一不消毒、二无麻药、三不消炎止痛的情况下，经过手术的人，绝大部分能生存下来，其中有什么原因，我们无从知晓。

早春的一天，李莲英被带进了那非常陈旧破烂不堪的手术室里。通常称这种手术为"蚕室刑"，因为手术室的房屋很小，又糊得密不透风，如同蚕室而得名；也有的把这种手术称为"腐刑"，因为多数太监小便失禁，经常遗尿，发出一种腐臭的味道而得名。对于一个刚刚8岁的孩子来说，面对这样阴森的环境和人高马大的彪悍陌生人，不害怕是不可能的。

手术之前，有人要求他喝下一碗又苦又涩的大麻叶（一种野生植物，

开白色喇叭花，果实外边全是刺，能起麻醉作用）水后，立刻被绑在上面铺着稻草、底下垫着草木灰的手术床上。毕五趁机手起刀落……然后随便敷上些草药，一切就算大功告成了。

毕五瞬间就完成了净身手术，但其痛苦非经历其害的人是难以想象出来的，李莲英也是普通人，当时就疼晕了过去。其实晕过去还算好的，死于这种酷刑的人，也屡见不鲜。

西汉时著名的历史学家、文学家司马迁于天汉二年（公元前99年），因替败降匈奴的李陵辩解一事，触怒了汉武帝而下狱，并且受了宫刑。后来他在《报任安书》中做过细致地描述："祸莫憯于欲利，悲莫痛于伤心，行莫丑于辱先，诟莫大于宫刑""每念斯耻，汗未尝不发背沾衣也"。以自己的亲身经历，痛苦地披露了净身是多么残忍的事情，以至于后来一想起这事还会汗流浃背，沾衣而湿。

通常称阉割手术叫"净身""去势"或"割势"。如果是自己在家中被父母阉割的叫"私白"。中年男子阉割当太监的叫"净"或"负"；对幼年自己阉割当太监的叫作"自负"，这和现在的自负一词的含义有天壤之别。

太监净身俗称出家，而自幼阉割的叫"奶地儿出家"（也许是取自刚断奶就净身的缘故），年满16岁未婚阉割的叫"闯门出家"，已娶妻生子阉割的叫"半路出家"（不是当和尚）。还有自幼拜太监为师，阉割后从师学习宫中礼节，16岁入宫充当太监的叫做"门儿里出身"（有点儿科班出身的意思）。如果是16岁或成年后尚未结婚或已婚生有子女，因家境贫寒，拜太监为师而后阉割的，叫做"靠身儿出身"。因家贫自己阉割或求"刀儿匠"阉割后到内务府请求充当太监的，不论年龄大小，一律称之为"投充出身"。通过宛平、大兴两县招募太监的牙行人招募来的叫做"招募出身"。据此看来，李莲英当属"奶地儿出家""投充出身"。

关于被阉后的情况，也有描述：被阉人手术后，当日说话声音立变，三天则胡须、腋毛逐渐脱落，七天精道便可封固，十二天撤去翎管，十五天创口平复，二十一天便可下地，下地这天称之为"出劫成道"，是被阉人值得纪念的大日子。这天"刀儿匠"和被阉者家属互相贺喜，请被阉人吃"炖肉面"。从此以后倘再遇有喜事，对太监就不能再说"给您贺喜"或"您大喜了"这样一类的话，而是以"××您吉祥"取而代之。如果说出"大喜"一类的话，则认为是对太监的嘲讽，因此太监平时最忌对他们说"大喜"二字。

毕五是个贪财心黑的刀儿匠，不仅净身手段残忍，敲竹杠的方法更是一流。李莲英净身后，他的爷爷第一次去看望孙子，毕五就狮子大开口提出："每年进宫的太监很多，大部分都是打下手，供人使唤。要想孩子入宫以后有好差事做，就得多花钱，串通内廷大太监从中做人情，给予周旋疏通才有可能被安排在嫔妃身旁伺候。"李万芝不希望自己的孙子遭罪，为了让孙子找个好差事，只好应承下来，并说："只有麻烦毕掌柜劳神了，等孩子以后出息了，一定不会忘记您的大恩大德。"

第二章

从小太监到大总管

1 初进皇宫拜师学艺

李莲英在完成了进宫前的最后准备，也是最重要的准备后，马上就要进宫做太监了。小太监入宫第一就是要拜师学艺，第二是认旗。李莲英按照规矩也要拜师，他拜的师傅是三大殿掌管玉玺的首领太监刘多生，此人后来在白云观挂单出家，法号刘诚印，人称印刘，自称"素云道人"。

小太监拜师学艺，这对他们来说也是一个人生的重要关口了。宫中规矩严格，礼节繁缛，必须站有站相，不能有半点马虎。如各种称呼、磕头、请安、问好、下跪、斟茶、端水、摆膳、传话、回事等都有一套严密的程序，不能随便乱来，必须在下面学通学精，才能被"分配"上差。

宫里规矩烦琐而具体，拿太监回话、请安来说，就非常讲究。其具体步骤就是：首先要摘下帽子，放在身体右边偏前，上身要挺直，头微屈，两眼直视主子膝关节，两条腿按先左后右顺序跪下，这叫双腿安。如主子过万寿节或赏赐银两物品时，要行三跪九叩大礼，有时还要接触地面，发出响声，叫磕响头，这是对人的敬重。对来访主人的人物，如品级低于主人者，只左腿跪地，不脱帽，右手虚接地面，这叫单腿安。再比如给主人递东西时，要将所递的物品与眉心平齐（跪拜时），双手捧起在身前，身子必须向左微倾，等等。而回话学问可就大了，请安要说"吉祥"，主子吃完饭，要说进得好；主子吩咐去办事，必须一遍就听明白，记得住，绝不能叫主子说第二遍，要用"嘛"表示领会，绝不许用"嗯""啊"等通俗不雅、含有轻慢之意的字眼。

再就是伺候师傅，中国向来注重尊重长辈和师傅，并由此构建起等级森严的封建社会。因此，在徒弟面前，师傅同样是高高在上的人物。作为徒弟，早上要给师傅打洗脸水，穿衣服、叠被子、倒尿盆，晚上要拿尿盆、铺被褥、洗脚，其次就是斟茶倒水，伺候吃饭、洗碗、洗衣服、点烟等日常事务。稍有不慎或伺候不好，就要挨骂、挨打、罚站、罚跪等。况且宫里等级森严，就连太监群体也是层次分明。清室的太监与明朝相比，虽说人数已经减少了许多，但是随着宫中安逸生活的蔓延，所需人手是逐渐增多的，到了咸丰年间，宫监机构仍有六十多处，太监近一千人。

设有总管内务府，以领其事。总管有一人，权力很大，管理宫内全部六十多处的太监。皇上、皇后及各宫都有总管，此外还有首领、回事、小太监等等。正所谓官大一级压死人，一级压一级，没人会把一个刚刚入宫的小太监放在眼里，所以被呼来喝去是家常便饭。而被皇宫大内里的皇上、后妃，高门深宅里的王爷、福晋、侧福晋打骂更是习以为常了。

总之，一个神仙一个香炉，总是磕不完的头、烧不完的香。因此，虽然宫里有严格的惩罚措施，还是有许多太监因无法受重重压迫和艰辛的劳作而私自逃跑，但被抓的下场很惨。一旦逃跑成功，就算逃出火坑了。那些被抓的太监如属初犯，不由分说先杖责一顿，体质好的还能禁得住，留下一条性命；若是再次逃跑，抓回来必定被活活打死，有时还会当着众太监的面，以达到杀鸡儆猴的效果。据记载仅光绪二十三（1897年）年十二月至光绪二十四年（1898年）十二月的一年时间里，宫中逃跑的太监就有119名。太监逃跑后，他的本管太监就会及时上报。下面就是一份关于有太监逃跑的奏报。

懋勤殿周得喜报：本处太监苏文志，现年18岁，系宛平县民。同治十二年八月二十日从会计司交进宫，补懋勤殿当差，于同治十三年五月×日，告假剃头至晚未归，随差人各处寻找，并无踪迹，竟是初次逃走，查得官物私物一概不少，为呈报面貌帖，身中面黄有麻，头戴缨帽，身穿蓝布袍，青布褂，足穿青布靴，系正黄旗七家管理下。

李莲英入宫以后，由于聪明、机灵很得师傅刘多生的喜欢，更是和慈禧心腹太监安德海关系甚好，李莲英的师傅虽然是刘多生，但是却一直跟安德海学艺。可以说，李莲英一入宫就受到不错的待遇，这对于一个刚入宫的低等太监来说是非常难得的。

2 才艺双全获得赏识

皇宫内的规矩非常多，而且执行得十分严格。清初，考虑到太监是奴婢之辈，没有必要掌握诗文等"高等人"才从事的活动，所以从来不允

许他们读书习学诗文。据说雍正皇帝曾明令，凡宫中太监有读书习学诗文者，一律加以处罚。这种严厉的规定一直延续到咸丰皇帝时期。自从慈禧垂帘听政后，她一反常态，置祖宗家法于不顾，立刻规定：凡宫中太监，都要用闲暇时间学诗书读经纶，以提高修养，更加符合皇家礼仪。慈禧甚至还亲自给自己宫中的太监讲学，而且要求十分严格，凡学习不用心或反应迟钝者，常罚站罚跪或以竹鞭杖责，教习十分认真，因此当时宫中的大小太监读书习文的风气很盛。

李莲英从小就十分聪明，入宫前又在家乡的私塾读过一年书，说起来算是有点基础。再加上他又很用心，凡是教过的东西他都牢记在心。每每慈禧问及，无不对答如流，因此深得慈禧赏识。于是在安德海被处死后，慈禧便把李莲英招到身边听用。据说慈禧还常在内廷大臣中夸奖李莲英的才华，这在清朝历史上是少见的。

慈禧画的牡丹

慈禧太后平时闲暇喜欢写字，她对自己的书法还是比较满意的。每当她写字的时候，只让李莲英在一旁侍候纸墨，并且还根据自己的心得不断地给李莲英讲述各种书法的流派和习字要领。这一切都使李莲英受益匪浅，加上李莲英对此又十分留心在意。所以，他回到自己的住处，常常苦练写字，所以很快就取得了一定的成绩。慈禧得知后，还专门过目检查他写的字，因见李莲英的字写得偏瘦狭长，笔墨锋利，觉得有一定的基础，就亲赐他一本"瘦金体"的字帖，要他下功夫临摹。后来李莲英写瘦金体确实很有功力，因此更加受到慈禧的喜爱和专宠。

李莲英到了十六七岁时，写诗文引经据典，用词十分贴切、得当，行文也十分流畅。慈禧常常按捺不住心中的喜悦而让大臣们传阅品评，往往受到众大臣的赞许。李莲英遇事胆大而心细，善于圆通处理，而且语言幽默风趣，不死板，又是人所共知的慈禧心腹，因此渐渐吸引一些大臣和他结交，有事也常常找他代为传达和请奏。李莲英每遇这些事情，就尽量设法把事情办好，既不惹慈禧生气，又不得罪诸王公大臣，显示出与众不同的成熟和稳重，因此他很快成了储秀宫里一个有头脸、得人心的年轻太监。

尽管慈禧太后给人的印象欠佳，但她毕竟是一个颇有才华的女性。同治、光绪时期，北京皮黄戏（就是现在的京剧）已进入全盛时期，慈禧本人很喜欢皮黄，就连"京戏"的称呼，据传也是始于慈禧。慈禧精通戏典，她还亲自改编过一百多出京戏唱本，可见她对京戏的痴迷程度。不仅如此，同治元年慈禧太后为李莲英改名不久，曾派他去升平署"内学"学戏（当时太监学戏称"内学"，民间学生学戏称"外学"）。《艺苑论丛》也有相关记载：

> 李莲英演小生，刘寿峰演花脸，祥玉演武旦，陈子田演老生。我们知道，一个善于学习和模仿的人，他在任何方面都有一定的基础，李莲英学唱小生倒也有些模样，后来在宫中曾多次为慈禧演出，水平渐渐提高，技术日臻成熟。据说他嗓音洪亮宽广，做戏功夫很深，慈禧太后也大为高兴，曾对李莲英开玩笑说："你唱做都好，就是嘴张得太大了些，如果演个武丑、大花脸，把嘴再画得歪斜一些，就更好看了，一张嘴像个大火盆，大有吃人的恶相。"

李莲英

因为慈禧对京戏有一定的研究，因此对演员要求很严格，无论是谁稍有半点不认真或唱念有错，或做戏不好，轻者要受责备，重者要遭打骂，要是民籍的演员学生，则会面临被开除的危险。常在河边走，难免会湿鞋，有一次向来谨小慎微的李莲英唱错了一句台词，此事要是别人，慈禧太后早就发飙惩治了，而对李莲英的惩罚却是蜻蜓点水——只罚他演了一个跑龙套的角色。

李莲英就是那种深得主子喜欢的太监，主子喜欢的他就努力去学，主子讨厌的，他就视为禁区，决不去碰。慈禧喜爱京戏，这对李莲英的影响很大，所以，李莲英在京戏方面也是花了大功夫，这对他的后人也有一定的影响。他的侄子孙辈大都爱好戏曲，其中最有成绩的要数他的二嗣子李福德（际良）了。一九〇八年李福德在自己的家中与薛固久、孙沛廷还合办了一个戏曲科班。这个孙沛廷其实早年就是"外学"的民籍学生，曾经给慈禧唱过戏，因唱错一段唱词，被慈禧太后开除了。后来中国京剧舞台上的四大名旦中，尚小云、荀慧生就是李福德的学生，这也算是和李莲英有一定的渊源吧！

由于李莲英在诸多方面都有一定的才能和基础，给人一种才艺双全的感觉，所以慈禧太后对他非常赏识，这是李莲英发迹得宠的重要原因之一。正如李莲英的后人说：能够得到慈禧太后信任和重用，他的才艺是主要的一个方面。

扮观音的慈禧和扮童子的李莲英

慈禧到了晚年，诚心向佛，常常把自己扮成观音菩萨，让李莲英扮成韦驮或善男，于北海中照相；或扮成西王母，李莲英扮做东方曼倩（即东方朔）偷桃；或扮太原公子，李莲英扮李卫公，以此消遣解闷，逗笑取乐，宛若一家人，彼此之间也不见尊卑。慈禧太后还常常夸赞李莲英风度潇洒，演技高超，李莲英也趁机插科打诨，哄得慈禧心花怒放，更加爱宠信李莲英。

总而言之，外表清爽、年轻聪明、处事圆滑而谨慎的李莲英可谓才艺双全、手段非常，确实甚为符合慈禧的要求，因此很快就扶摇直上，达到了炙手可热的地步，成了慈禧身边的大红人和心腹。

3　为学梳头青楼偷艺

李莲英为了博得慈禧的青睐，凡是慈禧喜欢的他都努力做到最好。

北京的八大胡同翩翩走来了一位倜傥俊逸的青年，一时间，引得那些倚门而立的窑姐儿来了精神。这个青年就是正值年少的李莲英。李莲英为什么要去青楼呢？提到此事，还得从慈禧太后说起。

太监们的生活并非都是痛苦的和一成不变的，只要主子心情好，说不定还会获得意外的奖赏。而且平时只要伺候好了主子，自己的时间还是比较多的，只要腿脚麻利，干完自己分内的事，还可以到闳闳房（供太监工作之余休息娱乐的公共场所）和其他太监一起闲聊。在这里太监没有了日常的束缚，可以谈天说地，磨牙斗嘴，下下象棋，可谓非常惬意，完全不像戒备森严的皇宫大内。

这一天，李莲英正和一群年纪相仿的太监说笑之间，他的老乡——长春宫的主事内监沈玉兰，一脸愁容地进来了。主事内监是个没有实权，专管乱七八糟的事却又分毫怠慢不得的苦差事儿。现在他这愁眉苦脸的样子，大家伙儿觉得与平日不同。沈玉兰因长期负责琐碎杂事，所以练就了一副豁达的性格，今儿个怎么跟霜打的茄子似的，想必是在太后那儿碰了钉子，大家也就停止了说笑。

只见沈玉兰进来后一声不响地蹲到角落的小凳子上抽了两袋旱烟，一个劲儿地生闷气。他的徒弟小心翼翼地问情况，沈玉兰深深叹口气，说自己有可能要离开皇宫，回家养老，再也不能为太后分忧了。

架不住众人好奇地问，沈玉兰道出了实情：原来，懿贵妃被册封为大权在握的慈禧太后之后，母因子贵，从此更加不可一世。载淳即位，说是两宫垂帘听政，但是慈安淳厚、善良，是贤妻良母，却不是能驾驭政治的好手，遇事难以决断。久而久之大权即在慈禧太后掌握之中了。

慈禧太后有一头长长的黑发，散下来如小瀑布一般，慈禧太后对她那头黑发特别珍爱，因此对给她梳头的太监非常挑剔，这就让梳头房的太监们如临大敌，努力钻研梳头技术。就这每次梳头还总是不能让慈禧太后满意，挨打挨骂是常事，总是不能如了她的意。尤其是那些一不小心把她的头发弄掉的，那就更惨了，非打得哭爹喊娘不可。

慈禧与嫔妃、皇子

其实掉头发是很正常的生理现象，你就是保养再得法，也没法避免头发中的一部分老化脱落，再高明的梳头师他也得梳下几根断了的头发。这样一来，就免不了一阵毒打。刚开始打屁股，太监们还能垫点儿东西，后来换成了打嘴巴，这下可没法藏了。整个梳头房的太监到最后都被打成了"猪八戒"，人人无法出门，所以到后来，大家都不敢再去给慈禧太后梳头了。

沈玉兰兼管着梳头房，没有人给西太后梳头，只要慈禧太后一声令下，他的脑袋就会随时搬家。整个梳头房的人都不敢去为慈禧太后梳头了。最后，他实在没办法，只好自己战战兢兢去了长春宫。幸好他技术好，没梳疼慈禧太后，也没掉头发，刚要感谢上天保佑，谁知慈禧太后又嫌他梳的"旗头"呆板难看，一脸的不高兴。但是"旗头"是宫廷的老例，别的样式一则没人会梳，二则与祖宗家法似有不妥。虽然沈玉兰百般解释，可是慈禧太后不管那一套，骂他是不中用的老东西，还要让他赶紧寻觅一个称心的梳头房役，否则决不轻饶。

沈玉兰本来就胆小怕事，如今更是没了主意。说者无心，听者有意。这件事触动了一个人，就是年纪轻轻的李莲英，他在心里拨弄小算盘："只有难办的事办好了才能显出本事。这样才能接近西太后，才有可能出人头地。我苦苦想了多年要找机会，这难道不是千载难逢的大好时机吗？虽然我现在对梳头也是一窍不通，可是还有半个多月时间可以去学吧！将近一个月时间要是连梳头都学不会，我李莲英还活个啥？别说出人头地，平平庸庸地活一辈子恐怕都办不到。"

李莲英作出了一个一生中最重要的决定，他主动向沈玉兰请缨，要去为慈禧太后梳头。沈玉兰出于老乡情结，不想让李莲英去送死，再三劝阻。无奈李莲英非要找这棵歪脖柳树吊死，见沈玉兰几次三番不答应，只得施展浑身解数死磨硬缠。

沈玉兰其实非常喜欢这个八面玲珑、聪明伶俐的小老乡，但他又知道去给慈禧太后梳头是凶多吉少，所以才有意阻拦他，要不是老乡他说不定还要找上门让他去试。

李莲英不达目的不罢休，他把利弊得失一五一十给沈玉兰分析了一遍，而且拍胸脯说自己绝对能胜任。况且，如果一个月内找不到适当人选，他这条老命可就不保了，慈禧可是出了名的说一不二。宫中老太监给过慈禧太后八字评语，"貌美如花，心如蛇蝎"，此话一点儿也不假。

沈玉兰见李莲英决心很大，只好横下心来，答应了李莲英的要求。但还是要嘱咐他一番。要他好好学习梳头技术，不要惹慈禧太后生气。李莲英一听沈玉兰同意他去试试，高兴得不得了。他立即用自己平时省吃俭用攒下的钱买通首领太监，领了皇宫的出入腰牌，又送给西华门护军两块小元宝。在集市上买了几身新衣裳，立刻通身绫罗绸缎。所谓人靠衣裳马靠

鞍，立刻精神了许多。

李莲英出宫一趟不容易，先回家好好和家里人团聚了一回，然后就开始盘算怎么学梳头手艺的事。李莲英盘算来盘算去，觉得女人里边最会打扮的应该是烟花柳巷的女子，她们一来是职业需要，同时也引领了潮流，所以跟她们学梳头准没错。

李莲英知道时不我待，说干就干，找个杂货店买了一个小小的竹篮，篮里装了些生发油、宫粉、胭脂、绒花、通草之类的闺秀梳妆之物，从此叫卖于八大胡同的花街柳巷，出没于妓院粉头之中。

之后的一段时间，只要姑娘们梳妆打扮之际，李莲英就会以卖胭脂花粉为名，仔细观察她们的发式。有的如喜鹊登枝，有的如孔雀开屏，有的如天上云霞，有的如水中波影。李莲英禁不住一阵赞叹，如果能把所有样式都能掌握了，慈禧太后一定欢喜得不得了。

李莲英本来就聪明，再加上他长相清秀，深得姑娘们的喜爱，所以她们不介意李莲英看她们梳头打扮。李莲英细细观察揣摩那些发式，一一记在心里。有时还可以隔着水晶帘细细地看姑娘们梳理青丝、盘缕发髻的技法。很快，京城内妓院里的各种梳头样式差不多都让他看了个遍，学了个遍。

这还不够，李莲英听说京城有个叫小玉凤的花魁无人不知，无人不晓，不仅吹拉弹唱无所不精，琴棋书画无所不能，而且她还有一手梳头的绝技，李莲英决心学到手。

但是小玉凤所在的妓院戒备森严，一般人别说见她，就是靠近妓院都是痴心妄想。这难不倒李莲英，他扮作皇亲国戚混进妓院，对老鸨叫来的姑娘们都以各种理由回绝。不是个子太低，身材太胖，脸蛋太圆，大嘴，小眼，不好看，就是个小头小脸，鼠眉鼠眼，嘴里还长了颗大虎牙，令人讨厌，要么就是肤色太黑。

李莲英不是眼光高，只是他醉翁之意不在酒，就是奔着小玉凤来的。果然，老鸨见李莲英如此挑剔，就领他上了二楼，去见小玉凤。

小玉凤果然名不虚传，只见她十七八九，瓜子脸，柳叶眉，丹凤眼，薄嘴唇，浅酒窝，少有矫揉造作，多是清丽脱俗。尤其是她的头发更是样式独特，出类拔萃。

李莲英也被小玉凤的容貌所折服，他们谈棋艺，讲书画，古今中外，海阔天空，谈得极为投机，大有知音难觅、相见恨晚的感觉。李莲英施展宫中学来的手段，又是画画，又是写字，再加上他打起精神，把自己装扮的像一个贵家公子，小玉凤真是动了心，大有投怀送抱之势。李莲英却在这期间把小玉凤的发髻样式看了个一清二楚，况且中间又听小玉凤大讲特讲了一段"梳头经"，自认为得益已是匪浅，怕被小玉凤看出端倪，不敢久待，借故退出。

李莲英掌握了京城所有的流行发式，又在其他人身上练习得得心应手，自认为已有十成把握讨得西太后欢心，这才回宫拜见沈玉兰。李莲英将自己学到的技艺三分实、七分虚地吹了一通，说得神乎其神。沈玉兰差点儿要跪下给他磕头，感谢他救急。当下就把如何给慈禧太后梳头的要领和如何拜见说了一遍，李莲英一一记下。

第二天一大早，沈玉兰就安排李莲英去给慈禧太后梳头！李莲英信心满满地前往宫中，毕竟是生死攸关的大事，心中免不了有些激动。

他轻轻进得门来，急忙上前请安。只见慈禧太后坐在一个月牙形的梳妆台前，梳妆台极为精美，似是用紫檀木制成，台上四处都雕着镂空的花纹图案，正中镶着一块大玻璃，上下左右都镶着小块的玻璃。玻璃的间接处极为紧密，如同一个密不可分的整体。慈禧太后一直忙着自己梳妆，没顾得上跪在地上的李莲英。李莲英就这样跪了许久，眼看膝盖都跪麻了，慈禧太后才让他起来。

慈禧太后问了一些问题，然后问他会不会梳头。李莲英底气十足地说会。接下来自然是该梳头了，此时有太监早已抱来紫檀香木的镂花梳妆宝盒。李莲英抖擞精神，揣摸了一下慈禧的长相。李莲英量体裁衣，看发下梳，他小心翼翼地破开西太后长长的青丝，用梳子轻轻地梳理。梳了一阵又用丝棉蘸上异香的生发油和爆花水之类东西，采用小玉凤的手势，左盘旋，右盘旋，后发撩起，端端正正地梳了一只莲花髻，又把齐眉穗分到两边，成为水鬓，梳完之后，一朵出水芙蓉跃然头上。

慈禧迫不及待地来到梳妆台前一照，只见镜中的自己在发型的衬托下

端庄而典雅，这个发型梳得可真叫漂亮，远看如双凤朝阳，近看似芙蓉出水，那乌发盘髻，还有两根雕琢精细、缀着珠花的银簪斜插在后脑顶上，真是龙盘玉柱，颇有皇家风范。不仅如此，平时引以为憾的长脸在这个发型的衬托下居然也看不出来了。慈禧心花怒放，站在大镜子前左顾右盼，一会儿远看，一会儿近看，这么多天来终于有了一个满意的发型。

览镜自顾的慈禧这才发现李莲英还垂手侍立在一边，心情高兴地问他会多少种发型，李莲英知道自己梳的这个发型一定让慈禧太后非常满意，否则不会这么高兴。如今她这么问，自己当然要表现表现，说不定以后就会一直陪伴在她身边，就说自己会三十多种不同的样式。

慈禧闻听更加高兴，又问哪种最拿手。李莲英正好把最近学到的梳头知识显摆一番。他进一步说："历代梳的发髻样式都不一样，风行一时的有堕马髻、灵蛇髻、门扫髻，这些发髻都各有所长，但是，要具体说哪种好看其实应根据具体的人而定。每

正在梳妆的慈禧

个人的高矮、胖瘦、年龄大小、五官脸盘都不一样，梳理发髻要充分发挥脸的长处，看'相'梳头，这样才能扬长避短，增加人的风韵。再有，季节对发式也有关系，夏季天热宜于松散，冬季天冷宜于紧凑，春天宜杨柳式，夏天宜荷花式，秋天宜菊花式，冬季宜腊梅式，各有不同。"

李莲英说得头头是道，慈禧见他对梳头有这般研究，心中十分欢喜，问他自己最适合哪一种样式。

李莲英抓住时机，连忙对慈禧阿谀奉承，说慈禧太后天庭饱满，地阔方圆，集吉祥于一体，化富贵为一身，龙形凤貌，福星寿相，什么发型梳在头上都会大放异彩。一番话更把慈禧吹捧得飘飘欲仙，浑身畅快。

慈禧太后有意试一试李莲英的本事，假装给他立下军令状，一个月内要每天不重样给她梳头，否则小心板子。

李莲英知道这是慈禧有意要留他在身边伺候，连忙表明自己的忠心，

如有重样，甘愿受罚。其实慈禧才舍不得惩罚他，要不谁给她梳头啊！

自此李莲英每天给慈禧梳头，一回生，两回熟，熟能生巧，越梳越得心应手，越梳越美不胜收，集南北之风韵，采城乡之精华，举一反三，推陈出新，随手梳来即可成型，信口开河便成佳名。慈禧也不得不对其心窍之七巧玲珑倍感赏识。就这样，李莲英凭着一表人才的长相和梳头讨得欢心，终于被慈禧看中而成了梳头房中不可或缺的人物，不久，又被慈禧提升为梳头房首领兼敬事房首领，御前近侍。李莲英自此也跻身于慈禧面前的红人之列。他预感到，飞黄腾达的梦很快就要实现了。

李莲英发现慈禧反复无常，让人捉摸不定。因此，机灵的李莲英为自己立了一套规矩：其一，凡是主子喜欢的，他要尽力为之；其二，凡是主子不喜欢的，他力戒备之。他拿这两条规矩约束自己，无时无刻不在心里念叨这两条规矩。更重要的是，他要让慈禧感到他李莲英是她一刻也离不开的人。要是想达到这个程度，那就必须得对慈禧的一切嬉笑怒骂有全盘的了解。

不仅如此，李莲英还自此揣摩慈禧太后的各种喜好，并尽力去讨好他的爱好。他发现慈禧太后爱听故事，就尽量搜集各种故事讲给慈禧太后听，只听得慈禧太后非常高兴，几乎笑出了眼泪。从此以后，慈禧对李莲英由欣赏到器重，由器重到宠爱。手眼活络的李莲英则心领神会，更加死心塌地地为慈禧做事。

4　投主子所好喜得宠

李莲英由于给慈禧梳头，受到了恩宠和赏赐，他心中十分得意，不由得便有些骄傲自大瞧不起人来，认为自己比谁都行。他虽然不敢跟安德海等首领太监、师傅摆架子，但对储秀宫的小太监和宫女们，有些瞧不起，以为就是自己行，别人都不行。

本来这些人就对李莲英的飞黄腾达不服气，现在李莲英居然还反过来欺负他们，于是他们总想找机会教训李莲英一顿。这一天终于让小太监们等到了。

一天早上，李莲英给慈禧梳完头退了出来，有两个小太监正陪着皇子

载淳（即同治）玩耍。这时，载淳刚满两岁，正在学说话，但并不能表达清楚。此刻，他正在院子里跑来跑去地玩得很高兴。李莲英平时也常常和他扮鬼脸玩，逗他发笑。慈禧不明就里，还以为自己的儿子和李莲英有缘分呢，常常夸奖李莲英会哄小孩。

李莲英今天见到载淳，又想逗载淳喜欢，就弯下身子向载淳做了个鬼脸。他的这个动作恰好被一个叫顺成的小太监发现了，他正在照顾载淳。李莲英扮鬼脸，顺成就想栽赃李莲英，于是他趁人不备在载淳的背后狠狠地拧了一把。平时娇生惯养的载淳怎受过这样的委屈，立刻"嗷"一声，滚倒在地上大哭起来。

皇儿一哭，这不要了慈禧的命吗？她也顾不得什么雅态雍容了，三步并作两步赶过来，连忙用手去扶，还着急地问："怎么了？怎么了这是？"

突然发生这种变故，那些宫女、太监都吓坏了，呼啦啦跑过来扶的扶，哄的哄，乱成了一团。也别怪这些人着慌，儿子是慈禧身上掉下来的肉，更是她目前和以后母以子贵的唯一倚仗。对众宫女、太监而言，小主子载淳是在储秀宫玩耍哭闹的，倘若有了一些儿差错，那可不得了。载淳是皇帝的独生子，是独苗。万一有个闪失，万岁爷龙颜一怒，谁也别想活。

李莲英虽然见过大场面，可也吓得不轻，还以为是自己做鬼脸把贵妃娘娘的宝贝载淳给吓哭的，便回过头来赶紧给慈禧跪下，承认是自己的一个鬼脸把载淳给吓哭了。他做梦也没想到众人在琢磨他，当然稀里糊涂就成了替罪羊。

李莲英以为凭着自己几个月来给慈禧梳头建立起来的信任关系，可以轻松渡过这一关。其实，他想错了，这件事使他明白，奴才永远是奴才，与众不同的是他是个能让主子高兴的奴才。

慈禧听说是李莲英把孩子吓着了，立刻厉声呵斥他，并毫不留情地狠狠给了李莲英两个嘴巴。李莲英果然见风使舵，他挨了嘴巴，既不哭不动，也不磕头求饶。等慈禧打完后，还感谢慈禧对自己的教训，并劝她小心闪了手，累着自己的身子。

正好载淳看见慈禧打李莲英挺好玩，终于咧开嘴笑了。慈禧见自己儿子笑了，而且李莲英平时并无大错，气也就消了大半，但仍然警告李莲英以后不许随便和载淳玩儿。

别看李莲英挨了几个嘴巴，还自认万幸，因为慈禧没有传杖让人责打，只是亲手打了几个嘴巴。

安德海赶紧给主子请安认罪，因为安德海是李莲英的师傅，有教育不严之罪，故而来请罪。看在安德海的面上，慈禧没有深责。但安德海却召集太监们开了一个大会，再次强调了这件事的严重性，并要大家不要掉以轻心。

载淳被吓哭这件事虽然不大，却给李莲英深深地上了一课，从此，他更加小心仔细地伺候慈禧和小主子了。不仅如此，他还更加用心地揣摩慈禧的饮食起居和各种兴趣爱好，争取把握她的兴趣点，使得自己在慈禧面前合上节拍。

慈禧有个习惯，她总爱饭后再喝上半碗玉米糁粥。这在《宫廷琐记》有记载：御膳房为慈禧一人，每日用盘肉（猪肘子）50斤、猪1口、羊1只、鸡鸭各2只、新细米2升、黄老米（紫米）1升5合、江米3升、粳米面3斤、白面15斤、荞麦面1斤、麦子粉1斤、豌耳3合、芝麻1合5勺、白糖2斤1两5钱、盆糖8两、蜂蜜8两、核桃仁4两、松仁2两、鸡蛋28个、枸杞4两、干枣8两、香油3斤10两、面筋1斤8两、豆腐2斤、粉锅渣1斤、甜酱2斤12两、青酱2两、醋5两、鲜菜5斤。此外还有燕窝、鱼翅、银茸、海参等山珍海味多种。不仅如此，《清宫琐记》还具体记载着慈禧的一次膳用清单。其中有火锅二品：八宝奶猪火锅，酱炖羊肉火锅；碗菜四品：燕窝万字全银鸭子，燕窝寿字五柳鸡丝，燕窝无字白鸭丝，燕窝疆字口蘑鸭汤（即万寿无疆）；杯碗四品：燕窝鸡皮氽鱼脯丸子，鸡丝煨鱼面，木须肉，炖海参；碟菜六品：燕窝炒炉鸡丝，蜜制酱肉，大炒肉焖玉兰片，肉丝炒鸡蛋，溜鸡蛋，口蘑炒鸡片；片菜二品：挂炉鸡，挂炉鸭；饽饽四品：白糖油糕寿意，立桃寿意，苜蓿彩寿意，百寿糕；随克食（小吃）一桌，猪肉四盘，羊肉四盘，蒸食四盘，炉食四盘。还有野味十数种，如鹿脯、鹿胎、山鸡、熊掌、芦雁、天鹅、地鹋、哈司蚂（雪地瞻）之类。

此外皇上和每个贵妃、妃、嫔、贵人，都进献四五种食品，这样合计

起来，每餐足有一百五六十样，她能吃得了吗？当然吃不完，有的象征性地吃两口，有的根本不动筷。这样一来，她喝玉米糁粥还会多吗？也就是三五口罢了。但御膳房可不能只做一点，据她身边伺候过她的宫女讲，一般会盛好三碗。一碗稍凉一些，一碗温凉适中的，还有一碗稍热一些，以便根据慈禧的喜好随时挑选。

李莲英刚开始还看不惯，到后来也就慢慢习以为常了。李莲英是个有心计的人，他见安德海经常向慈禧进献一些稀奇古怪的玩意儿，以博得慈禧的欢心。就觉得自己根本无法给慈禧这么贵重的东西，让慈禧注意自己。他只有更加卖力地伺候好慈禧，保证自己的职位不被替代。

不仅如此，他还积极寻求各种机会向慈禧表明自己的忠心。清咸丰九年（1859年）中秋节的晚上，慈禧心情大好，就召集值班的大小太监和宫女，陪她在院中一起赏月，还赐给每人几块月饼，让大家吃。

其他宫女太监都千恩万谢地吃起了月饼，只有李莲英在一旁默默不说话，手里拿着月饼不吃。他的这一举动让慈禧非常纳闷，就问他为什么不吃。李莲英其实是想回家，他声泪俱下地表示自己进宫这么多年，从未回家看过父母，也很久没有喝过母亲做的玉米糁粥，心中实在想念，要把慈禧赏赐的这块月饼拿给父母吃，恳请慈禧同意他回家。其实，李莲英并不是真的要回家，而是通过这一番表白试探慈禧对他进献玉米糁的态度。

慈禧果然非常感动，但并没有同意让他回去。李莲英名义上没有达到目的，其实他已经知道慈禧对他要进献玉米糁并不反对，这就足够了。

李莲英给家里捎信，要他们给他捎些玉米糁来，李莲英家里也知道了他在宫里受到慈禧赏识的事，当然对此非常重视，很快就把玉米糁送到了京城。

此时虽然朝廷内外交困，但是慈禧4岁的儿子载淳已经会说话了，慈禧因此常常把那些恼人的政事推到一边，高兴地和小儿子玩耍。李莲英见慈禧最近心情好，趁着梳头的机会，说他的父母从乡下捎来了一些玉米糁，想孝敬主子，不知道肯不肯赏脸，容不容带进宫来。

一来慈禧高兴，二来她本来就喜欢这东西，就点头答应了，还夸奖了李莲英几句，为表示自己的宽厚仁慈，赏了李莲英10两银子，让他回去孝敬爹娘。这样一来，李莲英精心策划的一步棋，终于成功了。

5　讨好慈禧衣锦还乡

清朝对太监的管理有着严格的规定，最重要的一点就是不许私自出宫，否则以死罪论处。

为了获得难得一次的回家机会，办事老道、伶牙俐齿的李莲英可是费了一番心思。因为他一直得到慈禧太后的恩宠，一直陪在慈禧身边，没机会回家，但是也给他带来了无尽的荣耀——三十出头就升为四品花翎总管。想想他当初入宫时，何曾想到会有今日之荣耀，忍不住内心一阵激动。

但是，房屋再大也只有他一个人冷冷清清地面对，除了镜中那个满脸喜悦的自己，没人与他分享这天大的喜事。看着那空荡荡的房间，看着那满屋子楠木、紫檀做的用具，他禁不住一阵一阵落寞——就算自己真的当了二品大总管，也只有自己一个人快乐，无法让远方的亲人共同享受，岂不让人遗憾！

一股强烈的思乡之情让李莲英一时难以入睡，他不由得想起了自己的童年和那些相对潦倒的日子，一时激情满怀，感慨万千。自己现在的地位非比寻常，连王公大臣们见了他也要低头三分。他忽然想到了自己的母亲，那么一大家子的事全靠她老人家一人操持。自己现在也说得上是功成名就了，何不把这个好消息告诉家人？顺便也让那些家伙看看，李莲英已不是当日的吴下阿蒙，而是堂堂大清朝的内廷副总管了。想到这里，他有了回家的冲动，但碍于宫里的规矩，恐怕慈禧太后很难答应，但是无论如何也要找个机会表明自己的意思，让慈禧太后为自己做主。

此时恰逢阳春三月，正是春暖花开的季节。本来应该艳阳高照、风和日丽的天气，谁知一天日近正午时，忽然下起了春雨，天气也骤然转冷。

躺在床上的慈禧听到动静，连忙下了床，推开窗子一看，心情大好。因为别人都爱阳光灿烂，可慈禧太后却将这种天气视为使人懒散、意志消沉的源头。她反而对雨情有独钟，因为雨能让她保持冷静。因此每逢下雨，她都要出去游玩。今日当然也不例外，于是她喊李莲英去准备准备。

李莲英

李莲英最近一直在琢磨怎么向慈禧开口请求回乡的事，所以就显得有些魂不守舍，今天也是，他看到慈禧躺在床上眯眼，就瞅个机会到一旁发呆。后来又见外面下雨了，以为慈禧太后不会出去，因此，更加专注于自己的思乡情绪。猛然间听到慈禧太后喊自己，不知又发生了什么事，急忙跑了进来。

原来是慈禧太后要趁着下雨到御花园赏景，平时对慈禧的喜好掌握得一清二楚的李莲英犯了晕，竟然不由自主地脱口而出："太后，外面正下着雨呢，小心您着凉！"

谁知李莲英的这句话却让慈禧不高兴了，责怪李莲英没有记得自己的喜好。李莲英连连自责——太后最爱雨中漫游，怎么今天自己竟给忘了，真是该死，他敲了一下自己的脑壳，连忙出去准备去了。

春雨往往不像夏季的雨那样强烈，花草树木刚发出嫩绿的新芽，显现出一派勃勃生机的景象。李莲英心情顿时舒畅许多。慈禧太后看了，心情也格外的舒畅，因此就听任雨水浇在她的身上、头上。太监见了，恐怕自己失职，连忙送上雨伞，不想却被责备一番，还怪他们不懂得欣赏美景。

慈禧与众大臣

一旁的李莲英为了弥补刚才的过失，连忙讨好地说这是他们害怕太后着凉担待不起，也是关心太后玉体。李莲英本以为这句奉承话会换来慈禧太后的一番赞赏，不想向来对他语气温和的慈禧却一脸嗔怒："春雨贵如油，先下牛毛无大雨，淋淋心里痛快！"

李莲英这下彻底晕了，今天这是怎么啦，老说不到点子上，心中不由涌起一阵郁闷的情绪，只好向那些太监发脾气，以排解自身的烦恼。

慈禧喜好在雨中独自赏景，这就让李莲英有了充裕的时间独自去发呆。慈禧在雨中赏景一时兴起，要找李莲英说道说道，却看见李莲英呆立在雨中，任凭雨水夹杂着泪水顺着脸颊流下。慈禧以为李莲英受不了自己的责骂在一旁生闷气。就连忙走过去安慰他说，不要因为自己一时说几句就想不开。

李莲英见慈禧对自己这般照顾，知道慈禧对自己还是比较信任的，心中免不了一阵感动，他趁机向慈禧说家乡遭了水灾，自己一时恍惚，所以才显得魂不守舍。

慈禧这才恍然大悟，连忙询问有没有死人，慈禧是以一国之君、忧国忧民的口吻问的。李莲英见慈禧来了兴致，连忙回禀说自己并不知道具体情况，看似不经意间说出自己从小进宫，已经有二十多年没回去看看了，想趁机回家看一看。

慈禧太后听了，面露为难之色。宫里的规矩她最清楚，但考虑到李莲英是自己最得意的奴才，最后还是作出决定，让李莲英大大方方地回老家一趟。

其实李莲英等的就是这句话，得了慈禧太后的恩准，李莲英连忙谢恩而退，并连忙差人给家里通信，说自己不日就要回去。然后，李莲英开始筹措回家事宜。

李莲英今非昔比，可谓衣锦还乡，所以决意要好好在家乡人面前表现一番。几天工夫，就备好了名贵的大叶蟒、多罗麻、优质棉纱、江绸等数百卷以及貂皮、水獭皮等。这些东西除了慈禧太后赏赐的以外，更多的是他私下收受贿赂所得。为了显示自己的与众不同，他还特别准备了只有太后、皇上才吃得到的京白米以及猴头、燕窝等东西，足足装了四大马车。

出发的日子到了，这天李莲英穿戴一新，正要招呼大家上路，忽然慈禧太后又派人来了。原来慈禧太后听说了他出发的日子，特意赐给他两匹御马，一挂一百零八颗的碧玉朝珠。这种碧玉朝珠，只有那些二品以上的大臣才能佩戴，李莲英受宠若惊，连忙叩头谢恩，旋即浩浩荡荡地离开了京城。

李莲英得了慈禧的点头答应，而且自己确实想显摆一下，所以一出京城，便让人扯起了大旗，旗上写着八个大字"大清内廷副总管李"！

李莲英之所以敢这么做那是有原因的。太监不许私自出宫，否则死罪论处，这是大清祖宗订下的规矩。虽然慈禧太后为了显示她自己的威风答应李莲英可以风风光光地回家，可慈安太后和亲王们不一定这么想，如果他们有心处死他，只须依据"太监不许出宫"的祖制，然后吩咐沿途的随便一个小官就可以把李莲英处死。所以李莲英早早作准备，人没离京礼先行。他早就派人向沿途的官吏递了帖子，送了银子，因此才敢这般的招摇。

几天后，李莲英一行人来到了漕河，准备搭船顺着子牙河返乡。未料想，当地知县吴义组织了众多乡民声势浩大地前来迎接李莲英，以此趁机讨好李莲英，为自己的将来博得更好的机会。因此还特意为李莲英备好了太平船。这太平船船身大、空间宽敞，还用各色旗帜作为装饰，一看就是经过精心准备的，于是夸赞吴义会办事，以后有机会一定在慈禧面前多替他美言几句。

吴县令能得到李莲英的称赞，心里当然乐开了花，甚至决定亲自为李莲英的船拉纤，做起了纤夫，官场丑态显露无遗。幸好李莲英还算脑子清醒，及时制止了他。

李莲英端坐在船头的太师椅上，喜气洋洋，自入宫后头一次出这么远的门，头一次享受做主子的荣光和乐趣，他能不高兴吗？一路上只见船上旗帜招展，歌舞升平，引来两岸百姓纷纷前来观看。看见百姓们那仰慕、好奇的目光，李莲英心中不由升起一股飘飘然的感觉，虚荣心得到了极大满足。

大船终于到了大城县南关十里处，此处离李贾村不过二三里路。李莲英站在船头，尽管他已经历练成一个喜怒不形于色的人，但仍然激动地遥望着远处那　片片绿油油的田野，吮吸着那浓郁的泥土气息，寻觅着儿时的李贾村……

李莲英要回来的消息早就不胫而走，所以，他的船一到渡口就有很多人前来围观。子牙河两岸挤满了好奇的人们。

众人对他也是羡慕不已，纷纷称赞，但也有说他不是正常人的，侍卫正要拿下，李莲英却大度地表示，在自己家乡不必如此，众侍卫这才作罢。

李莲英在众人中一眼就发现了白发苍苍的老娘，二人相见不免一番落泪悲伤，众人劝住，一路向家中走去。

李家早已重修成一座气派的宅院。整个宅邸方圆四十多亩，正门是九级台阶的高大门楼，门前左右两侧各有一只朝天吼的石狮子。门楣更是一副富丽堂皇，就连见惯了大场面的李莲英也禁不住称赞：

> 昔日天桥问子平，半生穷来半生富。
>
> 今日蟒袍佩玉带，万里鹏程喜还乡。

众亲戚也都一个不落地赶过来凑热闹，李莲英拿出自己带来的礼物，一一给他们分封，众人得了稀罕物件，对李莲英更是赞不绝口。

连日来，李府上上下下更是彻夜灯火通明，歌舞不绝，每日到李府问安、送礼、看热闹的人络绎不绝，欢声笑语，响彻云霄。

李莲英为了显示自己的权势和财大气粗，毫不吝啬地拿出上万两银子，为村里修桥、铺路、打井、建学堂，算是为家乡人作出了表率和贡献。

李莲英在家乡每日都有听不尽的阿谀谄媚之词，算是挣足了面子。不知不觉回家已近一个月了，李莲英想想威风也要了，阔气也摆了，该是回京的时候了。

别出心裁的李莲英知道慈禧太后的喜好，所以专门给她带了家乡的糜子面，慈禧太后从未曾尝过这等美食，觉得李莲英对他真不错，于是对李莲英更加恩宠。

6　获千年人参显尊贵

李莲英为慈禧太后忙前顾后，终于有一次累倒了，他是在慈禧面前累倒的，也算是为主子尽忠了。慈禧当下心疼得不得了，立传太医，太医回禀说此病非用千年老参做药引子不可。慈禧于是要求不惜一切代价也要治好李莲英的病，并表示凡有千年老参者，献进宫来，官升二级。

不仅如此，慈禧太后还为李莲英的病情焦急地走来走去，看她那神色，不知道的还以为是碰上了难以抉择的军国大事。她甚至不顾外面寒风凛冽，晚上去看望李莲英，这是多么大的荣幸啊！太医院的人也不敢马虎，只好跟着去了。

进献人参会获得朝廷封官的消息一传出来，京城顿时哗然。想巴结慈禧太后的人没有人参，有人参的人看不惯慈禧，所以一直不见有人献出人参，这可把慈禧太后急坏了。

刑部尚书刚毅也想表现一番，只是苦于没有人参。这天下朝回家，见夫人满面笑容地迎上来，对他说："恭王福晋亲自说她有支千年老参，你不妨去试试看。"

刚毅听了也顾不上吃饭，立刻出门向恭王府而去。他知道，只要弄到千年老参，马上就会官升二级，想想就令人激动。他一路小跑着到了恭王爷奕䜣府上，刚毅单刀直入，问奕䜣是否有只千年老参。

恭亲王是何等人物，立刻明白了这话的意思，但是他对用人参的人不感冒，对刚毅的行径更是不屑一顾。因此，明确表示自己的这支人参除了李莲英谁都可以送，把刚毅给轰了回去。

刚毅高兴而去，败兴而归，一时又没有办法，只好借酒浇愁，幸亏他夫人给他出主意，让他借慈禧的力量把人参搞到手，顺便还会教训一下恭亲王。刚毅听了夫人的话，立刻醒悟过来，二话不说直奔皇宫而去。

慈禧太后因为少了李莲英的伺候，觉得处处不顺，正焦躁不安呢，一听刚毅的话，觉得恭亲王太过分，简直不把她放在眼里，急命李三顺召恭亲王进宫。

慈禧不绕弯子，喝问恭亲王为什么藏有千年老参而不奉献出来。恭亲王也不再客气，说若是慈禧太后用人参，他早就进献了。但是李莲英只是一个太监，却因为靠着慈禧的宠幸而肆意干预政事，为祸后宫，这才不想献出。

慈禧骂他太糊涂，还责令他立即献出人参，否则后果自负。恭亲王不得不作出牺牲，忍痛献出人参。有了千年老参做药引子，李莲英的病果然一天天地好了起来。慈禧紧蹙的眉头这才舒展开来。不仅如此，慈禧此后一段时间经常去看望李莲英，把他看作自己的亲人一般。看见李莲英病好了，慈禧太后自然无比的高兴。

自从咸丰十一年（1861年）慈禧太后发动了"辛酉政变"以后，便一直垂帘听政。尤其同治死后，慈禧太后在光绪面前就如同太上皇，所以慈禧太后就用尽心机，让光绪皇帝对她以男子的称呼叫她"皇爸爸"。用以标榜自己"垂帘听政"的合法性。再加上慈禧手下的太监们为了迎合她的这种想法，李莲英的徒弟李三顺向李莲英建议称呼慈禧为"老佛爷"，肯定让她欢喜异常。

李莲英觉得这个方法确实不错，于是寻找机会把它合法化。元宵佳节的晚上，北京城内外一片喜气洋洋的景象。

皇宫大内也是忙忙碌碌一片喜庆，对联、门神更换一新，午门以内的各宫门、殿门高悬红灯，太和门、太和殿、储秀宫、乾清宫等处，彩绸飘扬。

慈禧太后也心情大好，梳洗完毕，吃了一小碗百合银耳，便带着李莲英等人出了储秀宫散步去了。

自从李莲英生病以来，慈禧都没有听过戏，于是李莲英不失时机地建议慈禧太后去听戏。慈禧答应了，李莲英想着自己的计划就要大功告成，也不由得心中暗喜。

慈禧太后还召集了朝中大臣一起看戏。为了表示隆重，她还精细梳妆一番，头发高高凸起，光泽明亮，蓬松自然，后面两缕分开垂于脑后，如同燕尾，前面两鬓处略向前弯，犹如凤尾低垂，看上去神采奕奕。

随着一声吩咐，戏开演了。《牡丹亭》《起布问探》《黄金台》，一出接着一出，慈禧太后看得笑声不断，李莲英看了更是暗自高兴。

慈禧乘辇出行，李莲英（右）和崔玉贵（左）随驾

接下来本应该演《长生殿》了，可大幕一拉开却跳出来两个涂脂抹粉、身穿五彩衣的小丑来。王公大臣还以为在这关键时刻出了差错，可是坐在前排的慈禧却笑得合不拢嘴，原来这两个人是李三顺和李莲英扮的。

李莲英也曾被慈禧太后派去升平署"内学"（当时太监学戏称为"内学"，民间学生学戏称为"外学"），虽说已过去了十多年，但做戏的功夫还真是不减当年。只见他在台上跳跃翻腾，轻松自如，慈禧太后看得连声说"好"，双手拍个不停。最后李莲英和李三顺二人身子一错，扯开一条横幅，上写着：祝慈禧老佛爷万寿无疆。

看着那黄灿灿的横幅，吉祥文字，慈禧太后不由得心花怒放，尤其那令自己满意的"老佛爷"嵌在上面特别显眼。虽然她早就有意让别人这么称呼她，但不好自己开口，众大臣也一直没人这么称呼。这会儿看到善于理解自己的李莲英把自己的心思说了出来，能不高兴吗？

众大臣都是因循守旧的人，心中不免犯嘀咕，慈禧怎能随便称为"老佛爷"呢？恭亲王奕䜣却表示反对，建议谨慎考虑。

李莲英早就知道会有人不服，反驳之词也早已准备好：历朝先王在世，都称之为老佛爷，现在皇上尚在年幼，慈禧太后掌握内政外交，当然是大清朝当之无愧的老佛爷。

恭亲王奕䜣正要反驳李莲英不懂规矩，却被慈禧接过话，说是自己的意思。很明显是在保护李莲英，并强横地表示，以后宫里宫外都要称自己为老佛爷，否则按律处置。一帮王公大臣听了，顿时目瞪口呆，谁也不敢再说什么。从此，"老佛爷"的称呼就传开了。

7　为了升官假装生病

每个人都会随着地位的上升而变得越来越有脾气，李莲英也不例外。他在慈禧太后身边时间久了，慢慢被大家奉为慈禧太后的传话人，地位自然就高上去了。正所谓"官升脾气长"，李莲英也时不时地敢向他的主子耍点小脾气。

孝哲皇后崩逝，除去了慈禧太后的一块心病，在慈禧独掌大权的路上又少了一个威胁，因而这几日她的心情显得格外好。但李莲英却犹如热锅上的蚂蚁一样坐卧不安、茶饭不香。因为在这件事上，李莲英确实发挥了聪明才智，出了大力气。按说慈禧太后应该有点表示，可谁想她却像什么事也没发生一样，这可把李莲英给急坏了。自从安德海死后，李莲英被封了个内廷副总管，由六品晋升为四品花翎顶戴。本来官也不算小了，可他却并不满足，和他的主子一样，永远都想做最大的、最有权势的人。原以为这次能够如愿以偿了，谁知却是竹篮打水一场空。

这日，刚毅进宫奏事，完了后就顺便来看望李莲英。一进房间，就呛得直咳嗽，只见屋内烟雾缭绕，那李莲英脸色阴沉沉的，正躺在床上狠劲地抽烟。那鼻烟壶煞是好看，扁长磨圆，一侧绘着白猫捕蝶，一侧画着仙鹤涉水。白猫捕蝶一图居中画的是一只黑白两色的小猫，四脚和尾巴都是黑的，全身其他都为白色。它机灵地伏在树枝上，精神专注地盯着一只五彩斑斓的花蝴蝶，白猫前身微倾，两爪探出，后臀高高翘起，刹那之间就要扑过去。

树下盛开着四朵玫瑰花，烈日当空之下，猫的眼睛眯成一条缝，栩栩如生，跃然画上；另一侧是几枝露出水面的粉红色荷花，几滴晶莹的露珠悬浮在花瓣上。两只亭亭玉立的仙鹤正在荷塘内戏水嬉戏，一只用嘴轻捋荷叶，一只引颈展翅，撑起身子几欲要飞。仙意禅境，这幅画似把人

引入仙境，给人以宁静、空灵的感觉。可惜的是这些丝毫引不起李莲英的兴趣。

"总管，是哪个龟孙子吃了熊心豹子胆，敢惹您烦？说出来，看兄弟我怎么收拾他。"见此情景，刚毅也不管三七二十一，就来了句。

李莲英看看他，忍不住笑了起来，说道："别在这吹牛皮啦，借你个胆子你也不敢。"于是便说了起来。自然他不会告诉刚毅自己是因为没讨到官生气，只说是自己不小心惹恼了慈禧太后。这年月，怎能轻易相信别人呢？虽说他和刚毅是换帖兄弟，可也不能不提防着点。

一听说是太后，可把刚毅吓得几乎瘫在地上。自己刚才的话可是大不敬啊，弄不好可要株连九族的。于是急忙向李莲英说："大哥，小弟刚才一时为你不平，所以……你可千万别放在心上呀。"

"好了，自家兄弟，还说这种客气话做什么。不过以后说话可要注意着点，这是我，换了别人还说不定怎么着，别啥时丢了脑袋自己还不知道是怎么回事。"

"是，是，以后还望大哥多多提醒。最近小弟得到了个钟表，是英国著名钟表匠叫什么华德的制造的音乐钟，制作奇绝。所以这次小弟进宫顺便给你带来了。"说完，刚毅就让人把那钟拎了进来。

这音乐钟约有二尺六寸高，钟盘放于一座假山之中。下方有鳄鱼、老虎、燕雀、大象等飞禽走兽，或站或卧，形态万千。上有一座假山，假山上一片碧绿的棕榈树林，林中有两个金发碧眼的顽童，一男一女。每个人手中各持一把亮亮的小槌，分针一走到十二点，两个洋人儿童就用小槌击打一面小锣，旋即就会发出美妙的音乐声，十分悦耳动听。更有意思的是，棕榈林内的小亭子是淡蓝色玻璃的，只要顽童一击打锣面，亭内就有一股水柱蹿出来，宛若喷泉一般。李莲英看了，禁不住连声道："好，好，太精致了。"本想自己留着，转念一想，算了，还是献给太后得了，说不定太后一高兴就会另行封赏。

慈禧太后见了，也不禁为其制作精绝而叫好，

刚毅

欣喜地问道："这水是从哪出来的？它们又流到哪里去了？"说完就拎着那表上下左右仔细瞧了起来。

"太后，水是循环的，它们又回到亭子下面的池子里。"

"胡扯，哪是什么真水呀，你看，是闪光的水晶柱。"

李莲英仔细一看，自己反倒愣住了。原来是水晶不同棱面的折光，在转动之后产生的折光令他误以为是真水。"以假乱真，巧夺天工。"慈禧太后特别喜欢这只能打锣、能"喷水"的西洋钟，又仔细把玩起来。李莲英对钟不感兴趣，此刻他满脑子想的都是那内廷总管的职位。谁知慈禧太后除了谈那钟之外，别的话什么也不说。李莲英又不好把自己的心事说出来，看看又没什么希望，就找了个借口，悻悻地回房而去。

乌鸦是太监们最恨的一种鸟，因为乌鸦的叫声特别难听，被认为是一种不祥之鸟。而且北方人都把它叫做"老鸹"，和"老公"（太监）的音差不多，太监们听了很不顺耳，认为是对他们的侮辱。

所以太监们捉到乌鸦之后，常常弄死，其中有个法子就是在那乌鸦的脚上绑个爆竹，点燃以后，把乌鸦放开，当飞往高空时，乌鸦即被炸死，也算给自己解了气。

这一日，慈禧太后从北海游玩回来，感到有些累，就歇息了。恰在这时有个姓刘的小太监捉了只乌鸦，一时好奇心起，也想那样玩玩儿。便唤来几个小太监如法炮制，也想给自己解解气。

谁曾想这乌鸦不偏不倚飞到了慈禧太后寝宫的上空。慈禧太后此刻正做着美梦，当即被这一声巨响惊得坐了起来。仔细一听，外面又吵又闹，以为发生了什么大事，急忙命人出去看看。当听到是几个小太监在外面用爆竹炸乌鸦时，慈禧太后不由得勃然大怒：这成何体统！真是越来越放肆了。于是便让人拿来黄袋子，取出竹鞭，亲自出去教训那些太监去了。

李莲英因为慈禧太后没有给自己升官，心情一直不好。听到外面的喧闹声，也给气恼了。推开门一看是自己手下那些小太监，正想出去发泄一下，忽见慈禧太后正手拿竹鞭，阴冷着脸从房里出来，脑子一动，便想出一条妙计：你不是烦吗？我叫你烦上加烦，看谁来伺候你。其实目的还是为了给慈禧太后要官。

只见他急忙跑了出去，跪在慈禧面前说："太后息怒，这是奴才没有尽到职责，管教不严所致。请太后治罪！"

"快起来吧，这事也不能怪你。你去替我把这该死的奴才痛打五十鞭子，让他以后记着点，这是皇宫！"

只见李莲英答应了一声，双手接过鞭子，那些小太监一个个跪在地上直发抖，心想这顿痛打得逃不了了。谁知那李莲英刚站起来，就假装两脚发软，"嗵"的一声倒在了地上，这下可热闹了，小太监还没处治，却又倒了个李莲英。

慈禧太后见了，也顾不小那些小太监了，赶紧让人将李莲英抬到屋里，随后又吩咐请御医来给诊断吃药。御医来了，摸摸李莲英的脉搏，一切正常，再仔细检查，还是不能确定是什么症状，可又不敢向慈禧太后说，于是乱开了些补药。

慈禧太后看看没什么大病，吩咐几个小太监小心侍候，然后就回宫去了。那几个小太监一看，因为李莲英这一倒，自己竟免了一遭痛打，不由得对李莲英感激不尽，自是加倍殷勤地侍候，忙前忙后，真比给慈禧太后办事还勤快。

他们怎会想到这乃是李莲英的妙计——装病。原来自从安德海死后，慈禧太后的诸如梳洗、按摩等事情都由李莲英接替。宫里的太监宫女虽人数不少，可慈禧太后除了李莲英谁也不中意。想到这一层，李莲英就想：我装病不起，看谁来侍候你！到时候，看你给不给我加官。

慈禧太后本以为李莲英只是这几天累着了，歇一晚也就没事了。谁知第二天早上起了床，等李莲英来给自己梳洗，却左右等不来。眼看着该是上朝的时候了，这可怎么办呢？急忙派人去唤。不大会儿工夫，小太监回来了，说李总管病重今日起不了床。慈禧太后一听，不由得纳闷：怎么一下子病得这么重？小安子（安德海）死了，如果李莲英再有个好歹，我身边连个贴心的人也没了。想到这里，也顾不得上朝，急忙去看。

其实李莲英已起了床，正坐在那梳洗，一听说慈禧来了，慌忙扔下毛巾，跳上床去，拉着被子躺了下去。等慈禧太后一进屋，马上挣扎着要起来叩头请安，慈禧太后见了，连忙拦住，说道：

"小李子，病好些了吗？平日里看你身子挺好的，怎的一病起来这么厉害，要不要请太医来再看看？"

"奴才今不能侍奉太后，还请太后恕罪。奴才以前身子骨就不大好，加上这几日事多，因此感到身子十分虚弱，头晕得厉害。昨日太医已给奴才看过，现下正吃着药，就不用再麻烦了。"李莲英不要让太医来给自己看，深恐被看出什么破绽，急忙答道。

"既然这样，你就好生休息吧。"说完，慈禧太后就出去了。

等慈禧太后一离开，李莲英便立刻下了床。睡了足足一个晚上，早就养足了精神。于是，唤来李三顺等太监，在屋子里玩儿了起来。玩儿了会儿，那李三顺急忙开了口：

"师傅，徒儿想……"

"就你鬼点子多，有什么话就说呀。"

"师傅，徒儿想这样下去也不是个办法。宫里边人多嘴杂，万一哪个不长眼的东西传扬了出去，太后听了岂能饶过咱们？我看您还不向太后说说，咱出宫去。那样玩儿起来也放心，免的在这还提心吊胆的。"

李莲英一听，对呀，我怎么就没想到这一层呢。自己在宫里得罪的人也不少，万一走漏了消息，让慈禧太后知道了，别说升官，恐怕连现在这个内廷副总管的位子也坐不稳。想到这里，便说："亏师傅平日里没白疼你一场，你说的确实有些道理，待会太后来了，我就向她说，咱出宫去。"听了师傅的夸奖，李三顺不由露出得意的笑容。

慈禧太后退了朝，没回自己的寝宫，径直就来看李莲英，问："小李子，感觉好些了吧！"

"谢太后关怀，奴才比早时是好些了，但头依旧晕沉沉的。太后，宫里边不清静，人来人往的，所以奴才想出去静养几天，这样身子好得快，也能够早日侍候太后您老人家。"

"好吧，这样也好。出去后好好静养，记着早些回来，可千万别给我在外边惹事端，有些事现在我还不能一人做主！"

"是，是，奴才一定记着就是了。谢太后恩宠，望太后多多保重玉体。"

李莲英

得了慈禧太后的应允，李莲英急忙命李三顺张罗回家事宜，不大会儿，一行人便急忙忙出宫而去。

回到家里的李莲英，没有了慈禧太后的约束，更是为所欲为。每日同李三顺通宵达旦地畅饮，放纵自己，总算不受宫廷礼数的约束了。可玩归玩，一旦躺在床上，李莲英心里仍不踏实，一来害怕自己一离开，又有别人取代了自己，讨得慈禧太后的欢心；二来总不见慈禧太后给自己升官，所以他总是让人到宫里探听消息，免得局势变化自己还不知道。

再说此时的慈禧太后，自从李莲英一出宫，可就变了样。总觉得精神没有寄托，身边也没有一个知冷暖的人来照顾自己。有时连她自己都想不通为什么李莲英如此讨人喜欢。那些宫女、太监虽是加倍地小心侍候，可她仍不满意，吓得他们整日提心吊胆的。

这日一早起来后，小太监进来给慈禧太后梳头，本来这小太监平时手艺不错，可一不小心竟把太后的头发弄下来两根，虽想偷偷藏起来，但仍是被慈禧太后看见了，这还了得！只见慈禧太后伸手就是一记耳光，金色的护指顿时在那太监的脸上划出了五道印，怒喝道："你们这群废物，平日里是怎么学的？小李子一病，竟没一个顶用的。来人！给我拖下去重打二十大板。"

小太监立刻被拖下去责打，慈禧太后心中不由得想起了李莲英：唉，还是小李子会服侍人！这个小李子，也不知现在好了没？怎么一出去就不说回来了？细一想那天的情景，又觉着不大对劲：那天他不是从房里跑出来的吗？怎么那么巧，早不倒晚不倒，偏偏倒在我面前，莫不是这小李子也在给我要心眼？可我没亏待他呀，内廷副总管。四品花翎顶戴，难道他还嫌低？想到这里，便让人传来李莲英房里的小太监，想问个明白。

小太监当然不敢把李莲英装病的事说出来，何况李莲英临出宫还给了他些好处，所以慈禧太后从他这里也问不出什么有用的信息来。于是命人传旨午膳后去李莲英住处，亲自去看个究竟。那太监一听慈禧太后要亲自去，心想不好，一定要先通知在外面逍遥自在的李莲英。

李莲英一听太后要亲自来看自己，顿时慌了手脚。这个消息对他来说实在是太突然了，他不知道慈禧的到来是福是祸，心里没一点谱。是福，当然是求之不得，他装病这么多天，为的就是这个；可是祸呢？这可说得上是欺君大罪啊，难道慈禧太后看穿了自己的把戏？真是越想越怕，急得他在屋里走来走去，想找个借口让慈禧太后甭来吧，又想不出个好法子，这可怎么办呢？

看见师傅急成这个样子，李三顺急忙上前，安慰道："师傅，俗话说：是福不是祸，是祸躲不过。您这样干着急有什么用呢？还是赶紧准备准备，迎接太后吧！"

李莲英听了，觉着也是这个理。再细细思量，自从出宫后，虽说自己整日吃喝玩乐，但从未走出这宅院一步，根本不可能露出什么马脚。想到这里，心才算静了下来，忙吩咐众人赶紧打扫庭院，准备迎接慈禧皇太后。

一时间，整个李府，上自李莲英，下自看门的仆人，全部行动起来。用过了午膳，慈禧太后也顾不上歇息，便迫不及待地领着一大批侍从，坐着銮轿奔李莲英住处而来。不大会儿工夫，已来到李府门前。再看李莲英，此刻正领着那些太监们黑压压跪了一地，看见慈禧太后下了轿，急忙跪行向前，说道："奴才不知太后驾到，未曾远迎，还请太后恕罪。"

看见李莲英脸色红润，慈禧太后会心地笑了。李莲英也摸不着头脑，急忙上前搀着慈禧太后进了大门。忽然，慈禧太后停了下来，说道："小李子，你这住处挺不错的啊，几乎赶上我的住处了，什么时候建的？怎么我一点都不知道？"

看看慈禧太后，李莲英谨慎地答道："这房子是奴才前年建的。奴才自小离家，承蒙太后恩宠，方有今天，可父母至今仍在家里受苦受难，所以奴才就建了这房子，想把他们接来享几天清福。由于太后您政务繁忙，所以奴才没敢打扰，还请太后恕罪。"说完，就又跪在地上。

"起来吧，难得你有这份孝心，我只不过随便问问而已。看你身体好多了，是不是可以回宫了？不行的话，回去再让御医给你看看。"

既然慈禧太后把话已经说到这份上了，不回去能行吗？李莲英忙顺势回答："谢太后关心，奴才身子已完全好了，本想明日回宫侍奉您老，没想到太后您亲自来了，奴才现在就收拾东西，等会儿和太后一起回宫。"

这还差不多，慈禧太后听了笑笑，随后又在李莲英搀扶下看了看这宅院，便喜气洋洋地回宫而去。

天渐渐地黑了，一轮明月高高地挂在空中，古老的北京城万籁俱寂。长春宫东暖阁内，不时传出说话的声音，仿佛给这沉寂的夜晚增添了些活气。

"小李子，你这次病得可真不轻哪，足足休养了十多天。"慈禧太后笑着说道。

"奴才，奴才……"，看着慈禧太后那张笑脸，李莲英心中一阵紧张，不知道慈禧心中的具体想法，所以一时不知该怎么回答好。

"别给我找原因了，你脑子里想什么，我能不知道？你是我看着长大的，眼下你的本事也不比小安子当年差多少，以后还是咱靠紧点，相依为命吧。"

李莲英本认为慈禧太后知道了自己装病，至少也要臭骂自己一顿，一听这话，觉着慈禧太后不但没生气，反而真有点给自己加官的意思，急忙竖起耳朵，想听听慈禧太后再说些什么。

看李莲英没反应，慈禧太后略微停顿了一下，接着说："现在这大清朝的皇宫里，并不风平浪静，我本想把你晋升为内廷大总管，可是，太后、亲王、大臣们，动辄就搬出家法来，迟早有一天我要把这烦人的祖宗家法全推翻，不管他什么人都得听我的。不过现在，只能委屈你了。"

慈禧太后

李莲英听了，虽说未能如愿以偿，但毕竟还是满心高兴，因为他知道那个内廷大总管的位子，迟早都是他李莲英的，就赶紧趴在地上磕头谢恩。

慈禧太后摆摆手说："算啦，不必这么客套了！"说完，又赏了李莲英些东西。窗外，月亮不知什么时候已退了下去，黎明的曙光划破夜幕，渐渐出现在东方。李莲英服侍慈禧太后睡下，轻轻地走出房门。虽说天还微微有些凉意，可李莲英内心却喜滋滋的，仿佛自己已经坐在了大清朝内廷总管的位子上。

心思活络的李莲英终于通过一个不是很成功的谎言得到了自己想要的。

8 终于晋升为大总管

本来清廷有规定，不能让太监做二品官的，但是李莲英却是个例外，他最后做了二品顶戴花翎总管。他是如何做到这一点的呢？

中国第一历史档案馆研究员唐益年先生在《总管太监李莲英的宠辱一生》一文中有着详细的记载，看了这个记载，许多事情就一目了然，也揭开了不少谜底：

……同治七年（1868年）七月，安德海被赏七品顶戴，而李莲英刚刚得到八品顶戴，两个月后，安德海就被赏戴六品顶戴蓝翎。不过安德海很快因少年得志，狂妄恃宠，不能自重，终以违背祖制，擅离京师私逃之罪于同治八年（1869）八月初七日被山东巡抚丁宝桢在济南正法。

但是李莲英也并不像民间传说的那样，迅速取代了安德海的位置，而是遭到了安德海一案的拖累，和全宫所有的有官职太监一起受到罚俸处分。一个月后，当其他太监陆续被解除处分之际，他又因"滑懒不当差"被革去八品顶戴及钱粮。直到十二月才被解除处分，并恢复八品顶戴及钱粮。可这一时期，李莲英并没有得慈禧太后的格外青睐和赏识。但是李莲英毕竟是一个十分聪明灵巧的人，正如墓志碑文中所说"聪颖有大过人者"那样，很快就通过安德海的遭遇，弄明一个问题，就是如何摆正主子和奴才之间的关系。安德海是由于过分恃才邀宠而送掉了性命，这个惨痛的教训，被李莲英牢牢地记在心里。因此，他不仅学会了揣测主子的心理性格、习惯爱好，能够千方百计地讨好主子喜欢，同时还能时时处处谨慎小心，"事上以敬，事下以宽，如是有年，未尝稍懈"。看来这正是李莲英继安德海之后的成功秘诀。

李莲英

同治十一年（1872年）起，李莲英经过多年的蓄积和隐忍，终于迎来了爆发期，就在这一年的九月二十一日，他被赏六品顶戴花翎，食"月薪银"八两五钱。

同治十三年（1874年），李莲英的官运开始发力。在这年的三月三十日，被任命为储秀宫掌案首领太监。你也许并不感到惊讶，因为毕竟李莲英已经进宫17年。但是按清宫旧制，太监进宫服役满30年没有大过失者，才能选补首领太监，并且还需要有两个首领以上太监推荐或担保。足见宫中对这一位置的重视，也看出慈禧太后对李莲英的恩眷之深。这还不算完，同年九月十五日，李莲英又被赏戴四品顶戴花翎，十一月十二日，又被加赏貂皮马褂。

光绪五年（1879年）十二月二十八日，31岁的李莲英被任命为储秀宫四品花翎总管，月薪二十两；七月十四日，李莲英再度奉旨被加赏三品顶戴花翎，赏月薪二十八两；十年十月初一赏银三十八两月薪；十六年六月十七日，再奉旨加添银十两，月薪银四十八两。光绪二十年（1894年）正月初一，李莲英被赏二品顶戴花翎。至此，李莲英的升迁之路暂告一段落。不是他的运气到了头，而是他的官职已经到了头，连慈禧也不知道要给他什么职位好了。

从同治十一年（1872年）起到光绪二十年止，在二十多年间，他从一个普通的八品太监，一路升为二品花翎总管，月薪也增长了几十倍、上百倍，用现在的话说，他这是坐了直升机，其他人是无可比拟的。因为慈禧太后照顾的原因，他即使官职比别的太监小，但也总是可以获得更多的尊敬。不仅如此，慈禧对他的赏赐也总是比别人优厚得多。光绪七年（1881年）十二月，李莲英就收到了大荷包3双、小荷包6个、一两重银锞6个、五钱重银锞6个的赏赐。类似这样的情况在这一时期是数不胜数的。

史料记载："光绪二十年（1894年）新正月初一日，上交黄单，奉朱笔，储秀宫三品花翎顶戴总管李莲英，赏加二品顶戴。"《皇太后六旬庆典档案》中有以下记载："光绪二十年（1894年）春，正月，己卯（初一日），皇太后本年六旬庆辰，晋封内廷嫔妃、宗室、外藩王公大臣，并加恩中外臣工、各省文武大臣有差。"光绪皇帝奉旨分别晋升瑾嫔、珍嫔为瑾妃、珍妃，庆郡王奕劻晋升庆亲王，贝勒载漪晋升为端郡王等。此时离慈禧太后60岁万寿节（十月初十日）还相差九个多月，因此李莲英因操办万寿节而被晋升的说法显然有误的。

光绪二十年（1894年）李莲英被赏给二品顶戴花翎以后，马上就成为朝中大臣、市井百姓的关注热点，大家认为把一个刑余之人晋升到与朝廷大员等同的位置，是对众大臣的侮辱和轻蔑。其实二品顶戴花翎总管，是不能与朝廷官员混为一谈的。唐益年先生曾有过这样的论述：

> 朝廷中宗室王公均为天演一脉，有着高贵的血统及崇隆的政治地位；而各级文武大臣或正途出身（科举考试），或军功，或世袭，无论其出身如何，他们都已置身于国家政治活动之中，是对国家政治有发言权并且行使管理权的统治集团成员之一。相反，对于太监来说，无论总管还是首领，他们的政治地位根本无法与那些朝臣相比，实际上，太监官职品级，并不属于国家官员范畴，他们只不过是皇室私家奴仆的首领，职权范围也仅限于宫闱之中。

虽然慈禧太后对李莲英恩宠有加，但毕竟慈禧太后也有自己的分寸，不会无限度地宠着李莲英。比如光绪六年（1880年）李莲英做错了差务被摘去顶戴，并罚银6个月。光绪十一年（1885年）十二月，因失察本处首领误班而被罚月银6个月。从光绪十二年（1886年）正月起，敬事房按月收到李莲英交来6个月的罚银计204两。这样看来，慈禧还是一个赏罚分明的主子。李莲英之所以能受到她的青睐，看来真的是认准了她的脾性，获得了她的信任，至于那些惩罚，多半是掩人耳目吧？无论如何，李莲英在30出头就做到了大总管的位子已经说明了一切。

第三章

八面玲珑，善于钻营

1　为表忠心充当耳目

清咸丰十年（1860年）六月英国人率舰队北犯天津，清军连连败仗，僧格林沁退守张家湾，英军继续向京城推进。朝廷一片惊慌失措，大臣建议咸丰皇帝驾幸木兰围场，以狩猎为名，暂时避难。

这一建议立即受到众大臣的激烈反对，搞得有意为之的咸丰也不好表态。正在此时，清军在通州打败仗的消息又传到宫中，而且僧格林沁、瑞麟二营也不战先怯，从通州退还北京。咸丰皇帝大吃一惊，顾不得许多，立即驾幸圆明园，命端华入宫将后妃等100人护送到圆明园。其中当然少不了皇子载淳。不仅如此，咸丰皇帝又令四春娘娘也收拾完备，于清咸丰十年（1860）八月十三日一起逃离北京。

八日后抵达热河避暑山庄，文武大臣多数没有随行，只有端华、肃顺，及军机大臣景寿、穆荫、匡源、杜翰、焦景瀛几个大臣护驾。逃离途中方才传旨到京，命恭亲王奕䜣为全权大臣，留守京师，与英人议和。

英国人很快就攻入北京，火烧了圆明园，把这座100年的建筑，宏伟的亭台楼阁彻底毁灭了。圆明园中的奇珍古玩，也被洋兵抢掠一空。咸丰皇帝听说圆明园被烧，国库也被搜刮一空，觉得无颜回京，决定留在避暑山庄。加上看到整个江山被自己毁成这样，从此竟生起病来。

咸丰帝在热河得过且过，次年七月，连他自己也觉得回天无望了，便忙安排后事。

僧格林沁亲王

咸丰皇帝最宠幸的贵妃就是懿贵妃（后来的慈禧太后），一是因为她生了儿子；二是因她生得貌美。不过，咸丰皇帝早就看出了懿贵妃怀有野心。一旦自己死后，懿贵妃难免会母以子贵，干扰朝政。咸丰本打算效仿汉武帝赐死懿贵妃，可又怕自己的儿子载淳将来因此记恨自己，恨自己杀其生母，便有意要废黜她。又一时拿不定主意，就征询自己的弟弟奕䜣的意见。

奕訢却认为懿贵妃还不至于能乱了朝纲；况且皇帝正值壮年，未必一病不起，如这时帮皇上定策杀懿贵妃，一旦他好起来想念懿贵妃，难免记恨自己；就算皇帝归天，有自己和皇后在，懿贵妃也未必能兴风作浪。所以这才建议咸丰暂时不要废黜懿贵妃。

咸丰帝觉得奕訢的话有道理，这才放下心来，随即让奕訢赶紧回去，免得引人注意。咸丰皇帝以为自己做得很秘密，哪知懿贵妃早已看出皇上的寿命不会太久，又见皇上有些事情似乎有

咸丰皇帝

回避她之意，便密嘱安德海要事事对皇上留心，所以咸丰和奕訢的这次对话，安德海虽然没有听全，但大概意思是听懂了，便密告给懿贵妃。

懿贵妃知道后既感激恭亲王对自己的保护，又暗恨咸丰皇帝，觉得他太狠心，巴不得他早死，好让自己的儿子继位，使自己摆脱这个束缚，也免得再提心吊胆，便嘱咐安德海更要多加留心。

咸丰十一年（1861年），三月五日，咸丰皇帝把皇后钮祜禄氏（即后来的慈安太后）召至床前，屏退左右人等，秘密交给她一份手谕，并告诉她，如遇紧急情况，可出示此手谕，除掉慈禧。

咸丰帝虽然已做得很机密，可惜慈禧有安德海这个内线，所以很快就知道了单独召见慈安的内容。慈禧对此非常吃惊，她知道皇上已注意上她了，虽然不是立即祸生不测，但只要有人在皇上那儿说自己的坏话，大祸随时而至。她想到安德海一个人注意不了许多，便命李莲英暗地监视咸丰皇帝的动向，随时汇报。

慈禧之所以安排李莲英去做内应，主要是因为李莲英年岁尚小，还是个孩子，进出传递消息不会引起别人的注意。有了李莲英的穿插传递消息，懿贵妃对咸丰皇帝的一举一动知道得一清二楚，虽然大多对她不利。

李莲英果然不辱使命，机灵得很，他窥视却不露半点儿痕迹，很好地完成了潜伏任务。一天，咸丰密召载垣、端华、肃顺三人来到病榻之前，告知了密诏之意。若在他归天之后，懿贵妃有什么不轨之事，便可请出密

李莲英

肃顺

诏诛之。李莲英赶紧将此事告诉了懿贵妃。

气急败坏的懿贵妃因此对咸丰帝和载垣、肃顺几位大臣恨之入骨，恨不得他们都统统去死。当然，对忠心耿耿的李莲英更加宠信。这就是为什么慈禧对慈安太后毕恭毕敬的原因——把柄在人家手里呀！她顾忌这密诏在皇后手中，自己只要把皇后哄好了，无论什么事都拉着皇后，就不怕载垣、肃顺他们挑毛病，这也是以后两宫垂帘听政的原因。

咸丰帝在垂危之际，在众大臣面前留下遗诏，立6岁的皇子载淳为皇太子，命怡亲王载垣、郑亲王端华和军机大臣肃顺、景寿、穆荫、匡源、杜翰、焦佑瀛八人为顾命八大臣，赞襄一切。并规定以后政府下诏要以"御赏""同道堂"两枚印章为信符，以此防止大权旁落懿贵妃或其他大臣手中。

1861年8月22日，年仅31岁的咸丰皇帝于避暑山庄驾崩。载垣、端华、肃顺等顾命大臣即携6岁的皇太子载淳在枢前继了尊位，这就是同治皇帝，并尊皇太后钮祜禄氏为母后皇太后，这就是慈安皇太后，那拉氏皇太后为圣母皇太后，也就是慈禧皇太后。

鉴于6岁的同治皇帝什么都还不懂，所以一切政务事宜都由八大顾命大臣做主，实际上主要由载垣、端华、肃顺做主，其中又以肃顺为主。自此，这八人遇到大事进宫向慈安太后咨请。慈安太后是个忠厚老实的人，实际上凡事要八人拿主意，之所以找慈安太后，只不过是为了最后钤印盖章而已。

慈禧眼看着自己一天天被孤立，心中当然对他们非常不满，可是自己的儿子同治皇帝还小，没法指望，虽然心有不甘，也只好暂且忍了。

李莲英是慈禧最信赖的心腹，可惜只有14岁，还不堪委以重任。只有安德海可以跟她拿主意。二人商量后认为，只有通过控制软弱的慈安太后，才能控制"同道堂"的大印，与八大顾命大臣抗衡。所以，慈禧太后几乎天天往慈安太后那儿跑，以姐妹相称，亲如一家。温和宽厚的慈安太后本来就心无城府，遇事没什么主意。正好慈禧天天过来看她，故而一切主意都由慈禧来拿。

这还不算，慈禧为达到干预朝政的目的，她还暗中指使御史董元醇上了一封奏折，请两宫太后垂帘听政，其实就是她自己要参政。八大臣知道是慈禧捣鬼，所以，立即以大清没有此先例为由，予以驳回。

董元醇的奏折被驳，慈禧太后当然不满，但也无法直接出来表态。还好慈禧控制了御宝，常常不予八大臣拟定的草诏钤印，故慈禧和八大顾命大臣之间形成了两大帮派，并长期相互争斗。但总而言之，因为肃顺为人颇有才干，颇为咸丰信任，连军机大臣都仰其鼻息，载垣、端华都得听他的。所以，虽然慈禧控制着国宝，但行政大权仍控制在肃顺等八人手中。

权力欲望强烈的慈禧见情势对自己不利，任凭长此以往下去，自己不但无法掌握朝廷的实权，恐怕还有丧命于八大顾命大臣之手的危险。

树挪死，人挪活。她决心以慈安为突破口，利用她政治上的无知，再加上与八大顾命大臣势同水火的六王爷奕䜣，共同将八大臣除掉。

果然，不明就里的慈安太后轻松被慈禧太后哄住了，而且慈禧又以奕䜣是慈安太后的亲戚为名，劝说慈安太后命他执掌国家大事。慈安太后也觉得朝政交给自己的亲戚比较放心，于是就答应了，并全权交给慈禧去办理。

慈禧当夜就和安德海演了一出"周瑜打黄盖，一个愿打一个愿挨"，慈禧假装把安德海赶回北京，其实是让他连夜回去捎信给奕䜣，让他速去承德商量要事。

机灵的李莲英知道自己插不上手，但向主子表明忠心却是有用的。况且他也看出现在局势一片混乱，尚不明朗。暂时打消了转换山头的想法，总是不经意间在梳头的时候表明自己的忠心，消除慈禧的怀疑。

2 助慈禧除顾命大臣

李莲英终于以自己危难之际的忠心赢得了慈禧的继续信任。从此，慈禧彻底将他视为自己的心腹。慈禧听说荣禄被八大臣收买，在监视自己，但没有确切的证据，有心敲山震虎，准备让李莲英把他叫来，杀杀他的威

风。于是，她让李莲英去找荣禄，叫他到宫里来，但一定要避过肃顺等人的耳目。

李莲英见慈禧将这么机密的事情让自己去办，知道慈禧已经将自己作为心腹，心头不免一阵热潮涌动，表示自己一定不辱使命。李莲英知道此事非同小可，所以到了荣禄住处也是一脸公事公办的样子，传旨说慈禧太后要荣禄到宫中回话。

荣禄本来就心虚，如今见小小的李莲英说话一本正经，就知道不是开玩笑，因此更加心神不安。但太后召见，又不得不去。只好在路上思来想去，拿主意。

荣禄想，一边是圣母皇太后——皇上的娘；另一边是手握大权的军机大臣，况且还有两位王爷，势力也不算小。自己就像风箱里的老鼠，两边受气。此一去，一举一动都关联着身家性命，千万马虎不得。

到底应该倒向哪一边？最后，他心中一横：无论如何肃顺他们也不敢杀皇上，否则便是大逆不道，成了叛国之臣，无论如何我不能跟他们走。所以还是跟着慈禧太后安全。

打定主意后，荣禄心中有了底，也就不再紧张，只想着在慈禧面前表明态度，赢得她的信任。于是，他一进慈禧的寝宫便把肃顺如何把他叫去，如何让他监视慈禧的话，都告诉了慈禧太后。最后，表示自己是一时糊涂，还望太后开恩。

荣禄

慈禧禁不住倒吸一口凉气——情况比她听说的还要复杂，不过幸好荣禄都告诉自己了，只要小心应付，还是可以渡过难关的。何况荣禄已经表态愿意效劳，这就是说把荣禄拉到自己这边来了。当下，心中镇定了许多。但为了牢牢操控荣禄，慈禧故意一副公事公办的样子表示自己对人向来是宽大的。要求荣禄去监视肃顺等人，并赏银50两，荣禄谢恩而出。从此，肃顺等人的一言一行都在慈禧的掌握之中。

安德海顺利将书信送给奕䜣，奕䜣接信后

日夜兼程赶往承德，这一切都没逃过肃顺等人的眼睛。肃顺等人怕其中有诈，连忙通知怡、郑二王，二人以接待的名义限制奕䜣的行动自由。只准奕䜣叩谒梓宫，却不许奕䜣觐见两宫太后。慈禧太后却让安德海把奕䜣乔装打扮入宫，商议除掉肃顺等人，并订好密计，待机而动。

很快，两宫太后传旨即日奉梓宫回京。载垣、端华、肃顺等人知道，一旦回京，自己的前途、性命堪忧，还想往后拖一拖。谁知慈禧坚持要回京，肃顺等人无法，只好答应，却暗下伏兵要在半路上劫杀慈禧。

清末刑场

行至古化口外，肃顺安排好的侍卫刚要行动，却被李莲英的一个二踢脚为信号，引出了埋伏好的荣禄的兵丁，把慈禧太后的御辇层层保护起来。原来荣禄是奉了李莲英传达的慈禧口谕，命他听到二踢脚声响，便赶来救驾。荣禄的队伍都是御林军中的佼佼者，是从神机营中选拔的，当然比王爷的侍卫装备精良，慈禧因此幸免于难。

慈禧向来心狠手辣，尤其是对自己有仇的人。慈禧回到北京后，肃顺身首异处，载垣、端华也被赐令自尽，其余五人发配边疆充役，八大顾命大臣顷刻间烟消云散。这就是赫赫有名的“北京政变”，也叫辛酉政变。自此，慈安、慈禧太后终于名正言顺地“垂帘听政”——其实就是慈禧一人在听政。奕䜣“除奸”有功，很快也升任为军机大臣领班、议政王。荣禄也升为总兵。安德海因为搬救兵有功，提升为总管太监。据说慈禧太后称安德海为“小安子”，称李莲英为“小李子”，就是从这个时候开始

的，这是一种将其视为自己人的昵称。

惇亲王奕誴虽然涉嫌故意给肃顺走漏风声而惹得慈禧不高兴。不过慈禧是个多智之人，她考虑到刚处置了两个亲王和六个军机大臣，朝野一片震动。加上自己刚刚垂帘听政，众心未附，而且南方的太平天国也愈演愈烈，在江苏、浙江、福建、安徽、江西、湖北、湖南等省都有活动，可谓内外交困。深知此事不宜再处理皇帝的亲弟弟。于是传旨开恩，不予追究。

慈禧对这件事虽然在表面上做了个大事化小，小事化无，但在内心里却恨透了奕誴。从此，奕誴就终其一生远离了政治中心，做了一个逍遥王。不仅如此，奕誴死后，其子载濂本应世袭郡王，慈禧却将其降袭为贝勒，奕䜣看不过去，要求慈禧重新考虑他的郡王袭位，慈禧却说奕誴一生无功劳为由拒绝。

李莲英在这一系列政治实践中左右逢源，办事利落，给慈禧留下了深刻印象。虽然立有大功，可惜因年幼（14岁），根据清宫规定，不到18岁不能提升为首领太监。慈禧特意重赏了他白银1000两作为酬劳。李莲英虽然没有升官，但他预感到自己的时机已经来临。

3 慈禧赐名：李莲英

李莲英其实不是他的真名，入宫前他叫李英泰。在家中排行老二，家里还有大哥学国泰、二弟学宝泰、四弟学升泰、五弟学世泰、六弟学安泰。李莲英于咸丰六年（1856年）进宫，入宫后改名为李进喜，他入宫14年的时候才由慈禧太后起名李莲英。

1861年，慈禧太后成功得以垂帘听政以后，由于对李莲英在其中的表现非常满意，决定给他改换名字，起名、立号。第二年夏天的一天，李莲英等几个小太监侍候慈禧太后在院里消暑。恰好见到两缸荷花盛开，清香四溢。慈禧太后一高兴便把李英泰叫到跟前，把他的名字改为李莲英，并说"莲英"就是荷花的花瓣，有吉祥之意。

李莲英见慈禧太后亲自给自己取名字，心里非常高兴，连忙跪下谢恩。从此李英泰就正式更名为李莲英了。

不仅如此，慈禧太后趁着高兴还给他起了字和号，分别是乐元和灵杰。一心向佛的慈禧太后故意问他字和号的意思。李莲英虽然聪明，可惜书读得不是很多，只好请求慈禧指教。

一来李莲英是慈禧的心腹太监，二来自从垂帘听政后一切还算顺利，还能卖弄一下自己的学问。就耐心地对他讲，古礼男子二十岁而冠，此时方可取字、立号。李莲英的字乐元，元字就是做善事，连起来就是乐善好施的意思。而灵杰表示皇宫大内人杰地灵的意思。唐朝王勃的《滕王阁序》中就有，"物华天宝，龙光射斗牛之墟。人杰地灵，徐孺下陈蕃之榻。"因此，李莲英的字、号都是美好向善的意思。

能得到慈禧太后亲自取名字，对李莲英来说真是莫大的荣光，也显示了他在慈禧太后心目中的地位，从此成为慈禧太后跟前的红人。

其实李莲英之前在宫中也多有绰号，其中"皮俏李"也和慈禧太后有关。原来，李莲英进宫时不到十岁，正是耍闹的年龄。虽然宫中规矩多，但闲暇之余难免会趁主子和总监不在的时候，挤眉弄眼地出洋相。况且李莲英在这些太监中最为活跃，于是大家都暗中叫他"皮俏李"。这个绰号虽然无伤大雅，但毕竟听起来不甚雅观，所以李莲英很不高兴，但绰号一叫起来哪会自己停止，于是越传越远。李莲英则越来越生气，总是找机会反驳。

有一天，他又在和一大群小太监争论，不由得声音就提高了，不小心让在屋中休息的懿贵妃（慈禧）听到了，立刻到殿门口呵斥他们。众太监吓得跪在地上，只有李莲英因为常常为懿贵妃梳头而和她比较熟，壮着胆子道出实情。

恰逢懿妃因为生了皇子，被咸丰皇帝晋升她为贵妃，心情大好。因此不生他们的气，而且还说"皮俏李"很好，显得机灵。懿贵妃都御口亲封了，李莲英也没办法，所以，他的"皮俏李"就在整个皇宫传开了。

后来，李莲英权势熏天，炙手可热，有利必取。因此，人们便把"俏"字改为"硝"字，成了"皮硝李"了。意思也与原意大相径庭。表示无论什么样的皮子（脾气），只要遇上李莲英这个皮硝，都得乖乖听话，还得把你身上的油全得榨去，否则办不成事。这其中含有对李莲英的愤怒之意。

4　获宠幸李莲英过寿

李莲英在宫中的权势日益强大，尤其是光绪十二年（1886年）当上内廷大总管以后，更加不可一世。第二年是他四十岁生日，慈禧也有意抬高他的身价，亲传口谕，要给李莲英庆贺大寿。李莲英生日当天，慈禧还特别亲赐蟒袍一件。大福寿字画各一轴，白银2000两，玉猫一个。既然慈禧姿态这么高，上行下效，上至皇帝，下到王爷、内廷大臣、外省督抚，都纷纷给李莲英送来厚礼，李家门前一时间门庭若市，所得寿诞礼品不计其数。珍奇古玩、名人字画、锦缎丝绸、楠木家具、金银器皿，也都堆满了府库。此时的李莲英真可谓红极一时。此时，李莲英在北京的住宅已有五六处之多。就连这次生日庆典是慈禧点头在公用库的宅院内举办的（这个宅院1940年被李莲英的嗣长子李成武卖掉）。生日当天，李家张灯结彩，大摆筵宴三天，各路宾朋都来相贺，非常热闹。

慈禧太后更是在宫中大开筵席，而且把李莲英的座位规格凌驾于王爷、朝臣之上。不仅如此，宫中低于李莲英的官员、大小太监、宫女等按品阶都要给李莲英行跪拜礼，以示庆贺，这在大清被称之为史无前例的盛举。一时弄得满朝文武大臣对慈禧太后这等大破祖宗家法，恣意纵行，敢怒而不敢言。

慈禧太后的这种做法，不仅大大地抬高了李莲英的身价，助长了他的权势，而且为李莲英带来了实实在在的利益——公开攫取了一大批金银财宝，中饱私囊。

得到了慈禧太后与众不同的礼遇，李莲英更加专横跋扈、目空一切。光绪十四年（1888年），光绪皇帝奉命下诏，将清漪园改名为颐和园，并重修。慈禧太后任命自己的心腹李莲英全权负责。李莲英此时早已摸透了朝中大臣和慈禧的脾性，只要慈禧不管，任他朝中何人弹劾他都没有用。

于是李莲英乘机大量窃取建园之木料瓦石等，在海淀营建私宅，搞得京城怨声载道。国子监祭酒王先谦实在看不下去，遂上书，要求严惩李莲英。其中提到："宦寺之患，自古为昭，本朝法制森严，从无太监揽权言事。皇太后'垂帘听政'，一禀前谟，毫不宽假，此天下臣民乃共知共见

慈禧泛舟圆明园

者。乃有总管太监李莲英，秉性奸回，肆无忌惮，其平日秽声劣迹，不敢形诸奏牍，惟思太监等给使宫禁，得以日近天颜，或因奔走微长，偶邀宸顾，度以事理所有，何独该太监夸张恩遇，大肆招摇，致太监篦小李（李莲英）之名，倾动中外，警骇物听，此即不安本分之明证。易曰：'履霜坚冰'渐也。皇太后、皇上于制治保邦之道，靡不勤求夙夜，遇事防维。今宵小横行，已有端兆，若不严加惩办，无以振纲纪而肃群情。"这一番陈述，慷慨激昂，可惜"疏上不报"，被慈禧太后淡化处理。

如日中天的李莲英见有慈禧给自己撑腰，便更加贪婪。光绪十四年（1888年）九月，李莲英为了和慈禧太后关系走得更近，竟还做起了当皇亲国舅的美梦来，他不仅要做梦，而且还要实施行动。他依仗慈禧的恩宠，让自己的二妹入宫，并通过关系引荐给慈禧太后，很快就陪侍在太后左右。慈禧爱屋及乌，下令宫中人等一律称之为"李大姑娘"，并有意将他纳为光绪的妃子，李莲英之野心勃勃，可想而知了。

5　假虎威戏弄众大臣

咸丰帝死后，慈禧太后和慈安太后共同听政，但慈禧凡事独断专行，因此日增骄横，但由于慈安太后尚在，为礼法所拘束，凡是不能随心所欲，不免感到掣肘。慈禧太后越来越觉得慈安太后是她的眼中钉、肉中刺。

李莲英

慈禧就在这种权力受到制约的时光中度过了几年。这年清明，两宫皇太后同赴东陵，祭奠咸丰皇帝。

慈禧见风和日丽，春风送暖，就精心打扮了一番，却被一身素服的慈安太后数落了一番——这是去东陵祭祀，不是出门郊游，搞得慈禧很难堪。

二人一路无话，进入太庙大殿后，太监们忙碌着张罗，不一会儿咸丰灵牌前已摆好了酒十杯、筷子十双、黄米饭四盘、全羊一只。

开祭后，慈安太后徐步上前，燃香焚烛之后在那拜垫上跪了下来。接着慈禧太后上前，正准备在慈安太后旁边跪下，却被慈安太后拦住，示意让她往后面跪拜，原来这个位子是留给已故孝德皇后的。

慈禧太后闻听此言好不难堪，并且认为自己不应该跪在慈安太后的后面，因为自己和慈安一起垂帘听政。

看见慈禧太后不遵祖训，向来性格温柔的慈安太后也不由得来了气，说先帝在世时慈禧只是个嫔妃，自己才是皇后，嫔妃当然要跪在后面，慈禧也不相让。两位太后你来我往相互争吵了起来。

王公大臣都不知如何是好——两个都是太后呀。恭亲王奕䜣见再争吵下去于事无补，恐怕祭祀难以进行。于是劝慈禧太后说依照祖宗留下来的规矩，确实是慈禧应该在后面。

慈禧太后见奕䜣这样说，刚要反驳，却见醇亲王出来为她说话："虽然祖宗留下来的规矩是这样规定的，但今日两宫皇太后共同垂帘听政，如果有先有后分开，以后恐怕难以保证政令的贯彻执行。"

有了王爷做铺垫，其他大臣也就不再作壁上观，纷纷表态。这些人平日里慑于慈禧太后的淫威，这会儿自然多替她说话。

慈安太后见自己势单力薄，再坚持下去也不会有什么好处，只好默许慈禧太后在她旁边跪下。祭祀大典总算得以顺利进行下去。

慈禧回到宫中，还在为此生气。李莲英及时出现，安慰慈禧太后：人在屋檐下，怎敢不低头！目前最重要的是保重玉体，以后再慢慢理会。李莲英不说还好，一提此事还惹恼了慈禧太后，说他怎么能胳膊肘往外拐。

李莲英本想通过安慰慈禧太后获得好感，却马屁拍到蹄子上。连忙向慈禧太后道歉，说自己嘴笨，只是想安慰太后，却不小心说错了话，与此同时还泪流满面地表示忏悔。李莲英的这种举动让慈禧太后非常感动，与李莲英的感情就更加拉近了。

自咸丰帝死后，慈禧太后每日忙于政事，偶尔看了几次戏，渐渐就入了迷。从那以后，每当烦恼之时就去看戏。这次与慈安太后争地位，把她气得连去看戏都忘了，幸好还有一个善于体察主子心事的李莲英。

第二天，李莲英就把京城有名戏子俱传进宫来，排演戏剧。慈禧觉得刚刚祭祀过咸丰就听戏，有些不妥。李莲英却劝她一定要听。一来这是李莲英的责任，二来也向外人显示慈禧的权势——老祖宗的规矩是可以改的。慈禧太后听了李莲英的话，心里不由得喜滋滋的，于是就答应去听戏。

李莲英答应了一声，正要去办理，忽然慈禧太后让他去给那些王公大臣传旨，让他们到时也前来听戏，看他们是否会慑于权威不得不来，以此检验他们的忠心。

慈安太后很快就知道慈禧要安排戏班进宫，并让大臣前来听戏。这可是有违祖宗家法的事，慈安当然要阻止。

慈安若是真的能阻止慈禧太后，说明她还有号召力和影响力，可惜她

八国联军进北京

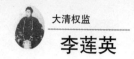
一时心软，认为慈禧最近心情不好，就由她去，给朝中大臣发出了错误的政治信号。

在听戏的过程中，其中的一幕是《水漫金山寺》，为了让慈禧提起精神来看戏，李莲英甚至吩咐徒弟将宫内安设的水管打开，把在场的王公大臣的衣服打湿了，慈禧太后乐得前仰后合。王公大臣虽然受了李莲英的气，也不敢多言。

就这样，慈禧在李莲英的挑唆下一步一步实现其政治野心。

6 设计为安德海敛财

李鸿章是清朝后期举足轻重的人物。他中了进士后，一直没能做官，在曾国藩部下当幕僚，后来练淮军，因为极力奉承曾国藩和慈禧太后，才被提拔起来。李鸿章与洋人接触多，清朝后期的不平等条约，李鸿章大部分都参与其中。在慈禧太后当政时期，一切与洋人打交道的事都有他参与，在朝廷中也有着不小的影响力。

安德海是慈禧太后的红人。安德海的母亲去世，李鸿章为了在慈禧面前留个好印象，还特意从保定赶到青县给这位安太夫人致祭，并送了5000两银子。

安德海从小就是个财迷，可以说是从懂事那一天起就认钱，如今有

安德海

了捞财的机会，当然会趁机捞一把。李莲英是安德海的徒弟，李莲英也是个善于溜须拍马的人，为了取得安德海的欢心，尽量为安德海攫取更多的财富。安德海看着家里的银子堆得像小山一样，自然乐得合不拢嘴，对李莲英也更加信任。

对于安德海的贪婪，他老家的百姓还编了一个顺口溜讽刺他：

娘死发财口袋张，将来爹死照此方。
若是娘多爹无数，财源茂盛达三江。

安德海自从有了李莲英这个捞钱高手的帮助，家产变得越来越殷实。因此在慈禧太后面前，替李莲英说了不少好话。师徒二人可谓一个为名一个为利，忙得不亦乐乎。但安德海万万没有想到的是，他这亲手教出来的徒弟，在他被山东巡抚丁宝桢扣押之时，不但不解救，反而暗中帮了同治皇帝和恭亲王奕䜣的忙，以至安德海命丧济南。后人有诗道安德海枉自聪明，却对李莲英看走了眼，当然这是后话。

插下苔莜有刺藤，养成乳虎自养生；
凡人不识天公意，种就殃苗待长成。

安德海的权势越大，发财的欲望也就越强烈。但此时慈禧太后还受到恭亲王奕䜣的牵制。所以，安德海虽然在慈禧面前获得宠幸，但仍然无法为所欲为，发财之路也受到阻碍。

一天，聪明透顶的李莲英和安德海开玩笑说，让安德海娶个师娘。安德海没猜透李莲英的深意，还骂他跟师傅开玩笑。李莲英这才说出目的：安德海如娶媳妇，大办喜事，不要说满朝文武，就是慈禧太后也会赏给财物。不仅挣足了面子，而且还可以趁机收钱。

视财如命的安德海终于被李莲英说动了，果然大操大办起来。李莲英还搬出明朝大太监魏忠贤，为太监娶妻寻找根由，而且大清律例并未明确规定太监不能娶亲，这就为安德海的行动提供了支持。

李莲英真是考虑周到，他把前门外南昆班的一个女戏子马赛花介绍给安德海。马赛花艺名七岁红，唱了十几年戏，唱腻了，想收手不唱了。她毕竟红极一时，专门为男方列出了三个条件：一、平民百姓不嫁；二、给人做小不嫁；三、没有丫鬟使女的不嫁。

李莲英给安德海分析娶她的好处，一来不是为了生孩子，不必计较出身；二来还能让她给慈禧太后唱戏，博得慈禧太后的欢心。

安德海听李莲英说得头头是道，不由眉开眼笑。便命李莲英拿500两银子去办这件事。南昆班也算是御用班底，经常进宫唱戏，知道安德海的权势，所以只收了100两银子的身价。马赛花本人早就厌恶透了这艺海生涯，

知道虽然对方是个太监，但自己总归算是跳出了唱戏的苦海，所以也答应了。

安德海等一切置办停当，就奏明了慈禧太后，说要娶媳妇。慈禧太后果然很高兴，特意赏白银1000两，彩缎10匹，作为结婚贺礼，并准假3天。

安德海醉翁之意不在酒，有了慈禧太后的点头同意，就给各王府、六部、九卿、各个衙门的大小官员都发了请柬，并专门找了一家京城最大的酒楼作为宴会之地，为的是方便更多的人来送礼。

安德海娶媳妇，在北京城内成了头号新闻，很快传遍了京城的大街小巷，男男女女，老老少少，都在议论这件新鲜事。明眼人看出了安德海这是为了搂钱，可请帖在手，礼还是得送。北京城的大官小吏们，没有一个敢不巴结这位安大总管的，因为他在慈禧太后那儿说一不二。就是同治皇上，也不得不看在慈禧的面子上送上一份礼物。

安德海娶亲这一天，李莲英仍然负责收礼记账。看着满屋子的珍珠翡翠、金银财宝，师徒二人乐开了花。就在此时，恭亲王奕䜣、湘军首领曾国藩、征西立功任陕甘总督的左宗棠还有山东巡抚丁宝桢来捣乱了。

只见奕䜣站出来说，他们四人刚刚听说安德海娶亲，仓促之间也没带礼物，只好口头祝福，并祝贺他们早生贵子。奕䜣的话逗得众人哄堂大笑。

大家都知道太监不能生孩子，奕䜣还这样说。明显是来找茬，不仅如此，左宗棠还继续讽刺说还要等着喝孩子的百日喜酒。

安德海不敢对奕䜣亲王怎么样，忍忍就算了，可左宗棠也敢奚落他，他真的忍无可忍，刚要发火，却被李莲英劝住。原来，奕䜣正怒气冲冲地看着他。安德海知道不能把事情闹大，只好忍下，继续招待客人。

安德海娶媳妇虽然捞了一大笔银子，但并不愉快，因为恭亲王奕䜣搅了他的喜宴。他本想在慈禧太后面前告一状，被李莲英劝住了。因为即使现在告了，慈禧太后也不会把恭亲王怎么样，因为慈禧太后还自顾不暇。但无论如何，经过这件事，奕䜣跟安德海的矛盾更加激化了；安德海准备随时扳倒恭亲王奕䜣，而恭亲王奕䜣也准备随时除掉安德海这个心腹之患，这就为安德海命丧山东埋下了导火线。而李莲英在中间却游刃有余地做了看客，获得了最大的利益。

7　安德海遇难假施救

同治四年（1865年），在慈禧的授意下，经总管太监安德海保荐，李莲英以"行走谨慎，为人诚实"，被破格晋升为首领太监，赐以六品花翎顶戴。其实这是违反大清祖训的做法，可是此时慈禧专横跋扈，无人敢出来反对。早在乾隆三十年（1765年）九月的训谕中曾作过明确规定，除去特殊情况外，总管太监保荐首领，必须是30岁以上的人。同时还强调，如有违例妄保者，内务府即可查参，严加治罪。可惜祖先无法显灵，慈禧仍然一意孤行，谁也无法反抗。

慈禧向来吃穿用度都非常奢侈，常常嫌江南、苏州、杭州三个织造厂送来的绸缎、衣料质地不佳，花色品种不齐，让她看不上眼。同治大婚前，慈禧以给皇帝准备礼服为由说他们的不是，于是决定派人去江南督制贵重衣料。安德海有心到江南去开开眼，顺便为自己捞些钱财，自己也能借机到江南抖抖威风，开开眼福，便奏请主子，愿意效力。慈禧太后听了很合心意。

但是祖宗曾经留下家法训制，不准太监参与朝政和出京办理公务的。倘若在诸大臣面前走漏风声，不好支应。现在派自己的心腹安德海前去最是放心，于是让他秘密出京。

慈禧太后嘱咐安德海离开京师以后，要尽量规矩一些，不要大肆张扬，免得生出事端。速速办好公事，尽快返回。安德海连连答应下来，高兴地离了京城。

安德海觉着有慈禧撑腰，就不怕风风光光地行路。他小心翼翼地离开通州，等到一过天津，就觉得万事皆无，便大肆张扬起来。船上旌旗招展，鼓乐齐鸣，看上去比皇家的船只还招摇。

不仅如此，他还骚扰沿途百姓，大肆收受沿途大小官府衙门的贿赂。安德海虽然是秘密溜出京城，但一路上如此张扬、猖狂，早晚会出事。恭亲王奕䜣平日见安德海狗仗人势，狂妄自大，早就有心除掉他，只是苦于

李莲英

没有机会，迟迟没有下手。这次闻听安德海这样大肆张扬，闹得沿途百姓鸡犬不宁，便暗中通知山东济南巡抚丁宝桢，让他在济南等着安德海。一旦出现，立即逮捕，从严惩处，格杀勿论。

济南巡抚丁宝桢，收到恭亲王手谕，却没有头脑发热。他知道安德海是慈禧太后的心腹，朝廷内外没人敢惹，就是恭亲王奕䜣都不敢动手，他当然不会自己动手杀安德海。于是把这一任务交给了他的下级、德州知州赵新，命令一旦安德海到达德州，立即将他捉拿，解往济南问罪。

德州知州赵新当然明白其中的利害关系，自己谁也得罪不起。但又苦于没有良策以对，只好同幕僚商议。要说还是幕僚有主意，他建议等安德海进入德州境内，不用政府公文，而是用便条的办法，通知巡抚丁宝桢，这样既可交差，又不会留下把柄。原来，便条是不会随同文书送往京城的。

赵新大喜，立刻按此行事。丁宝桢接到赵新的便条，一面通知东昌府程绳武捉拿安德海，一面密奏恭亲王奕䜣。最终将安德海缉拿，解送济南。

当丁宝桢的奏章送到恭亲王奕䜣手里后，被李莲英的亲信探得消息，李莲英对此事摸清底细，按往常的习惯，早去密报慈禧，请功领赏。但这一次李莲英没有禀报。因为安德海一死，自己的机会就来了；再说就算安德海死不了活着回来，李莲英推说一切都不知道，谁也怪不得。

两三天后，李莲英得知恭亲王奕䜣找慈安太后商量处治安德海的办法。李莲英溜到养心殿廊下偷听。只听见恭亲王奕䜣先是措辞激烈地一条条历数安德海的罪状，后又说其秘密出京办事，一路上胡作非为，实伤我大清朝的传统，应就地正法。

在一旁的小皇帝同治也常常被安德海告黑状，早恨透安德海了。如今听说安德海在外面闯了大祸，所以也就力主将安德海就地正法。慈安太后本来是没主心骨的人，也就点头同意

丁宝桢

了。当下恭亲王奕䜣便提笔拟旨下达。

在外偷听的李莲英见木已成舟，知道结果无法逆转，这才急急忙忙去向慈禧太后禀报。慈禧太后听李莲英一说，立刻慌了手脚，气冲冲地奔到养心殿，正好撞上恭亲王奕䜣拟写谕旨。

恭亲王奕䜣不等慈禧问起，便胸有成竹地将安德海出京以后的罪行又历数一遍，并力主问斩。慈禧太后却搬出安德海在"北京政变"中的功劳，企图挽救他的性命。同时向慈安施压，要她阻止恭亲王，可是慈安却一言不发。

恭亲王奕䜣

而小皇帝同治，虽然年少，尚未归政，但觉得自己说出的话，不好收回成命；况且对母后所说的"北京政变"毫不知情，一点也不明白，加之安德海确实伤害了他幼小的心灵。因此他也力主就地正法。

慈禧明知派安德海出京有犯禁令，本是理短，无法力挽狂澜，只好让步，怏怏回到自己的寝宫。恭亲王奕䜣等慈禧一离开，立刻将写好的谕旨，派人火速送到济南，将安德海就地正法。

慈禧太后回到寝宫，觉得应该救安德海的命，于是亲自写了一道谕旨，要山东巡抚丁宝桢将安德海解送回京。不料慈禧的这道谕旨却被恭亲王截留不发，直到杀完安德海后才发出，但已经迟了。很快，慈禧太后就得知安德海被杀的消息，从此与恭亲王奕䜣、慈安太后结下了深怨。

盛怒的慈禧一会儿骂丁宝桢狗拿耗子多管闲事，一会儿又说奕䜣眼里没她。无论他怎么骂，反正安德海是死在了济南。

就在安德海被杀的消息传到北京的当天晚上，李莲英就打起了升官的鬼主意，拐弯抹角在慈禧面前探听消息。冠冕堂皇地说安德海师傅死后，那些小太监实在没人管，也没人带领他们伺候太后了。慈禧太后此时心中正在烦闷，当然没听出李莲英的真实意思，于是就不再理他。

李莲英没有摸到底细，心中不甘，退出后故意突然倒地不起，以此试

探慈禧太后。慈禧来到院子，十分心疼地扶他起来，并吩咐叫来御医给他诊脉吃药。

一连几天，李莲英都装病卧床不起，慈禧太后还亲自来看他，他装着要起来，可又起不来的样子，说是头晕得很。慈禧立刻表现得非常着急，心想安德海被杀，李莲英生病，真是祸不单行。后来，慈禧太后让李莲英陪她闲谈，慈禧完全把李莲英当做自己人，并告诫他以安德海为鉴小心行事。

李莲英见慈禧太后这样说，总算听出点味儿来了，他灵机一动，想我何不趁机再摸摸底细，于是故意说自己无法与安德海师傅相比，恐怕以后难以像师傅那样把太后伺候得舒舒服服。

其实慈禧早就明白李莲英是在试探他在自己心中的地位，所以才给他吃颗定心丸。于是慈禧接着说，皇上至今尚未归政，朝廷并不平静。慈禧太后虽然有意要提升李莲英为总管，可惜他年纪太轻，况且还有一帮王公大臣总是以祖制压人，一时间难以成功。但她向李莲英表示，自己终有一天会大权在握，到时会把李莲英提升到总管的位置上去，让他暂时委屈一下。

李莲英听了，虽然升官无望，心中仍然非常高兴——只要慈禧太后看重他，比当什么官都强。从此，李莲英更加卖力地为慈禧服务，凭着他的神通广大，很快就被称为安德海第二。其实这么说，倒矮化了李莲英，实际上李莲英比安德海高明多了，他不仅敢于当着一个人的面在慈禧面前说出此人的短处，更敢于在慈禧面前替人讲情解围，让人对他又敬又怕。

清光绪七年（1881年），慈安太后升天，慈禧太后从此更加独断专行，说一不二。由于她很少出宫，所以很多国家大事拿不定主意就和李莲英商量，李莲英便借此机会为慈禧出谋划策，干预朝政，这也就进一步取得了慈禧的宠信，成了一个一人之下、万人之上的权监。

8 设计骗遗诏除大患

咸丰七年（1857年），懿妃晋升为懿贵妃（即慈禧），由此显得更加骄横，渐渐显露出政治上的野心。咸丰皇帝早就已经看出懿贵妃的野心，若自己有朝一日去见先祖，懿贵妃必会"母以子贵"而大权独揽，而慈安太后为人忠厚，必然没有她的这番算计之心，难免会受到她的挟制，便有意将她废黜，但因子尚年幼而没有下手。出于对慈禧制衡的考虑，咸丰十一年（1861年）三月五日，咸丰皇帝手谕给皇后钮祜禄氏，文曰：

> 朕忧劳国事，致撄疴疾。自知大限将至，不得不弃天下臣民。幸而有子，皇祚不绝；虽冲龄继位，自有忠荩顾命大臣，尽必辅助，朕可无忧。所不能释然者，懿贵妃既生皇子，异日母以子贵，自不能不尊为太后。惟朕实不能深信其人。此后如能安分守法而已。否则，着尔出示此诏，命廷臣除之，凡我臣子，奉此诏如奉朕前，凛遵无违，钦此。

慈禧在宫中耳目众多，终于被李莲英、安德海探到这一消息，便立即密告了慈禧。从此，这件事便成了她的一块心病。咸丰皇帝死后，朝廷请两宫垂帘听政，尽管慈安太后为人忠厚老实，不肯多管事，但慈禧毕竟是妹妹，表面上不得不对慈安恭恭敬敬，一副虚心请教、低三下四的样子，时时刻刻百般约束自己，处处让着慈安。其实，她了解慈安的性格，她并不是对慈安有所畏惧，而是生怕慈安一不如意，出示了遗诏，那样的话自己的一切都会葬送。

总之，慈安太后手中的遗诏成了她头上的紧箍咒，只要遗诏一直存在，就没有慈禧出头的一天。再加上朝纲政务，祖宗家法，都得慈安太后的一个"准"字，否则，慈禧再怎么想坚持也不行，这就大大限制了慈禧的权力。

不仅如此，还有几件事的发生，使得慈禧坚定了要掌握大权的决心，否则将处处受限。安德海献出自己的弟弟安德河进宫，后来成了慈禧的情夫。不想正在寻欢取乐之时，被恭亲王奕䜣知道了，坚持要搜宫，以正皇室威严，并且取得了慈安太后的同意。慈禧知道此事难以回转，为销赃灭迹，只好忍痛把自己心爱的情夫安德河杀掉，并毁尸灭迹，逃过一劫。这样，她对慈安太后的仇恨就加深了一层。

　　再就是关于给同治皇帝选皇后的事。为了尽快给同治皇帝选出一个皇后，以主持后宫事务，在慈禧和慈安的主持下进行了选皇后的大礼。慈禧本来看中了凤秀的女儿，可是慈安却认为崇绮的女儿更符合皇家风范，有母仪天下之德。二人又没有充足的理由去说服对方，最后只好让同治皇帝本人定夺。慈禧本以为儿子是她生的、她养的，总该和她一条心，会选凤秀的女儿做皇后。哪知同治偏偏不和她一个心思，最终选了崇绮的女儿做皇后。这让慈禧非常伤心，心都冷了一半——连儿子都不和自己一条心，真是造化弄人。她最终认为儿子是受慈安太后的挑唆，由此对二人都十分憎恶。所以，即便后来有人呈报皇帝的不轨举动她也不深究，皇帝病了之后也不急于派御医治疗，以至同治皇帝生病一个多月便死了。

　　而最让慈禧难堪的是慈禧和情夫的行为让慈安抓了现行。自从安德海死后慈禧不甘寂寞，李莲英就给她找了个姓金的情夫，谁知他们的丑行被慈安当场发现。慈禧顿时羞得无地自容，这让慈安太后非常恼怒，认为慈禧败坏了皇家的威严，有损国威，立刻传来内务府的人把那金姓男子乱棍打死。

　　慈禧怕慈安太后借这机会除掉她，便跪在地上苦苦哀求，慈安太后毕竟是善良之人，叹了口气也就作罢，并没有追究和声张。虽然对慈禧没说什么，但慈禧却不这么认为。慈禧既感到羞愧又放心不下，同时也恼怒慈安这是有意折散她的好事，不知不觉对慈安的仇恨又有所加深。

　　经过几次的"情夫事件"后，慈禧再也不敢明目张胆地搞这些，但是又实在忍不住。于是常常叫李莲英日夜陪伴，捶敲按摩、嬉戏。慈安太后闻知后，曾不止一次地严厉斥责李莲英有失体统，其实她的真正目的是让慈禧明白自己的身份，不要乱来，免得落下口舌。

　　李莲英在这一系列事情的背后看穿了一个真相：慈禧太后对慈安太后是恨之入骨，但因慑于遗诏的威力不敢轻举妄动。因此慈禧常常派李莲英到钟翠宫请安问好，送点心等。慈安太后为人忠厚老实，实心待人，心无城府，从来不耍弄权术，不知慈禧用心阴险狡诈，还以为这是对她的尊敬。又知李莲英是慈禧跟前得宠的太监，所以每次李莲英去钟翠宫，慈安太后总是对他很和气，时不时还对他有所赏赐。但李莲英明白慈禧的真正用心，所以他总是昧着良心大造慈安太后的谎言，跪在慈禧太后的面前，声泪俱下地诉说慈安太后要谋害慈禧太后，并说要拿他先开刀等，使慈禧越发嫉恨慈安太后，促使慈禧下决心谋害慈安太后。当然杀安德海、搜宫、给同治选皇后等这些之前发生的事，也就成了慈禧太后采取行动的借口。

慈禧恨慈安，这是储秀宫人所共知的，但是恨归恨，却一时无计可施。一来慈安太后是正宫，手中又拿着咸丰帝的遗诏；二来慈安太后向来做事得体，没有慈禧那些"花边新闻"，一切行动都依祖宗家法从事，让慈禧难以抓住把柄。

李莲英是最能把握慈禧想法的人，所以他向慈禧献计，只有把慈安太后手中的那份遗诏毁掉，才能彻底除去心头之患，让慈禧高枕无忧。

慈禧太后见李莲英如此清楚自己的烦恼所在，心底不禁一阵感动，但是此事说来容易做起来难，不免有些失望：这件东西是先帝所留，而且是慈安要挟自己的紧箍咒，她又如何肯轻易毁掉呢？李莲英见慈禧确实为此事烦忧，早就有了办法。他不像慈禧那么悲观，胸有成竹地表示自己有个进可攻、退可守的万全之策。

慈禧见李莲英这么有把握，眼里立即放出了光芒，要他赶快说出来。李莲英凑到慈禧太后跟前，附耳低言了一番，慈禧太后的脸上渐渐聚拢了笑容，并告诉他，如果此事能办得干净利落，定有重赏。

没过几天，慈安太后病了，并且病得不轻，吃了不少的药总不见好。这天慈禧亲自送药来，还亲自服侍慈安太后吃了下去，当天晚上病情就见轻。第二天，慈禧又和李莲英前去探望，慈安太后告诉慈禧，说自从吃了她送的药以后就好了。慈禧后听了，意味深长地向李莲英看了看，正好李莲英也朝自己示意，二人心知肚明。

聪明的李莲英还故意装作欲言又止的神情，这让慈安太后觉得其中有异，便问怎么回事，李莲英要说，慈禧好假意阻止一番，不让李莲英说。慈安越发奇怪，就坚持让李莲英说出来。李莲英见时机成熟，就假惺惺地表示冒着死罪也要说出真相，接着就把早已烂熟于心的话说了出来：圣母皇太后见母后皇太后患病多日不见好转，不仅每天夜里焚香祈祷上苍，保

佑母后皇太后早日健康，还处处打听治病的方子。前几日听说人肉可以治百病，便从自己的臂上割下一块肉来，和在药内入药送于太后。今见太后的病果然好了，圣母皇太后也高兴得不得了，感谢老天爷自己的肉没白剜下。说完，不等慈安、慈禧两位太后同意，就快步走到慈禧身旁，挽起慈禧的袖子，慈禧的胳膊果然用白布缠着一层。

慈安太后没考虑太多，只觉得慈禧对自己真的是太好了，不由得流下了眼泪。还对慈禧表示道歉，说是自己的病连累了她。

慈禧却动情地说："姐姐说哪里话，只要姐姐的病能好，小妹吃点苦算什么？自从大行皇帝龙驭上宾，你我二人就是最亲近的人了。我见病患在你的身上，却着着实实疼在小妹的心里啊，如今姐姐大安，小妹受一点苦也是值得的。"

慈安太后心无城府，没有看出慈禧的险恶用心，觉得慈禧和自己是真的一条心，而且以往也是很听自己的，不像大行皇帝咸丰所估计的那样；觉得没有必要再放着那份遗诏了，决定做个了结，便吩咐贴身丫鬟玉子去把先帝留下的那件东西取来。

玉子虽有所犹豫，但不得不进到内间，取出了一个用黄缎子包着的描金漆的匣子，匣子用金锁锁着，十分精致，一看就是存放重要物件的。慈安太后用一把精致的钥匙打开金锁，从里面取出慈禧朝思暮想的那道诏书，递给慈禧。慈禧虽然早就对这道遗诏志在必得，此时几乎高兴得要跳起来，但她毕竟还是有城府的，此时一定要表现得沉稳一些，否则前功尽弃。

只见她立即起身跪在地上，连称多谢慈安的大恩大德，没有把她把当作外人看，把先帝留下的这么重要的东西拿给她瞻仰。表示自己多次犯错，幸得慈安不加罪于她。自己以后更要自我约束，处处以祖宗家法为训，多多向慈安请教。最后，为了掩饰自己，她还惺惺作态，请慈安保留此物，让它永远警醒自己不可妄为。

慈禧的这番表演也是识人准确的李莲英设计的，他知道慈安太后是性情中人，见慈禧这般对自己信任，加上这么恳切的话，肯定会放弃所有心理防线。果然，慈安最终做出了慈禧梦寐以求的举动。只见她干净利索地吩咐玉子拿到外面烧了遗诏。

玉子知道自己的主子向来心善，不像慈禧那般狡诈，倘若此物毁掉，慈禧必定真相毕露，到时候作出对慈安不利的举动，就没有可威慑她的武器了。但是主子的话也不能不听，怎么办呢？伶俐的玉子转瞬之间想到一个办法，用一块没有文字的假遗诏代替真遗诏，烧成灰后呈给两位太后。慈禧登时喜上眉梢，并没有什么怀疑。慈禧见目的已经达到，跟慈安太后说了一会儿闲话后就告辞回去了。

从此，慈禧觉得没了任何束缚，搬掉了头上的大山，果然说话行事比原来硬气了不少，渐渐不把慈安放在眼里。有事她也是抢先开口，不再顾及慈安的感受，甚至一锤定音。全然没有了之前的尊敬和客气，善良的慈安见慈禧这般模样，只好忍气吞声。

9 慈安死因另有蹊跷

所谓有什么主子就有什么奴才，善良谨慎的玉子为什么要撒谎把遗诏"狸猫换太子"呢？她在一旁早就看出慈禧太后的话语中有诈。她见慈禧的臂上虽然裹着白布，也有些发红，但并没有肿胀，想来无论皇宫有多么好的刀伤药，就算有镇痛的作用，但是昨天割的，今天总得红肿，最快也得7天才能好利索，但是慈禧在说话间，举手投足却没有任何痛苦之色，因此玉子就留了一个心眼儿，留下了那份遗诏。

叫惜玉子的这番苦心最终也没有挽救主子的性命，善良的慈安还是被李莲英和慈禧合谋害死了。

那天，达到目的的慈禧太后高兴地回到了长春宫，就连脚步也轻快了许多，太监宫女见慈禧如此高兴，知道自己今天不会被骂了，也都各自暗暗欢喜。

慈禧还特意把自己喜欢吃的菜赏给了李莲英几样，用晚膳的时候，她自己也比平常吃得多、吃得香，还口头承诺李莲英有了机会就提升他当大总管。

在慈禧眼中，遗诏没了也算是实现了初步的目标，因为慈安虽然失去了约束她的"尚方宝剑"，但情理上仍然是她的姐姐，所以她决定完全除

去慈安，这样才能为所欲为，实现自己的权力欲望。可是怎样才能除去慈安太后呢？这时，聪明透顶的李莲英献出一计，慈禧太后听后连连点头，于是决定开始她的计划。

几天后，慈禧称病不出，御医多次用药也没有什么作用，还昭告天下广求良医，就连赫赫有名的直隶总督李鸿章、两江总督刘坤一、湖广总督李瀚章等人也纷纷推荐名医给慈禧治病，仍不见疗效。

慈禧因病不能临朝，慈安太后只好一人视朝，诸多政事需要她亲自处理。光绪七年（1881年）三月的一个早晨，慈安召见恭亲王奕䜣、大学士左宗棠、尚书王文韶、协办大学士李鸿章等人议事，完毕后即退朝。约到傍晚时分，内廷忽然传出慈安太后暴崩的消息。

朝中官员非常震惊，这个消息太突然了，没有人知道原因，之前也没有任何征兆。于是纷纷互相探询，可惜没人知道。实在太诡异了，此次慈安太后猝然崩逝，事先毫无患病的征兆，而且上朝的时候还好好的，怎会轻易就崩逝？但事关宫中太后逝世这样的大事，谁也不敢乱言，众大臣只能相望达意，谁也不敢明说。众大臣速速进宫，只见慈安太后已经小殓。慈禧太后坐在矮凳上，并不像有病的样子，只淡淡地表示，向来身体康健的东太后，近日并未有什么异常发生，如今却忽然崩逝，实在是出人意料。她既然这样表示，众主公大臣也就不好再多嘴，只能捶胸顿足表示难过。

这时，只见慈安太后的贴身宫女玉子，形容憔悴地跑了出来，张口就要向恭王爷求救。李莲英知道玉子此时出来喊冤，定是有把握才这么做的，而且肯定对慈禧不利，于是他三步并作两步赶了过去，一手抓住了她的头发，一手掩住了她的嘴。

慈禧太后也发现了这一紧急情况，立即借机玉子是个不知深浅的无知奴才，竟敢搅闹朝议，命人乱棍打死。

李莲英当然知道慈禧的意思，二话不说就奉旨而去。慈禧太后怕众人将注意力放到自己身上，于是接着传谕道："人死不能复生，众人也不必太过悲伤，你等还是快些出去商议后事去吧！"左宗棠本想开口，因见惇亲王、恭亲王、醇亲王等低头无言而出。心想：这些宗室王公大臣都要忍气吞声，不肯出来说句公道话，自己作为一个汉臣，恐怕也是多说无益。于是暗暗出了一口气，也闷闷而出。

在宫门口，恰好遇上李莲英从外面急匆匆入宫，隐隐约约听得李莲英像是在向慈禧太后回奏处死玉子的事情，好像从她身上搜出了一件东西……李莲英的声音很低，左宗棠实在难以听清。其实左宗棠没有听错，李莲英就是搜出了那份能置慈禧于死地的遗诏。

其实，玉子暗自庆幸自己当年保存了这份遗诏，本想向恭亲王等王公大臣献出此物，以表明慈禧之罪恶，不想却被聪明的李莲英识破，果断采取措施，迅速掩盖了这件事。即便这样，慈禧太后见到那份遗诏，仍然十分后怕，暗自庆幸自己运气好，对李莲英的临危不惧和冷静处理更是大为赞赏，因此慈禧对李莲英更加信任，更加言听计从了。

众大臣虽然都心中犯嘀咕，但毕竟没有表露出来，那么，慈安太后到底是怎样死的？

其实这里面有一个只有慈禧太后和李莲英才知道的大阴谋。别人是不清楚的，所以也就造成了"死因不明"的结果。《清宫史略》一书上也记载有这样的话："光绪七年三月，慈安太后崩于钟翠宫，死因不明。上尊谥曰孝贞显皇后，举办大丧。"

总而言之，慈安是被慈禧和李莲英做了手脚后才暴毙而死的。一般认为，慈安太后是吃了放有毒药的点心后暴崩的，而实际上却并非这么简单。

北京城外有一座紫云观。观主姓乐名桓，是河北河间人。一次偶然的机会，他和李莲英攀上了乡亲关系。此人对中药有相当的研究，会配各种不同的方剂，常常以此博得李莲英的信任。乐桓还向李莲英夸赞自己的春药，并吹嘘它的独特效用，甚至可以令人断肠而死，李莲英因此对这种药印象非常深。

慈禧显露出决意要除掉慈安的时候，李莲英趁机把这个药告诉给慈禧。慈禧觉得此药是解决慈安太后的最佳毒药，于是让乐桓立即配制，并告诉他一定不要留下痕迹，并许诺事成之后有重赏。

乐桓听说慈禧要赏他，当下把毒药制好，很快交给李莲英，然后美滋

滋地等着封赏。

李莲英拿到药后，开始准备给慈安下毒。他知道东宫太后慈安最喜欢吃果饼，当下命人用上等枣泥、蜂蜜等原料制成了香甜可口的果饼，专等慈安的到来。

有一天，慈安太后前来探望慈禧的病情。慈禧立即在软榻上拥被而坐，以示对慈安的尊敬，随后命人将果饼取出放在几上。

慈安对慈禧是嘘寒问暖，慈禧也表示感谢，并说自己最近胃口一直不好，幸亏吃了果饼才胃口大开。慈安本来喜欢吃果饼，就是平常出来，也时常由她的贴身宫女秋菊捧着果盒，随时取食。现在听说慈禧还在病中得益于果饼，眼睛不由得向果盒打量。慈禧见慈安上钩了，趁机送给她一盒拿回去吃，慈安不知是计，对慈禧这般体贴还表示感谢。

慈安又跟慈禧聊了一会儿，还劝慈禧多注意休息，然后就告辞回去了。慈禧和李莲英见慈安这么容易就上钩了，禁不住相对而笑。

在养心殿，慈安太后处理了几件事，便感到从内心一阵阵发热，喉咙干涩，血液流动加速。有一名太监过来，慈安在药力的作用下竟然把他认作咸丰皇帝，禁不住朝那太监下拜，吓得这个太监张皇失措，赶紧跪倒叩头。幸好玉子及时赶到，大声呼喊太后，经过玉子的疾声呼唤，她猛然清醒，并令人速传太医。玉子则招呼几名宫女将慈安扶进了内寝歇息，谁知此药后劲刚猛，不久慈安就不省人事、撒手人寰了。

早就料到结果的慈禧正好进来，并很快将玉子和秋菊，以及伺候慈安的几个宫女一起诛杀，就连那个去叫太医的太监也都失踪了。

慈安太后就这么不明不白地死了，虽然没被人抓住把柄，但人们都认为是慈禧的主意，至少李莲英是出了力的。只是碍于当时的慈禧权势熏天，没人敢追查罢了。

第四章

背靠慈禧好做事

1 屡次与光绪帝作对

光绪皇帝名义上已经亲政多年，虽名为亲政，但什么国家大事都做不了主。甲午中日战争好不容易做一回主，却偏偏又割地又赔款，实在令人沮丧。后来光绪又极力推崇变法，以振朝纲。但变法谈何容易，朝中多是守旧、顽固的官僚，无法接受新事物。他们纷纷贿赂李莲英，托他在慈禧太后面前极力陈词，万万不可答应变法。慈禧太后也因光绪皇帝自作主张，造成甲午海战失败而看不惯他。倒不是说赔了多少银子，因为赔多少她都不会出一分钱，而是因为搅乱了她的大寿庆典，不能风风光光地大办一场，也少收了许多官员的金银财物。种种原因，慈禧终于收紧了对光绪的政策。

慈禧没有捞到多少好东西，李莲英就更没什么油水了，这是李莲英恨光绪皇帝的一个原因；还有就是前面提到的，李莲英让慈禧做媒要妹妹成为光绪的嫔妃，被光绪拒绝，因此李莲英和光绪之间的恩怨比较久远。

清光绪十八年（1892年），李莲英又添了一处外宅，前门外煤市大街的一个木器铺老板主动给李莲英做了一套楠木家具，不但雕工精细、古朴大方，而且与客厅非常协调。李莲英十分高兴，有意想多给那掌柜一些银子。却被老板拒绝了，并说自己从江南到北京做生意以后还要仰仗李总管，这是送给李总管的。

李莲英觉得这人情有点儿大，再加上这个老板看着也实在，就有意保举他一个官职，老板一听连忙说自己斗大的字不识三升，不是当官的料。李莲英却呵呵一笑，打包票让他等着做官。

正好不久后江苏有一知县出缺，李莲英向慈禧太后说了这件事，慈禧也就答应了。但此时慈禧已经名义上归政，至少要通过光绪降旨。正巧光绪皇帝已经答应了派珍妃的老师文廷式的一个亲戚去充任。虽然尚未赴任，可既然已经答应，也不好收回成命。

光绪皇帝听说李莲英通过慈禧太后也要安排自己人充任此职时，感到非常为难——李莲英虽然只是个太监，可他偏偏在慈禧面前大红大紫，不能得罪；但自己作为皇帝既然已经答应，也万万不能食言。正在左右为难时，恰好他的老师翁同龢前来晋见。于是光绪就向他求教。

翁同龢阅历丰富，又机智，而且向来对李莲英的行为非常不满。他觉得李莲英推荐的人也没什么文化。于是建议光绪采用殿试的办法，在金殿之上，当场命题，当场作答，二人量才而用，文才兼优者便可赴任，文才不佳者可再读书深造。这样一来，皇上择贤能尚任用，既体现了大公无私，又不会伤及各方的面子，两全其美。

翁同龢

光绪皇帝听了翁同龢的办法不由大喜，便依计而行当下传旨命木器老板和文廷式的亲戚金殿上觐见，光绪当场出的题目是《为政》。文廷式的亲戚是个举人，作文章当然不成问题。尤其是《为政》，出自《论语》，只要读过《四书》的人，一开头便是《论语》，对《为政》当然熟悉，因此很快就完成了。

木器老板本来就不通文墨，只想着李莲英敢夸海口让自己做官，从来没想到要来考试。当小太监把笔墨纸砚拿到他面前，并给他搬来一张矮凳让他在上边写时，木器老板真的傻了眼。工夫不大，他头上的汗珠就滚下来了，文廷式的亲戚早就交卷子了，这边还没有写一个字——他不认识字。

光绪知道李莲英推荐的这个人肯定目不识丁，这种人怎能做官，于是二话不说就把他轰出去了。

李莲英等到考试完才知道有这种事，连忙把木匠老板叫住，问明事情的前因后果，十分恼火，对光绪更加恨之入骨。这才有了后来的文廷式被革职，珍妃被打入冷宫，直至后来死于八角琉璃井，这一切的背后都有李莲英的影子。

光绪三十四年（1908年）二月，恭亲王奕䜣病殁邸中。其后不久，光绪的生母醇亲王福晋又生了卧病不起的顽症，光绪皇帝多次前往侍疾。趁慈禧不在之际，醇亲王福晋嘱咐光绪千万不要多说话、多主事。要想主

事，须待慈禧死后再作打算。她还命令把醇王府中最好的珠宝簪环之类都统统装到棺材里，不给慈禧留下半分，可见其对慈禧憎恨之深——也难怪，自己的儿子做了皇帝，还得小心翼翼地伺候慈禧太后，实在窝囊。

2 落井下石害死珍妃

李莲英权势之大，从珍妃之死就可以看出来。珍妃死于1900年庚子之乱帝后出逃西安的那天早上。后人都对珍妃之死报以同情和怜悯，对慈禧太后的狠毒深切痛恨。其实，李莲英也是谋害珍妃的主要人物之一。李莲英之所以要谋陷珍妃，除了因恨光绪帝同恨珍妃外，更主要的是为了迎合慈禧太后的心意，以此达到巩固自己地位的目的。

珍妃，1876年生于满族世家，镶红旗人，祖父裕泰是陕西总督，父亲长叙，官至户部右侍郎。瑾妃、珍妃姐妹，自幼随伯父长善在广州生活，长善请文廷式为先生，在署内教她姐妹二人读书。

珍妃

按照清朝制度，皇帝选后妃时，凡三品以上八旗官员的女儿，都在候选之例。光绪十四年（1888年），19岁的光绪皇帝已届成年。按着祖制，幼年登基的皇帝，须在完婚大典前三个月举行选后妃的礼节。选定的皇后，就是正宫，选为嫔妃的则是东西两宫。对选定的皇后妃嫔，要明降谕旨，昭示天下。

前面我们已经讲过，因慈禧太后做主，将自己的侄女（副都统桂祥的女儿）叶赫那拉氏指定为皇后，同时将瑾、珍姐妹列选为嫔。是年十月初五日，光绪皇帝完婚后，与皇后感情很一般。原因是慈禧太后向来对光绪态度不好，所以光绪对慈禧的家人也没有好感。

只有年纪尚小的珍妃一心想讨得光绪皇帝的喜欢。因此显得更加天真活泼，聪明伶俐。常常在养心殿伴驾光绪，随侍左右，很得光绪皇帝的宠爱。珍妃由于太过活泼，有时竟然公然女扮男装，足蹬朝靴，头上一品顶戴，三眼花翎，身着袍子马褂，腰系丝带，背后垂着大辫子，与朝廷官员毫无二致。更加离谱的是，光绪帝喜欢她，竟然默许她这样做。

可惜被李莲英发现了，出于对光绪和珍妃的嫉妒，便把这些事密告慈禧太后。慈禧听了，认为找到了光绪与皇后关系冷淡的根源；再加上皇后叶赫那拉氏也非常嫉恨珍妃，常在慈禧太后面前说珍妃的坏话。慈禧慢慢显得恼恨甚至愤怒起来。李莲英平时又是个见风使舵的人，一见慈禧的态度，知道慈禧也不喜欢珍妃。于是趁热打铁，污蔑珍妃迷惑皇帝，扰乱朝纲不说，还颠倒乾坤，整日女扮男装，实在有失皇家尊严。

正在火头上的慈禧太后听了李莲英的话更是忍无可忍，立刻召珍妃于宫中，以有损威仪、蛊惑皇上为由进行杖责，虽然珍妃苦苦哀求，但盛怒之下的慈禧根本听不进去。

李莲英却是两头都想讨好，便假意恳请老佛爷饶恕了珍妃，称珍妃只是一时好玩儿，以后会慢慢改正。慈禧正好有台阶下，就顺势停止，不再责罚珍妃。城府不深的珍妃还把李莲英当成了自己人。

光绪二十年（1894年）六月，中日甲午战争爆发，清军大败，日本更加猖狂。九月，日本侵略者已把战火烧到中国边境，形势迫在眉睫，同时迫在眉睫的还有慈禧的六十大寿。筹备了八个多月、花了五百四十万两银子的万寿盛举，顿时化为烟尘，未能如愿，慈禧很是扫兴。

李莲英觉得这又是一次陷害珍妃的好机会，便把早就暗中察访好的珍妃与其兄串通奏事房太监卖官一事，趁着给慈禧太后梳头的时候禀报了。不仅如此，他还扯上了光绪皇帝，说皇上怂恿珍妃在宫廷大内卖官鬻爵，上下都知道了，众说纷纭，扰乱了官场人心。

慈禧听后十分愕然。其实慈禧太后与李莲英何曾不干这等捐官的勾当，不过是只许他们放火，不许别人点灯罢了。慈禧为了借机出气，便叫李莲英从头到尾把事情的经过述说一遍。慈禧听了勃然大怒，便叫着李莲英直奔养心殿。

光绪此时正与诸大臣商议抵日方略，忽闻太后驾到，即出迎跪接。慈禧阴沉着脸，一声不吭地直入殿内，光绪皇帝遂又跟入殿中再跪请安。慈禧这才厉声厉色地斥责他为什么主战，以至局面一发不可收拾。不等光绪回答，又转头让李莲英把珍妃带来。慈禧太后这样愤怒，光绪皇帝吓得战

战兢兢，众位大臣更是大气也不敢出。

珍妃一到，慈禧更加火冒三丈，二话不说，劈头盖脸一阵数落，然后又令她将卖官鬻爵的事情一一道来。珍妃本来就胸无城府，如今见事已败露，难以掩饰，又不敢直接承认，只好跪在地上磕头不语。

慈禧以为珍妃死不悔改，又命人对她进行杖责。光绪帝见珍妃要受到重重责罚，赶紧跪下为珍妃求情，但正在气头上的慈禧太后丝毫不顾及光绪的感受。仍然坚持要重罚珍妃。李莲英同上次一样，又出来为珍妃求情——其实是想对她进行更进一步的惩罚。

李莲英在求情的时候，故意暗示慈禧太后可以用别的方法进行惩罚。慈禧太后经李莲英提醒，马上转变主意，表示看在李大总管的面上，杖责可以免了，改为囚禁，并令光绪皇帝当下写旨将珍妃降为贵人。

慈禧太后为了羞辱一番珍妃，让她长记性，还在她的禁室挂了一块禁牌，以示惩戒，内容为：

> 光绪二十年十一月初一日，奉皇太后懿旨，皇后有统辖六宫之责，俟有妃嫔等如不遵家法，在皇帝前干预国政，颠倒是非，着皇后严加访查，据实陈奏，从重惩办，决不宽贷，钦此。

慈禧由于不喜欢珍妃，所以对她卖官的案子也非常痛恨，下大力气去追查。后来，此案株连很广，珍妃的哥哥也被迫逃往广州，宫中涉及的太监被杖责而死的就有六十多人。

光绪二十四年（1898年）八月初六日，慈禧太后发动了"戊戌政变"。不仅光绪皇帝的变法维新之目的未能实现，而且被囚禁在瀛台，珍妃因为被牵扯其中而彻底被囚禁，从此与世隔绝。到了光绪二十六年（1900年），英、美、德、法、俄、日、奥、意八国联军攻破大沽炮台，大举进犯京师，威胁皇宫安全。

慈禧太后非常害怕，立即吩咐准备出逃。据李莲英说，七月二十三日凌晨，紫禁城里已听到震耳欲聋的炮声。到天刚亮时，慈禧太后在宁寿宫里已坐立不安。准备携带光绪、后妃和王公大臣仓皇离京向西逃跑。

紧急时刻，大家都是逃命要紧，只有瑾妃想起了自己的妹妹，问光绪皇帝，珍妃该怎么办。光绪有心带她一起出逃，慈禧却不同意，认为带着也是个累赘，留在宫里难免被洋人俘虏，于是起了杀她之心。

慈禧太后走到景旗阁的西侧，忽然停住了脚步，命二总管崔玉贵将珍

珍妃井

妃带来。这时珍妃被关押在景旗阁后边的一个小院里，由于长期受尽折磨，早已经蓬头垢面，身上的衣服已经破旧不堪。珍妃被带到慈禧面前，跪下给慈禧太后请安。慈禧严厉地斥责道："如今洋人欺我太甚，战火紧急，我本意要把你带走，恐怕路上诸多不便，留在宫中，你年纪尚轻，倘遭洋人之辱，则无颜以对祖宗，还是赐你死了，倒也落得干净。"珍妃听完，从地下站起来，从容不迫地说："我死不足惜，只是皇上应该留在北京，不能丢下万民不管！"

光绪皇帝见这等危急时刻珍妃还替自己想着国家大事，真是悲痛万分，百感交集，于是苦苦哀求留珍妃一命。正在这时东南方向又连续不断地传来炮声，慈禧神情焦急，便恶狠狠地对光绪说；"你自己的命都保不住，还留她有何用！"

说完，不管在一旁求情的光绪皇帝，命令将景旗阁后过道里的井盖打开，让珍妃自尽。珍妃见情况危急，就想向李莲英求救，其实，平时李莲英对珍妃的好都是假的，只是为了缓和慈禧和光绪的矛盾罢了。在这种"大是大非"面前，李莲英是从来不会站错队的。

李莲英不但见死不救，反倒落井下石，劝珍妃赶紧执行慈禧太后的懿旨，免得时间晚了，出逃不成，大家都受到牵连。

珍妃求生的欲望很强烈，誓死不

珍妃坟墓

从，慈禧太后即命崔玉贵等人将珍妃架到井口，推入井中。就这样，珍妃被慈禧的狠毒、李莲英的冷漠给害死了。

光绪二十七年（1901年），李鸿章与庆亲王奕劻留在北京和八国联军议和后，慈禧太后派二总管崔玉贵回到北京，探听情况，崔玉贵才叫人将珍妃的遗骨从井里捞上来，葬在北京西郊田庄北端。这一年的冬天，慈禧由西安返回北京，为了掩饰珍妃被害的真相，又假惺惺地给珍妃追加封号。据《大清历朝实录》记载："皇太后降旨；上年京师之变，仓促之中，珍妃扈从不及，即于宫内殉难，洵属节烈义嘉，加恩着追赠贵妃位号，以示褒恤。"直到宣统年间，珍妃的姐姐瑾妃晋升为瑾贵太妃以后，才将珍妃遗骨迁葬于易县西陵崇妃园寝。

3　顺我者昌逆我者亡

随着李莲英权势越来越大，说话办事也越来越横，对宫里的太监也越来越不客气。太监们的表现也不相同。一般进宫晚、职位低的太监只好忍气吞声；那些机警点儿的觉得自己无法斗过李莲英，便早早躲开，不与李莲英发生正面冲突。

还有一些与李莲英差不多同时进宫的太监职位虽然比李莲英略微低一些，但也是三品、四品的首领太监，他们对李莲英的胡作非为虽然不敢向慈禧去说，却在背后议论李莲英，历数他的罪恶发家史，其中魏宝华最明显。

其实李莲英对这些背后的非议都了如指掌，因为他在各处都安插了耳目亲信，无论何时何地，什么人说了不利于他的话，他都能及时得到消息。崔玉贵常常为了表现自己而劝李莲英对他们动手。崔玉贵为人虽然也够阴险的，但比起李莲英来，还是太过简单。

李莲英用最狠毒的一招把这些人狠狠地教训了一顿。他凭借跟慈禧太后接触机会多的优势，禀报说发现了太监中有几个人净身不彻底，建议慈禧太后下旨令人给他们检查一下身体，以防在宫中闹出对不起祖宗家法的丑事来。

慈禧本来不信会有这种事，于是李莲英就以大部分太监入宫时年龄小，难以确认会完全净身为由，让慈禧对此也不敢大意，就命李莲英去负责检查的事，如果确实有，一定要二次净身。

李莲英要的就是慈禧的这道口谕，有了这句话，他行事就方便多了。很快，李莲英就亲自到南长街会计师胡同毕家，找到毕五，把一向跟自己过不去的太监列出一个名单交给毕五，要他再给这些人扫一扫荐，再净一次身。

李莲英进宫前就是在毕五家净身的，自从李莲英得了权势，毕五对李莲英更是巴结得实在，否则他们就甭想送童监入宫了。因此，凡是李莲英的要求，他们都尽量满足，这次当然也不例外。

李莲英在毕五家安排好后，就回宫把经常对他发牢骚的几个太监叫到他的屋里，告诉他们，慈禧太后认为他们几个进宫的时候没有完全净身，需要再次检查，再决定是否二次动刀。

这些人都是净身过来的，知道其中的滋味，当然不想再次经历那种痛苦。他们更明白这是李莲英在借慈禧太后的手整他们。

但毕竟有太后的懿旨，无法反抗，只好去毕五家接受检查。毕五早就得到了李莲英的授意，无论谁来，都要再给他们一刀。

这些太监一来年纪大了，二来没有心理准备真的会再次挨刀，很多人因此失去了劳动能力，不得不申请出宫，彻底被扫地出门。李莲英对反对自己的人采取打压的政策，让人看到明显的结果——这就是违逆他的下场。

在颐和园打杂的一个老太监张权，是李莲英的老乡，因为太老实，所以一直都没有发达起来。有一次老家发大水，自己的亲戚小六子没地方找饭吃，就净身入宫投奔张权而来。张权自己的生存都是问题，只好将小六子推荐到李莲英手下。李莲英不好驳了面子，就收留了。

小六子刚进宫，因不能适应宫中的生活而生病，李莲英假意送去四颗药丸，想试一试张权对自己的忠心。谁知张权发现药丸是过期的坏药，赌气当着送药的小太监的面就把药给扔了，他的这种行为引来了杀身之祸。送药的小太监把一切汇报给了李莲英，李莲英心中很是不满，决定让张权看看他的手段。

　　李莲英特意去乐寿堂向慈禧告状，说新来的一个叫小六子的太监，规矩礼节一点不懂，本来这也没什么，可以慢慢调教，但是却有好吃懒做的毛病，为了偷懒还整天装病，还不让管教，非常气人。

　　慈禧这几天正为日俄要在东北开战而烦恼。因为东北是大清先皇的陵寝所在地，正为是否插手此事而烦恼。不管说不过去，别人在自己家地方打仗；管吧，又没有这个实力，一时难以决策。

　　听李莲英一说，正好瞌睡遇枕头，为她找到了发泄的出口。于是命两名太监把小六子找来。此时，小六子刚入宫不久，还没学过礼法，加上四肢无力，无法在慈禧面前保持正确的跪姿。慈禧见小六子果然没有规矩，立刻责令杖责八十。

　　清宫内关于惩罚太监的方法有很多，其中单是责打太监就有两种刑法，一是杖刑，一是板刑。行刑时先将受刑者按伏在地，臀部凸起；然后一人按头，二人按手，二人按腿，一人掌刑，一人喊数。行刑时，一面打一面报告数字。受刑的太监，也不能充硬汉，一声不吭，必须一面受打，一面告饶。否则就有不服管教之嫌，罪加一等，继续拷打，直到告饶为止。而小六子刚刚入宫不久，没人告诉他这些。所以，后来打急了，小六子就破口大骂，骂慈禧和李莲英都不得好死，要遭天打雷轰。

　　慈禧见一个小小的太监竟敢辱骂他，立刻命人把他处死了。小六子虽然是辱骂慈禧而被杀的，但毕竟是李莲英从中作梗，也算是李莲英的一桩罪行。

4　不当奴才想当国舅

　　慈禧太后扶持光绪登基后，为了稳固自己的地位，要求光绪皇帝称她为"亲爸爸"，这样可以使自己的垂帘听政更加合法化。慈禧的忠实奴仆李莲英更是要朝中大臣、宫里太监宫女们叫慈禧太后为老佛爷，理由是光绪皇帝的"亲爸爸"，就是大臣和子民的老佛爷。众人慑于慈禧的威势，只好改口称她老佛爷。

　　别说别人不敢反对，就连恭亲王奕䜣也不敢说话，而且知道自己向来与慈禧对着干，肯定最终没有好下场，就索性对朝廷之事一概不闻不问。

所以这次称慈禧"老佛爷"，奕䜣并没有出来说话。

因为慈禧太后权势越来越大，李莲英也跟着沾光，大臣官员都拉拢他，趁机向慈禧示好，当然李莲英不会义务劳动，从中大肆收受贿赂，得了不少好处，更加专横跋扈起来。

李莲英虽然虚荣心得到了极大的满足，但是总感觉矮人一头，尤其在王爷面前，就得自己称奴才。所以，他总梦想着能一步登天的机会砸到他头上。凭借着在慈禧面前的专宠，他差点儿当上国舅爷。

光绪十四年（1888年）秋天。光绪已经长大成人，应该大婚了。李莲英突然间有了主意，如果自己当了皇亲国戚，再也不必自称奴才了。于是他准备把自己16岁的二妹通过慈禧的关系选为光绪帝的贵妃，自己身份就自然高人一等了。再加上他的这个二妹既通文墨，容貌身材也都没得说，当个贵妃、娘娘还是没问题。若生个儿子，自己就是国舅了，自然没人会瞧不起他了。李莲英说干就干，连忙跟家里通信，和家里人商量此事，家人都非常支持，就连他二妹也欢喜得不得了。

征得了家人的同意，李莲英又准备探听一下慈禧的态度，看能不能得到她的支持，如果慈禧点头，这事就算成功一半了。

李莲英寻个机会把意思跟慈禧说了，慈禧也爱屋及乌，立刻召李莲英的二妹入宫。李莲英的二妹本来聪明，加上李莲英的悉心指导，进步很快。自从入宫后，百般奉承，把慈禧太后哄得心里乐开了花，还不让她离开自己的左右。

李莲英为了实现自己的皇亲国戚梦，一改过去对光绪的冷漠态度，变得诚挚热情起来，表现得毕恭毕敬。还让他妹妹和光绪帝相遇时，要动之以情，以获得皇帝的垂顾。

所谓剃头挑子一头热，李莲英和二妹的热情，光绪提不起任何兴趣，对他们一直不理不睬，像没看到她一样。

李莲英见光绪有推阻之意，就想通过慈禧指婚来"绑定"这门亲事。于是，李莲英就对慈禧建议：光绪帝已经成人，自己的二妹也到京，正好在皇帝身边伺候。慈禧觉得这是亲上加亲，很乐意，并决定亲自劝说光绪帝。

慈禧太后就趁着光绪帝来请安的机会，试探光绪帝。她首先表示自己年事已高，应该归政光绪，光绪知道慈禧是绝对不会自动交出权力的，知道慈禧在试探他，连忙表示自己尚幼，许多朝廷事务还不熟悉，需要慈禧继续扶持。

慈禧得到了第一个满意的答案，这才提到自己身边的李莲英二妹，模样俊俏、略通文墨，是服侍光绪的上佳人选。光绪其实和慈禧相反，他是恨屋及乌，他恨李莲英在慈禧面前搬弄是非，自己才成了傀儡皇帝。如今又要娶他的妹妹牵制自己，当然不乐意。但是又不能明着顶撞慈禧太后，于是搬出祖宗家法，说汉人不许入宫为妃；况且又是阉人之妹，不成体统。

慈禧做事虽然专横跋扈，但见到平时听话的光绪都反对，更别提那些王公大臣了，只好作罢。李莲英空自欢喜一场不说，更觉得对不起妹妹。后来，慈禧做主把她嫁给了南池子白都统的儿子白来增。慈禧处于偏爱和补偿的心理，对她大加赏赐，仅一套餐具就值上千两的银子。另有象牙雕刻和乌木镶银的筷子各10双，精工雕制的玉碗2对，银盘玉盏不计其数。鱼盘都是名贵瓷器。

官员向来都是见风使舵，大臣们见李莲英的妹妹受到慈禧的如此厚爱，纷纷趁机巴结李莲英，李莲英收了大量的财物，也算是对自己国舅梦破碎的补偿吧。

5 趁皇帝新婚捞私钱

慈禧太后颁布训政旨后，本想趁着光绪帝还小再训政几年，然后再完全归政于光绪皇帝。可是，很快就有大臣奏请光绪赶快完婚，以好早日生下龙子。慈禧太后没办法，只好张罗着为光绪选皇后。

李莲英为了稳固自己的位子，主动要求让慈禧照顾她的弟弟桂祥的女儿，慈禧也心知肚明，同时陕甘总督裕泰的儿子长叙也有一双女儿颇为出众。除此之外，江西巡抚德馨的两个女儿也很有竞争力。

果不其然，在九十六名秀女中被选中的三十六个中，除桂祥的女儿外，还有长叙、德馨家的两双姊妹花。

　　光绪其实最中意江西巡抚德馨的两个女儿，至于桂祥的女儿，要不是慈禧太后的面子，早就刷下去了。慈禧的这个内侄女，姿色实在太平庸不过了。反观江西巡抚德馨的两个女儿，不但姿态优雅，而且漂亮绝伦。尤其是二小姐，更是倾城绝国之色，光绪帝最为中意。

　　这八名秀女，还要在宫中经过仔细考察。桂祥的女儿住在慈禧太后，也就是姑母宫里，这当然是想给人一种信号——我与众不同，你们都别跟我争。

　　光绪帝也感到万分苦恼，因为他知道，慈禧太后之所以高调捧她的内侄女，就是要光绪选她为皇后，以便在他身边安插一个最大的亲信。但光绪帝真的想让江西巡抚的二女儿做皇后，真是矛盾。

　　光绪帝将自己的烦恼跟他的老师翁同龢说了。翁同龢知道光绪帝不喜欢慈禧太后的内侄女，但却坚定地让他按照慈禧的意思选这个内侄女为皇后，这是为了以后的亲政、重振清朝雄风着想，否则帝位不保。

　　光绪帝却坚持要选自己中意的人做皇后，否则生不如死。翁同龢却劝他不要意气用事，一定要见机行事。

　　立后的日子很快就到了，光绪又经过一轮筛选，只剩下桂祥的女儿、德馨和长叙的两对姊妹。就在要定最后人选的时候，慈禧太后来了，光绪连忙迎驾，并让慈禧为自己选皇后。慈禧却大度地表示皇帝应该自己来选，并赐了一柄玉如意作为未来皇后的见面礼，看中谁就交给她即可，光绪等的就是慈禧这句话。

　　只见光绪拿着玉如意走向等待命运选择的秀女。光绪也在选择，按照他自己的想法，他真的想把玉如意交到江西巡抚二女儿手中。可他回望慈禧时，却看到了愤怒的眼光，只见慈禧太后脸色发青，双唇紧闭，光绪可以明显感觉到慈禧正在给他暗示，要他选择自己的内侄女。

　　光绪帝很不情愿地把玉如意递给了慈禧的内侄女、桂祥的女儿叶赫那拉氏，之后就默默地走到御案旁边，脸上没有一丝笑容。

　　李莲英和慈禧太后终于松了一口气。尤其看到光绪不想选叶赫那拉氏时，李莲英急得差点要叫了出来，如果皇帝不顾一切地按着他自己的意思把玉如意给了其他人，慈禧太后肯定会非常生气，而自己这个出主意的人

也不会有好结果。不过，他还意识到更进一步的问题：皇帝已经开始有了自己的想法并有意努力实施，再也不是那个任人控制的小孩子了。

通过这件事，慈禧觉得皇帝长大了，已不想再被自己玩弄于股掌之上，这是再清楚不过的。出现今天这惊险一幕，慈禧也没心情接受众人的道贺，在李莲英的搀扶下起驾回宫了。

慈禧太后强迫光绪帝按自己的意思立了自己的内侄女为皇后，在光绪帝身边安插了一个最大的耳目，认为终于可以放心地为光绪帝举行大婚。按规矩，皇帝大婚之后就要亲政，皇帝亲政就意味着慈禧太后要失去权力，所以她觉得自己不能不对这个问题好好地考虑一下。至于大婚问题，反正皇后是自己的内侄女，自己操心不操心也无所谓了，于是便把李莲英找了过来。

李莲英最近正得意忘形，自己的立后主意虽然经历了波折，但总算没坏什么大事，最终老佛爷的内侄女为后。慈禧以后就可以随时知晓光绪帝的动向，这对她是一个巨大的优势。自己若能成为皇帝大婚的经办人，钱财必定会滚滚而来。

现在慈禧问他该怎么做，李莲英当然想大操大办，这样才能捞钱更多，但又不能直接这么说。就以保持皇家威仪和大气为由建议慈禧应该隆重举办皇帝的大婚仪式。

慈禧太后就想显示皇家威仪，于是决定大办，但又苦于经费不足，因为此时中法战争刚刚结束，国家财政吃紧。不过，这难不倒李莲英，他对此得心应手，建议慈禧令各省进贡，到时候还不得削尖了脑袋给皇宫送财送物。

慈禧见李莲英对此熟门熟路，就让李莲英担任主持大婚仪式的经办人，李莲英立刻欣喜不已。

光绪帝的老师翁同龢是户部尚书，给各省分派了任务，其中湖南分担30万两白银。湖南巡抚汪祺祥又把任务增加到45万两，因为他听说这次皇帝大婚的经办人是李莲英，多征的15万两拿出10万两贿赂李莲英，为自己谋个好前程。

李莲英自从成了大婚的经办人，立刻成了大忙人，到处去采购礼品，当然从中捞了不少好处，常常是花了20万两银子却报称35万两，搜刮钱财到了丧心病狂的地步。

湖南巡抚汪祺祥匆匆忙忙赶到京城，给李莲英送上10万两白银。李莲英欣然接受，并夸他会办事，告诉他自己一定找机会在慈禧太后面前为他美言几句。

经过一段时间的筹备，各种礼品和所用物品都置办妥当。正月二十四，开始将皇后的妆奁运进皇宫。一里多长的队伍，由东城方家园——皇后的娘家，迤逦而至东华门、协和门，到达乾清宫。仅此一项就花了足足两天时间。

正月二十六日，便是奉迎皇后之日。一大早就百官齐集；午正三刻，皇帝在太和殿升座，在一片喜气洋洋的气氛中，文武百官行了三跪九叩首的大礼，然后由礼部官员宣读册封皇后的诏书。等皇帝回宫后，随即护送皇后由方家园经史家胡同、东太街、长安牌楼、兵部街、车江米巷，进大清门。这时午门的景阳钟钟声大作，声震九城。天子脚下的百姓都知道皇后进宫了。

光绪皇帝大婚后，慈禧太后就要向皇帝归政了。相比较能获得多少金银财宝，李莲英更加注重自己的前途，于是抽空去问了一下慈禧太后关于归政的打算。

慈禧太后对自己"退休"后的生活并没有特别要求，只须设个祭坛或者建一座祠堂即可。李莲英不失时机地称赞慈禧太后不仅恩德惠及天下，而且心胸宽广，实在是国家的一大荣幸。

趁着慈禧太后高兴，李莲英趁机提及湖南有个巡抚叫汪祺祥，人特别谦虚，政绩也不错，建议慈禧太后褒奖一番。慈禧太后于是有心在归政前通令嘉奖他。

这天慈禧太后召见军机，光绪皇帝也在场。慈禧太后回顾了自己垂帘听政二十多年。表示有些人为国家出了力，自己却还没有对他们进行奖赏，如今就要功成身退了，要给他们有个交代。

光绪知道慈禧这是要提拔官员，为自己留下好名声，就建议她开出一个单子，一并褒奖。

慈禧太后于是就重点提到了几个人，一个是醇亲王，一个是恭亲王。另外还有为国建功的曾国藩、左宗棠（此时二人均已去世）。除此之外，慈禧还特别提出了湖南巡抚汪祺祥，称他在任上做得很好，也应该褒奖。

朝中大臣都知道汪祺祥在湖南民愤极大，却无人敢出来反对——反正又不关自己的事。慈禧太后说完这些，其余的就让军机处自行裁夺。

军机大臣世铎与同僚商议着开了一张300多人的单子，其中包括醇亲王、僧王、头品顶戴赏花翎的总税务司赫德，另外还有现任及前任军机大臣；现任及前任军机章京；各国驻京公使；殉难的将帅及一、二品大员等，生者加官晋爵，赏赐珍物；死者或建祠堂，或赐祭坛，完全体现了慈禧太后的神恩广泽。

慈禧太后一切准备就绪以后，便于二月初三在太和殿为光绪皇帝举行了正式"亲政"典礼。

光绪当然要谦虚一下，表示自己有些大事还要向慈禧问政，慈禧见光绪如此谨慎，心中大安，就即刻起驾去了颐和园，临行前又嘱咐他要分清"君君臣臣父父子子"，凡事要学会果断处理。

光绪帝告别慈禧太后，然后急匆匆来到太和殿。刚在御座上坐稳，午时的钟声便已经敲响了。于是由军机大臣世铎向百官宣读亲政诏书，然后光绪皇帝便在众王公大臣"吾皇万岁、万岁、万万岁"的山摇地动般的呼声中正式亲政了。

第五章

谁说太监不能当权

1 借慈禧威名压言官

李莲英陪着醇亲王去了天津，主要是巡视李鸿章所奏的演练和建设海军情况。自从李莲英去了天津后，慈禧太后可真是望眼欲穿。这日闻得醇亲王一行回京，急忙召见。

"醇王爷，北洋海军到底是怎样的一种情况？"慈禧太后也对海军表示了很大的兴趣。

"回太后的话，李中堂所奏属实，我北洋海军确已初具规模，而且战斗力不弱，陆军官兵个个骁勇善战，一改往日疏懒迟缓的状态；水师官兵也都个个身强体壮，实战演习，弹无虚发。总体还不错，就是……李中堂建议说，我国海面辽阔，现在的舰只远不能应付过来，朝廷应该加大投入购买新舰，以保我疆域安全方是上策。"

慈禧太后其实并不关心有多少舰船，这会儿她满心都是钱的事，听了醇亲王的话，于是问："照你这次去看的情形，这北洋水师还要继续投不少的钱。怎么样筹款，你跟李鸿章谈过没有？"

"老臣已经跟他谈过了。办法是有几个，不过一时还不宜明示。"醇亲王答道，"海防新捐，限期将到，臣想应该延展些日子。现在直隶的报捐者甚是踊跃，对北洋的入款，大有关系。"

"可以，这些你看看办就是了。除了户部筹划的法子外，你觉着还有什么可行的生财之道？"相对于提高北洋水师的战斗力，慈禧太后对怎样敛财更加有兴趣。

"北洋的安危，不仅直接关系到京师的安全，而且与大清江山社稷有直接关系。如今各国都在大力发展海军，我们也应该保持投入，不能落下。况且海军是国家的海军，所以臣想办海军应由各部量力筹措，由海军衙门统筹运用。"

"好吧，等将来正式建军的时候，分谕各省照办就是了。北洋衙门现在还有存款吗？"

"臣不大清楚。"醇亲王对这么敏感的问题不敢随便回答，因为她不清楚慈禧的态度。

"怎么这等重要的事都不清楚？"慈禧太后看问不出个所以然来，于是转了个话题，"小李子这次与你出去怎么样？有没有什么不守规矩的地方？你可不得欺瞒！"

"臣不敢欺瞒太后。李公公这次与臣同到天津，行为举止，实在是臣始料未及的。"

然后，醇亲王便大赞李莲英如何安分守己，知分寸；尤其是谢绝外客，不惹

醇亲王奕譞

是生非。那种操守，着实可靠，因此大小衙门的官员，对他不仅佩服，而且敬重，都说这是皇太后知人善任，法度严明，所以派出去的太监，才会如此守法尽礼。

慈禧太后就喜欢别人给她戴高帽子，不过这会儿她关心的是怎样把自己的颐和园尽快修好，所以她盘算着让李鸿章从海军军费中挪用一部分给她。所以听醇亲王很起劲地说完，只淡漠地说了句："他能如此懂得规矩，就算他的造化。好了，你下去歇着吧。"

待醇亲王一退出，慈禧太后便迫不及待地问李莲英："小李子，这次去情况究竟如何？"

"老佛爷，王爷所说句句属实。"接着，李莲英便描绘起操练的情形，他本来就口才好，善于讲故事，再经过一番添油加醋，直将那操练的场面描述得气势恢弘。他是越说越有劲，可慈禧太后却越听越不耐烦，终于忍不住开了口：

"行了！我让你办的事情，怎样了，有进展吗？"

"老佛爷息怒，"李莲英听出慈禧话中有话，这才缓过神来，觉得说实话的时候到了，"老佛爷交代下的事，奴才怎敢忘了？奴才都已办妥了！"

"李鸿章是答应了？"慈禧太后禁不住一阵兴奋。

"是的。刚开始李鸿章非常不乐意，只说海军没钱了，现在连军舰都

李莲英

买不起，哪来的银子修园子？不过奴才却掌握了有力的证据。原来北洋衙门在那什么汇丰银行里还存着笔款子呢！"

"嗯，是这样。"慈禧太后想想办海军毕竟是件大事，可别出什么乱子，因此又有些担心地问："依你看，北洋海军的实力到底如何？不可欺瞒，知道吗？"

"奴才不敢，依奴才看，我北洋海军的实力可抵御任何强敌。"

"现在的舰还缺吗？"慈禧太后依旧不放心地问。

李莲英见慈禧太后又想修建自己的院子，又不想留下什么把柄，有点儿犹豫，于是就对慈禧说，绝对够用。其实，他是个军事盲，只不过为了讨得慈禧欢心才这么说的。为了给自己留条后路，他还说，即使真的应付不过来，过阵子再买也不迟。与其让他们把钱存在银行里，倒不如慈禧太后先用着。

一句话说到慈禧太后的心坎儿里。对呀，与其这样，我何不先用着，过阵子再拨给他不就行了？看着她那贴己的奴才，慈禧太后会心地笑了。他对李莲英此次去天津的行动表示赞赏，说他这次出去办得不错，应该好好奖赏一下，并立即升李莲英为皇宫的内廷总管。

大总管一直是李莲英梦寐以求的职位，如今这么轻松从慈禧太后口中说出来，李莲英简直不敢相信自己的耳朵，呆呆地站在那愣了半天，方缓过神来，急忙趴在地上，磕头如捣蒜般说道："奴才谢过老佛爷！奴才谢过老佛爷！"

慈禧太后对他说，要不是刘总管出宫当了道士，不会这么快轮到李莲英来做这个位子的。原来，这刘总管姓刘名多生，自幼由于家贫入宫做了太监，为人极是本分，守法尽礼，因此一步步由侍从太监、首领太监升至内廷总管。虽说做了内廷总管，可刘多生依旧安分守己，没有丝毫骄纵之气，平日里对太后尽职尽责，对小太监们极尽关怀。慈禧太后虽说一心想让李莲英做总管太监，可怎好无缘无故地将这个安分守己、入宫三十多年的刘多生免掉？正在这个节骨眼儿上，谁想刘多生目睹慈禧太后对李莲英格外宠爱，自己又不是瞎子，担心自己一旦失宠，前景不妙，便以年岁大了为理由，奏请出宫，去白云观做道人。慈禧太后正愁没法子，一看他自己奏请出宫，自然是即刻准奏，真是瞌睡遇枕头。

李莲英的权势威风，本就炙手可热，现在做了内廷总管，爬上了自己梦寐以求的位置，更是踌躇满志。谁料树大招风，就在这个时候，那个曾经给他送过"贺词"的御史朱一新却上了道奏折……

唐朝宦官监军之祸，前明"镇守太监"之非，都给人们留下了深刻的印象，李莲英天津阅兵，本已使得京城沸沸扬扬，谁想一回来，竟又当上了内廷总管，此举怎能不引起朝野志士仁人的重视？一时间，朝廷上下，皇宫内外人们莫不担心慈禧太后会走唐、明的覆辙，开太监监军之例。

其中，御史朱一新，更是忧心忡忡。正在此时，山东、山西、四川、福建等省相继发生水灾，遂决定冒生命之险，上疏慈禧太后，遇灾修省。朱一新的夫人却劝他此举万万不可，否则性命堪忧。

朱一新坐在桌前，两眼凝视着桌上那微弱的烛光，沉思了许久，方开口说道："夫人，你的心思我懂，但此事干系甚大，我不能熟视无睹。你也略读诗书，唐代宦官监军所造成的祸患你难道不知道吗？你难道忍心看着我大清社稷，就这样葬送在一个太监手里吗？"

朱夫人虽然略通文墨，但并没有意识到这件事的严重性，所以并没有放在心上。朱一新却对夫人说，一定要防患于未然，否则真的出现太监监军，后悔莫及。

朱夫人知道这一道奏折递上去，朱一新只有等着命运的安排，想到这里，禁不住泪流满面。

朱夫人对朱一新的这一行为表示有些不理解，觉得朝中王公大臣众多，为什么要你这个人微言轻的人去上奏呢？

朱一新说："朝政如此，实在让人痛心。我身为言官，就当恪尽职守，怎能与他人相比？你不要再说了！"

后宫里慈禧太后用过早膳，正在那摆弄她那些香气扑鼻的花儿，听得朱一新进宫求见，立刻拉下脸来，非常不高兴。"朱御史，有什么事就说吧。"慈禧太后冷冷地说道。

"臣有疏上呈。"朱一新坚定地说。"既有折子呈上，何不经过军机处？小李子，递上来。"

慈禧读完这份奏折，脸色愈加凝重了，只见其中写道：

> 我朝家法，严驭宦寺。世祖宫中立铁牌，更亿万年，昭为法守。圣母垂帘，安德海假采办出京，立置重典。皇上登极，张得喜等情罪尤重，谪配为奴。是以纲纪肃然，罔敢恣肆。乃今夏巡阅海军之役，太监李莲英随至天津，道路哗传，士庶皆愕，意深宫或别有不得已苦衷，匪外廷所喻。然宗藩至戚，阅军大典，而令刑余之辈厕乎其间，其将何以诘戎兵崇体制。况作法于凉，其弊犹贪，唐之监军，岂其本意，积渐者然也。圣朝法制修明，万无虑此。而涓涓弗塞，流弊难言，杜渐防微，亦宜垂意。从古阉宦，巧于逢迎而昧于大义，引援党类，播弄语言，使宫闱之内，疑贰渐生，而彼得受其小忠小信之为。我皇太后、皇上明目达聪，岂跬步之地而或敢受其欺？顾事每忽于细微，情易溺于近习，侍御仆从，罔非正人，辨之宜早辨也。

这份奏折把李莲英的问题说得很严重，但是打狗还得先看看主人，你也不看看他是谁的奴才，李莲英有天大的错误，也不该你朱一新来管教，否则慈禧太后不就有了疏于管教的罪责了？果然，慈禧太后很快就勃然大怒。

"朱御史，是不是觉得你是个言官，就敢如此放肆了？"

"臣斗胆亦不敢。"

"不敢？我看你的胆子够大的了！说，这'苦衷'二字指的是什么？"慈禧太后冷笑道。

"臣的意思是……"

不等他话说完，慈禧太后早就气得先开了口："我朝廷优礼近支亲藩，宫廷太监奔送往来，系属常有之事。这些你不知道吗？此次醇亲王巡阅北洋海军，已非寻常可比，特派莲英随行服侍，又有何错？"

"臣知此乃太后眷注体恤之意，臣所谓'苦衷'亦即指此。但这李莲英素来依仗太后恩宠，为所欲为，此举实乃助其气焰，臣恐唐代宦官监军复见于我朝，因此奏请太后，不得不加以提防。"

说完，朱一新还特意拿眼瞅了瞅李莲英，只见李莲英正两眼冒火，恶狠狠地盯着自己，朱一新想只要事情一闹大，言官们和朝中大臣一起联合参奏李莲英，肯定可以成功。

慈禧太后知道不当面斥责朱一新，那就证明自己有纵容自己的奴才之过，于是非常气愤："你莫忘了！这大清朝是我作主，还不退下！"

朱一新默默地退了出去。李莲英恨得咬牙切齿，心想一定要找个机会治治这个不知天高地厚的大胆言官。平时我不找你的不是，你倒先找上门来惹是生非，于是，李莲英趁机对慈禧太后说：

"老佛爷，这朱御史也太大胆了，奴才替老佛爷您做事，他也敢说三道四，依奴才看，不如对他严惩，以儆效尤。"

慈禧太后忍不住又笑了起来，说道："别忘了，他是言官。"

言官是不能顺便杀的，杀言官一般在历史上都没有什么好结果，所以不到万不得已，慈禧太后是不会做这种傻事的。

于是又安慰李莲英："放心吧，这事我自会给你作主。"

果然，第二天一早，慈禧太后就降旨：将都察院左都御史朱一新革职回籍，永不起用。

下旨称：

"朱一新所奏如仅止李莲英一人之事，无论如何诬枉，断不因宫监而加罪言宫，惟该御史既料及内侍随行系深宫体恤之意，何以又目为朝廷过举？且当时并不陈奏，迨事过数月，忽牵引水灾，砌词妄渎。于垂帘以来，救灾恤民，有加无已至意，全无体会，然如何补救民艰，亦无建白，徒以虚诞之辞，希图耸听，一加诘问，自知词穷，辄以书生迂拘，强为解免。是其才识执谬，实不足胜献替之任。至朝政或有阙遗，乃臣工确有过失，均着就本事立时论奏，倘于后挟私臆测，附会灾祥，除原奏不准行外，定必加惩处，以为妄言者戒。"

慈禧太后这是要打一儆百，懿旨一下，朝野上下再也无人敢多说什么。李莲英通过慈禧的权威，为自己公报私仇，而且假借慈禧的威风，趁机又抬高了自己的位置。

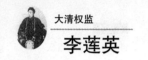

2 戊戌政变中欺光绪

光绪皇帝听信康有为之言，实行变法，维新派与守旧派展开了斗争。光绪皇帝罢了文悌的官，文悌乞求怀塔布到颐和园求救。慈禧虽然没有对此事表态，但却命令光绪速速斥逐翁同龢。光绪皇帝无法，只得把翁同龢开缺回籍。

其实慈禧太后的这种行为是受了李莲英的提醒和建议，让光绪皇帝身边失去了一个出谋划策的人。紧接着，慈禧太后又特降懿旨，令荣禄为直隶总督、裕禄任军机处行走，光绪皇帝不得不按照慈禧的意思办。但是光绪帝心有不甘，暗中察访得知是怀塔布从中作梗。光绪龙颜大怒，立刻下旨把礼部尚书怀塔布、许应骙，及侍郎壁岫、徐会沣、溥颐、曾广汉六人一律免职。

守旧党大为震惊，立即通过李莲英请求慈禧太后重新执政。慈禧太后表面上不动声色，暗地里却积极准备力量进行反扑，免得变法改了老祖宗的东西。

维新党由于得到了光绪皇帝的支持，一时间声势非常浩大。他们的一项改革触犯了李莲英的利益，维新党人要求光绪帝罢斥太监。光绪帝本来对李莲英就恨之入骨，若维新党的要求得到应答，李莲英肯定没有好下场。因此，李莲英担心万一维新党人成了气候，自己必然性命难保，于是向慈禧极力哭诉光绪帝支持康有为等人欲图谋不轨，恐怕要对慈禧太后不利。

慈禧太后怕维新党对自己不利，所以也非常痛恨他们。于是按照李莲英的计谋，准备以荣禄请求光绪去天津检阅水军为名，暂时将光绪调出京城，然后便宜行事。

光绪对慈禧之命，当然不敢不遵。但觉得其中有问题，就传召康有为、杨锐、刘光第、林旭、谭嗣同等一班维新人物到勤政殿商议。康有为分析利弊后认为这是一个诱骗皇帝出京的骗局，恳请光绪不要轻易出京。

光绪帝制止康有为继续说下去，康有为也明白了光绪帝的意思——宫中耳目众多，谈论过多难免会泄密，于是康有为等人商议出宫密议后再作打算。

最后，他们也采取了和守旧派一样的策略，就是先派人在天津把荣禄除掉，然后迅速调陆军万人，星夜入城；围住颐和园，除掉李莲英，然后把慈禧太后圈禁西苑，令其颐养天年，不再过问政事。这样一来，光绪帝的维新运动才能得以继续实施。

商定之后，推康有为入宫报于光绪帝，光绪思之再三，觉得康有为的话虽有道理，但却缺乏实际可操作性：兵哪里来，谁去杀荣禄，派去的人可不可靠……都是问题，可是又别无良策，只好令康有为先退下。

光绪皇帝想来想去，觉得康有为的办法虽然是好，可惜京畿之内的兵都掌握在荣禄手中，因此不可轻举妄动，除非先夺荣禄的兵权，否则难以成事。光绪思来想去，无法确定胆大心细的人去执行这一策略。

恰在此时，直隶按察使袁世凯入京觐见。光绪立刻眼前一亮：此人当年在朝鲜带头攻打王宫，定是自己寻找的胆大心细之人，光绪喜出望外，立刻召见。

光绪虽然急于把重任交给他，但也不是三岁顽童，当然会先试探他对维新变法的态度，于是问他对新政有什么看法。袁世凯是个八面玲珑、极会见风使舵之人，向来知道光绪皇帝有意推新政，便顺着光绪帝的意思讲。

吹捧光绪是有为之君，大清欲图自强，必须实行新政。还拿近邻日本做例子，说日本自明治维新以来，个久即成为世界强国。倘若新政在国内兴起，量国内地大物博，必将很快发展成为世界强国。

光绪帝被袁世凯说的有些飘飘然了，认为袁世凯是支持维新的，于是又问他是否愿意听自己调遣，带领军队去刺杀荣禄。

袁世凯虽然没有想到光绪会让他去刺杀王爷，但觉得自己的机会来了，连忙下跪表示自己定会尽心竭力报答皇上厚恩，只要一息尚存，必定为皇上尽力。

光绪闻言大喜，很快降谕：

现在练兵紧要，直隶按察使袁世凯，办事勤奋，校练认真，着

李莲英

袁世凯

开缺以侍郎候补，责成专办练兵事务，所有应办事宜，着随时具奏。当此时局艰难，修明武备，实为第一要务。袁世凯惟当勉益加勉，切实讲求训练，俾成劲旅，用副朝廷整饬戎行之至意。钦此。

惊恐万分的守旧派见了此谕，连忙报于慈禧，其实宫廷内外慈禧已令李莲英遍布心腹，就是他们不报，慈禧对康有为、袁世凯入宫也都了然于胸，只是不知道康有为要图谋颐和园。

慈禧曾要求凡二品以上官授任，当亲往太后处谢恩。此次袁世凯擢任侍郎，官居从二品，理应面见太后谢恩。袁世凯到颐和园谢恩时，慈禧立即召见，细问上殿时的话，袁世凯一一回答。慈禧太后嘱咐袁世凯不要操之过急，上了光绪的当。李莲英也在他退出后，嘱咐他小心光绪帝有什么阴谋。

八月初五，袁世凯请训往天津。光绪在乾清宫召见，支走所有人，秘密嘱咐袁世凯到天津后，立即带兵捉杀荣禄，然后马不停蹄回京围住颐和园，控制慈禧太后，并许诺他事成之后，直接任命为直隶总督，还赐给他大内令箭一支作为凭据。

袁世凯这才想起慈禧太后跟自己说的话，心中大吃一惊。其实他是个墙头草，谁强跟谁混饭吃，光绪帝势力弱小，大权仍然在慈禧太后手中，他不敢冒险杀荣禄，来换取不确定的直隶总督。所以，他决定出卖光绪帝，把一切都告诉荣禄。但为了稳住光绪帝，他镇定地领旨退出了。

袁世凯退出后当即乘火车去了天津，然后去荣禄府上和盘将光绪的计划说出。荣禄大惊，当天就返京去了颐和园面见慈禧太后，把袁世凯的话又说了一遍。慈禧直到此时还不能确定是否真有此事，直到荣禄拿出令箭。慈禧见确实是大内之物，这才知道向来胆小懦弱的光绪真的要除掉她。

李莲英也吓坏了，连忙下跪请求慈禧太后立即采取行动，否则后果不堪设想。惊恐未定的慈禧太后连忙命荣禄速召满族亲贵，守旧派人物世铎、刚毅、怀塔布、许应骙等人，奉旨特召。不多时，众人来到慈禧太后面前，黑压压跪了一片，叩请慈禧太后速出训政，挽救局势。

慈禧太后立即命令荣禄速回天津带兵入京。谁知荣禄早就让官兵启程，已经抵达京师。慈禧赞扬荣禄有先见之明，命他立刻将紫禁城侍卫一律调出，换成荣禄的亲信，并去天津截住康有为的同党，以免逃脱。荣禄奉命而去。

就在慈禧召开秘密会议的时候，碰巧被一个姓孙的太监获知消息。这个小太监素来被光绪帝信任，于是连忙赶回皇宫，向光绪帝做了禀报。光绪帝这才知道袁世凯出卖了自己。现在事已泄露，他首先想到的是康有为处于危险之中。便立刻草拟一份谕旨，命人送给康有为。康有为接到光绪的亲笔谕旨，知道计划失败，急忙化装乘火车到了塘沽，然后登船去了上海。等荣禄赶到天津时，康有为早就逃走了。

第二天，慈禧太后传旨在西苑召见光绪皇帝。光绪帝知道这是慈禧要来算账，但也不得不去。太监引导光绪帝来到西苑，李莲英早就领着一帮人等着，见到光绪帝，不由分说，簇拥着光绪帝上船，直达瀛台。

很快，慈禧太后领着皇后、珍妃等人到了瀛台。光绪慌忙跪迎慈禧太后。慈禧太后一边数落光绪的不是，一边称大臣们都要求她出来训政，言语之间似乎有即行废主之意。

珍妃害怕光绪被废黜，出来求情，却被慈禧怒斥不配出来讲话。珍妃一时情急，就大着胆子说慈禧太后不能随意废黜一国之君。慈禧见珍妃竟敢挑战她的权威，一怒之下将她囚禁起来。

慈禧太后余怒未消，还在申斥跪在地上的光绪，被一旁的李莲英劝住，这才回跸。临走之前，令皇后留在光绪这里，监视光绪的行动。

慈禧回宫后，下令迅速逮捕维新党人，很快就拿住杨深秀、谭嗣同、杨锐、林旭、刘光第、康广仁6人，这就是赫赫有名的"戊戌六君子"。只是康有为、梁启超未被拿获，而杨深秀、谭嗣同等人经严加审讯，均供认不讳，慈禧很快就把他们处斩。

慈禧有意废黜光绪，又恐惹起中外干涉，于是就以光绪帝的名义降谕道：

现在国事艰难，庶务待理，朕勤劳宵旰，日综万机，兢业之余，时遇丛脞。恭溯同治年间以来，慈禧端佑康颐昭穆应诚寿恭钦献崇熙皇太后，两次垂帘听政，办理朝政，弘济时艰，无不尽美尽善，因念社稷为重，再三呼恳慈恩训政，仰蒙俯如所请。此乃天下臣民之福。由今日始，在便殿办事。本月初八日；朕策诸王公大臣，在勤政殿行礼。一切应行礼仪，着各该衙门敬谨预备，钦此。

虽然名义上光绪还是皇帝，可形同废黜。然后又命端王载漪的儿子溥儁为大阿哥（即太子）。外国列强没事还要闹三分，如今听说要废去光绪皇帝，纷纷干涉。恰好山东义和团兴起，这才引出了李莲英建议慈禧"用义和团牵制洋人"的策略。

3　看准时机巧帮荣禄

随着光绪皇帝的大婚，慈禧太后也终于归政了，朝中一切平安，倒也乐得安宁。一年以后，醇亲王病殁。在醇亲王患病期间，慈禧太后多次率光绪帝到醇亲王府邸问疾。因为醇亲王的福晋本是慈禧太后的亲妹子，是慈禧向咸丰帝提出把她妹妹蓉儿嫁与醇亲王的。况且这位醇亲王为人谦恭礼让，始终忠心慈禧太后。自从恭亲王奕䜣罢职之后，这位醇亲王便接任为军机大臣领班，一切政务，都随时请示慈禧太后，不敢独断专行，更不多口。而且当年李莲英陪同醇亲王巡阅海军时，被御史朱一新参了一本，幸亏醇亲王知道李莲英是慈禧的宠信太监，得罪不得，便含糊其辞地打马虎眼，说不知道此事，终于算是糊弄过去。

慈禧因此把朱一新降职，朱一新落了一个上疏受罚，而李莲英却无事。李莲英明白这是醇亲王袒护了自己，为此李莲英在慈禧太后面前也常说醇亲王的好话，故而慈禧太后对这位醇亲王格外亲近，格外优待。

这时，光绪帝虽然名为亲政，凡事仍须禀报慈禧，不能做主，就是这样慈禧还不放心，密令皇后和李莲英暗中监视光绪的活动，免遭同治的覆辙。

清光绪二十年（1894年）十月初十，是慈禧太后的六旬万寿。在正月间，就令王公大臣预备，祝嘏典礼，仿照康熙、乾隆的故例，着各省将军、督统先期派员来京，庆祝圣母老佛爷万寿。一面令内务府督率工役，自大内至颐和园，搭盖灯棚，点缀景物，并要沿途建设经坛，由喇嘛僧众，讽诵寿生真经。颐和园内，还要建大牌楼，做圣母老佛爷万寿纪念。

内务府内库款支绌，急得团团转，明知无钱，可是不办又不行，便给李莲英送了1万两银子，请示办法，内务府的意思让他向慈禧太后讲一讲，能省一点便省一点。

李莲英知道后却连连摇头，表示不能扫了慈禧太后的兴，谁吃得住，说"不行，不行！"

内务府官员苦苦哀求，请李莲英代为设法，李莲英见有利可图，就把小眼一转悠，来了主意，低言数语，内务府大臣听了，觉得这也是个办法，就依计而行。

李莲英的办法是什么呢？就是要大小臣吏，各捐月俸的四分之一作为慈禧太后的贺礼。这一手果然有效，一共凑了二百多万两，庆祝万寿富富有余，内务府算是渡过了这一难关。其中西安将军荣禄，除捐银之外，还额外献了许多金银珍宝，当然另外还送给李莲英一笔数目不小的银子，慈禧太后一见大喜，立即命令将其召回叙用。

荣禄本是慈禧太后的功臣，当年热河回跸，全仗荣禄护驾，才得以安全回京，是为"辛酉政变"立了大功的人，他为什么外任西安呢？原来，荣禄护驾回宫之后，慈禧为了擢升荣禄为内务府总管。宫廷得以自由出入，每有要事，慈禧也常与之商量。清同治皇帝殡天时，荣禄尚入值宫中，很邀宠眷。到了清光绪六年（1880年），光绪皇帝的老师翁同龢密奏皇太后，弹劾荣禄有淫乱宫禁的罪状。

慈禧太后如何肯信，慈安太后却说："查一下便明白了。"

慈禧只好同意派人暗中侦察，果然事出有因。这位有胆有识的荣大臣，竟在某妃房中行那苟且之事，后被慈禧太后亲自撞见。

慈安太后本来就是极为看重祖宗家法的人，本要将荣禄以秽乱宫闱之罪立即赐死。还是李莲英暗中为荣禄在慈禧太后面前说情，说他和安德海都是立过大功的人，安德海已死不能复生，还是留荣禄一命为好，也好鼓

励为太后效忠的人。

慈禧虽然恨荣禄胡来，但一有李莲英讲情，二她也想起了荣禄的功劳，只是怒气不息，便把荣禄革去官职，驱逐出京。

慈安太后崩逝后，慈禧又想起了荣禄，越来越觉得是慈安设计的计谋，来陷害并折断自己的左膀右臂。但因荣禄的罪名太重，又是自己处置的，她既不愿改错，也不便贸然起用，所以荣禄失官数年。

慈禧的心意如何瞒得过李莲英，当即通告了荣禄，荣禄上折自责，请求戴罪立功，以观后效。慈禧太后果然把荣禄超擢为西安将军。这次又是李莲英向荣禄打了招呼，荣禄又不是傻子，自然大力奉献。慈禧见喜，便把荣禄召进京来，再任步军统领。荣禄自然格外小心，格外谨慎，在预备祝寿期内，当然尽心竭力。

4　和袁世凯称兄道弟

慈禧太后寿诞前夕朝鲜忽起祸端，弄得中日开衅，战云陡起，清军连战连败，慈禧太后懊丧异常，不得不另降懿旨，罢除庆贺。到了寿期，只在排云殿受贺。

就在此时，朝鲜国内大乱，日本派兵干涉，严重威胁大清的利益。因此，大清国驻朝鲜的使臣袁世凯飞电李鸿章，请求派兵增援。

袁世凯，字慰亭，号谷庵，河南项城人，所以人们都叫他袁项城。又因为他当中华民国总统时，制的银币（银圆）上都有他一颗光秃秃、肥头大耳的人头像，所以人们也称其为"袁大头"。

他生于清咸丰九年（1859年），宗祖袁甲三、父亲袁保庆，在咸丰、同治年间都是不小的官。虽然他不是科举出身，念的书也不多，而且长相平平，可很早就有名气了。

清同治八年（1869年），侠士张汶祥，刺死了两江总督马新贻。清廷因事关重大，先派了漕运总督张之万，后来又派了刑部尚书郑敦谨和因剿太平天国有功、封为侯爵、继任两江总督的曾国藩先后审理此案。当时袁世凯的父亲袁保庆，身为道员兼任新兵营帮办，他与藩司孙衣言，都主张对张汶祥用刑，可是将军魁玉和藩司梅启照不主张用刑，郑敦谨、曾国

天津袁世凯故居

藩到后，让孙衣言、袁保庆参与会审。孙衣言以为替马新贻说话的机会到了，便去找袁保庆统一口径。偏巧袁保庆不在，只袁世凯看门，当孙衣言兴冲冲地说出自己的想法时，袁世凯笑着说：

"世伯，小侄说句不知进退的话，以小侄之见，这是郑、曾公用这个办法来堵你们二人的嘴，结果是不会用刑，也不会咬出任何人来，仍是张汶祥一人之事罢了。"

孙衣言对袁世凯的话将信将疑，但仍与袁保庆力争，结果正像袁世凯说的那样，把孙衣言、袁保庆二人熬得精疲力尽，仍然是没有对张汶祥动刑。这个震动全国的案子，就这样不了了之，孙衣言后来感叹自己枉读书为官40余年，看事还不如一个12岁的孩子。从此这个12岁的袁世凯在一些官员当中就有了些名气。学士段靖川也说他非同凡响。

袁世凯喜欢读书，但并不像祖父、父亲那样依靠科举捞取功名，然后再一步一步地向上爬。他总想走捷径，于是到山东投靠了淮军统领吴长

庆，任营务处帮办。后来吴长庆调驻朝鲜，因法国和越南事起，吴长庆又调驻金州。

继任总领吴兆有闻知朝鲜宫内乱起，急召总兵张光前商议，张光前推举一人，说袁世凯智勇深沉，定有妙计，应邀他解决这个问题。这时袁世凯已捐得同知衔。

吴兆有召袁世凯商议，袁世凯倒劝他说，"不入虎穴，焉得虎子"。现在可急速发兵，捣入朝鲜宫内，除了乱党，救出朝王，然后再根据情况而定。

吴兆有道："闻得宫内有日本兵守卫，恐怕不易攻打。"袁世凯却表示日本兵不足为惧。于是，吴兆有便派兵攻打王宫。果然如袁世凯所言，很快救出了朝鲜国王和世子。可是日本不肯善罢甘休，后来李鸿章与日使伊藤博文订了两份协议，总算没打起来。这时，袁世凯已改任驻朝鲜通商大臣。

光绪二十年（1894年），中日甲午战争期间，袁世凯由朝鲜回国，到北京禀报军情，见了李鸿章，极陈利害。大意是：要监督朝鲜，代操政柄，免得日本人觊觎半岛，使大清陷入被动。

李鸿章虽然对他非常赏识，但反教袁世凯敛才就范，休露锋芒，袁世凯见朝中无意，只好叹息而去。

中日甲午战争，大清的海陆两军都被日本兵打败，后以赔款而告结束。袁世凯听说日本人要杀他，当然不敢再回朝鲜，于是就在北京闲住下来。此时的袁世凯在北京还是一个没有名气的小人物，一个小小的五品同知，在北京根本算不上什么官，比他官大的官员可谓一抓一大把，当然李莲英不会主动去和他结交。

不过，袁世凯是一个不甘居人下之人，而且很会钻营，他到处活动，拼命想与上层出名的人接近，以求平步青云，飞黄腾达。说来也巧，终于被他打听到他的结拜兄弟阮忠枢在李莲英家当老师教馆的消息，心中甚为高兴。他知道通过阮忠枢定然能够见到李大总管，只要见到李大总管就不愁没有官做。

袁世凯结识阮忠枢，那已是十几年前的事了。当时，袁世凯尚未做官，他从河南到了上海，托人谋事未成，便又从上海奔山东投奔他伯父的好友吴长庆。这年是清光绪八年（1882年），在途中巧遇阮忠枢去北京候试，二人结伴同行。相处数日，言语之间非常投机。

到了济南分手时，二人依依不舍，便结拜为兄弟。阮忠枢见袁世凯囊中羞涩，便帮了袁世凯一笔数目可观的银子，从而成为挚友。

袁世凯追忆往日情谊，他想，若找到阮忠枢帮忙，拜见李莲英该不是很难的事情，于是便前往拜会。

再说，阮忠枢自从那年（光绪八年）和袁世凯分手之后，即往北京候试。他本来文才不错，中了举才来会试的，当时没有考中，所以留在北京继续备考。

偏巧那时李莲英正要为他妹妹聘请一名教馆先生来家教读。教这样的馆，可以说是几乎不影响自己读书，阮忠枢便应聘到了李府。加上阮忠枢为人灵活，无论从文才还是从世故方面，都很得到李莲英的赏识，故而十多年来阮忠枢一直在李府教馆。

袁世凯来到李府，言说要见阮忠枢，当下门人报了进去。阮忠枢听说是多年不见的好友袁世凯来访，便亲自出来迎接，请入书房。二人落座之后，共叙阔别之情，谈到近况，袁世凯便借机把话题转到请求阮忠枢帮忙，拜见李莲英李大总管的事上来。

阮忠枢见袁世凯心情迫切，他想，多年未见的好友求到自己的名下，碍于情面，不能不答应，再说如果不应也显得自己在李府没有地位。于是他慨然应诺，表示一定要促成此事，不过时间他不能定，要探探李莲英的口气，再做商定。

因为李莲英一有工夫总是要到馆中和阮忠枢谈一会儿，甚至在一起吃饭喝酒。有一次，他趁着李莲英来书房之机，阮忠枢对李莲英说："李总管，我有一事相求，说出来不知大总管肯不肯帮忙。"

李莲英笑道："先生你说这话可就见外了，只要我能办到的，我一定努力去办。先生是不是不甘书房沉寂清闲，想到官场中走一走？"

阮忠枢见李莲英没拒绝自己的请求，知道此事有戏，于是便笑道："那倒不是，忠枢不才，只想在科第上争一个高低上下；我有一个好朋

友，名叫袁世凯，他曾任驻朝鲜通商大臣。从朝鲜回国后，闲居北京，他想求见李大总管，托我转告。"

李莲英笑道："既然是阮先生的好友，那他就是我的好友，焉有不见之理，不过近两天没工夫。"他想了想说："在大后天晚上吧！我在家里恭候。"

阮忠枢没想到李莲英会这么痛快，终于可以在袁世凯面前夸耀自己在李家的地位了，于是立刻喜出望外，便通知了袁世凯，叫他准备着。

原来李莲英听阮忠枢说袁世凯是袁甲三的孙子，他虽不认识袁世凯，但对袁甲三以及他的儿子保恒、保龄，侄子保庆、保中这些人有的认识，有的知道他们的名望，知道袁甲三虽然没有曾国藩曾侯爷、李鸿章李中堂的势力，但是知交还是不少的，在朝中和藩臣中都有一定的影响，所以决定接见。

时间一到，袁世凯被阮忠枢带到李府花厅，拜见了李莲英，当然阮忠枢也在一旁陪坐。李莲英、袁世凯二人言语之间，似有十分的默契，谈得很是投机，真可以说是一见如故。

从此二人来往日渐密切，李莲英还在府中时常不断地招待袁世凯，视为上宾，席间又常请阮忠枢作陪。袁世凯便借机大献殷勤，千方百计地讨李莲英喜欢，阮忠枢也在一旁帮衬。没过多久，李莲英便和袁世凯结为金兰好友，李莲英比袁世凯大11岁，年长为兄，袁世凯年幼为弟，二人以兄弟相称。

既然成了李莲英的换帖弟兄，袁世凯再进李府的大门便方便多了，可谓推门便进。袁世凯既然抱上了这个台柱子，自然是紧紧不放。在外面他大肆吹嘘，很快便从一个不知名的小人物脱颖而出，不少人以结识袁世凯为荣。当然这些人是为了借袁世凯这个阶梯，好走李莲英的路子，而袁世凯则想借这些人壮自己的声威。袁世凯果然很快出了名；又经李莲英介绍拜庆亲王奕劻为师，后来又结识了荣禄、康有为等人。

可以说，李莲英和袁世凯相互依靠，相互照顾，关系网是越织越密，形成了一个庞大的利益集团。

5 培植亲信初探官场

李莲英有很强的老乡情结，这主要和他的性格有关，他总想在老乡面前显示自己的与众不同，所以对老乡态度都非常好，一有机会就提携他们。

赵惠田是李莲英的同乡，大城县赵贾村人，与李莲英家相隔不到半里，在赵贾村中也是个大户人家，因与李莲英家有旧谊，往来甚密；赵惠田是咸丰朝的秀才。封建社会的科举制度，秀才虽然可以免除赋税，但只是个功名，并不能出仕做官。

同治年间，赵惠田乡试未中，可是却一心想当官，便去投奔了京城的李莲英谋一份差事。赵惠田年长李莲英十多岁，李莲英称其为兄。

经李莲英多方斡旋，赵惠田捐了些银子，最后果真做了个京官。据县志记载，他捐得刑部郎中，在安徽司供职；但此人好景不长，居官不久，便病死在任上。其四子赵树宜，字均培，满腹文墨，又善做八股文章，虽未中举，但乡间邻里多称赞其才华出众。李莲英在北京建有豪华的宅邸，又过继了四个儿子，为给他们延师教读，遂将赵树宜叫到北京，聘为家馆先生。平时也和赵树宜小酌几杯，关系十分融洽。

赵树宜在李家教馆多年，平时不常外出，即便偶尔上街，也是坐着轿车，并有侍者随从，看看京华风貌、人文习俗，有时也顺便买些东西。他感觉这样受拘束不随便，总想自己一个人到外边随意逛逛，散散心才好。

一天下午，他突然又想出去走走，于是给学生安排完课业，告诉书房侍者说，出去绕个小圈子，不必跟随侍从，晚饭前即可回来。他出门后信步而行。

街上人来人往，店铺买卖繁华热闹，五光十色，引人入胜。不知不觉，已是夕阳西下，朔风吹来，颇有寒意，想赶快回去。不料因寒风侵袭，肚子阵阵痛起来，急着要出大恭（大便），但找了许久，没有找到厕所。此时天已昏黑，街上行人已少；他实在忍耐不住了，便找了个僻静的胡同口解决问题。等解完起身，忽然来了个堆兵（管理治安的为堆兵，一般会在晚上上街巡逻）将他抓住，问他为什么在街上便溺，干这等有伤风化的事情。他正在心烦，也没有好言对答，双方互相抢白了几句，便被堆

兵带到堆阁子里去（堆兵办公所），交由堆兵头目审问。

赵树宜碍于面子，没有说出真情，以免让李府知道了见笑，只跟堆兵说自己是教书先生，肚子实在疼得厉害，见天色已晚，这才做出这等不该做的事。堆兵头目上下打量了他一番，见他衣着整齐讲究，说话斯文，谈吐不凡。心中暗想既是教书先生，想必是有功名的，因而不敢责打。

原来，清朝秀才以上都算有功名的，上公堂可免跪，如果犯了罪，必先革去功名，然后才能惩处。这堆兵头目也不敢对他太过分，只想将他关押一夜，以示小小的惩罚。

赵树宜在牢房对自己的所作所为很是后悔——为了一时痛快，既要受一夜的苦，而且还要挨饿。更重要的是，此事传了出去又要被李家人耻笑，有失教书先生的体面，因此越发羞愧难当。

李家一直不知道发生了什么事，书房的侍者眼见天黑先生还没有回来，心里惶惶不安。二更时分，仍然不见人影。侍者恐出意外，更怕承担责任，于是立刻报告了李府大管家。大管家一听，也紧张得不得了——教书先生与李莲英素来关系不错，若真的失踪，恐怕大家都没有好下场。于是一面责备书房侍者不提早禀报，一面惊慌失色地去向李莲英报告。

李莲英听了倒表现得非常镇定，认为先生不常外出上街，恐怕是迷了路。于是让管家拿着自己的名片，写上赵先生的面貌、籍贯，赶紧送到九门提督那里，吩咐他火速查找，不准迟延耽误。

清朝的九门是指京城里前三门和东、西、北面各二门，设巡捕五营；掌管人全称为提督九门巡捕五营步军统领。专以满族亲信大臣兼任，简称步军统领，俗称九门提督，为京城里治安机关最高负责人，相当于北京市公安局局长。

管家连忙拿着李莲英的名片，坐上轿子赶到提督衙门。可是大半夜的提督早已回家，衙门中值班的官员见是李莲英的名片，不敢怠慢，立刻去提督公馆禀报，说李大总管有命，叫大人火速办理。

九门提督那桐早已经上床就寝，听说李大总管深夜派人交办事宜，睡意全无，马上披衣而起，问明情况后，立刻传令九城为李府查找教书先生。

全城营兵马上行动起来，终于查到了关押赵树宜的堆兵阁子。堆兵阁子的头目禀报说，他们这里确实有一个自称是教书先生的，但是名字对不上，现在因为违反夜禁被关押。并且说，自己见他是个念书的，没有难为他，可叫他问一问，是不是李总管家的先生。

赵树宜被叫出来后，连忙说明真实情况。提督衙门的武官听后勃然大怒，双目圆睁，对堆兵阁子的头目非常不满，说他竟敢扣押李总管的教书先生，真是狗胆包天，有眼不识泰山。此事若叫李总管知道了，别说堆兵，就连提督大人恐怕也会吃不了兜着走。不仅把他骂了一顿，而且还要准备拿他回去向提督复命。

堆兵头目早就吓得浑身颤抖，赶紧给赵树宜跪下求饶，说自己有眼无珠，赵老爷当时若说出实话，自己有天大的胆子也不敢抓。并说大人不记小人过，求赵树宜饶过他。说着又如同捣蒜似的磕起头来。

赵树宜本来就理亏，再看他确实是无辜的，便让他起来，说这是一场误会，表示自己回府后见了李总管，就说迷了路，是你们请我到堆兵阁子来休息的，正要送我回去，包你们无事。堆兵头目见他这么说，真是感激涕零。

赵树宜又对提督派来的武官说，让他回复提督大人，就说事已办好，不必忧虑，并代他向提督大人叩谢。武官得了赵树宜的口信，也算是有了交代，于是一场风波就算过去了。

李莲英后来见到九门提督那桐，说那个堆兵头目很知礼法，叫那桐有机会提升他，那桐于是真的给那个堆兵头目提升了一级。看来赵树宜真的没有说出那晚的实情，堆兵头目因祸得福。

赵树宜性情向来比较固执呆板，思想迂腐。虽在李家教书多年，又深得李莲英的信任，但始终未能弄到一官半职。其实之所以会这样，完全都归因于他自己。在李莲英家中，只要稍微做事圆通一些，再加上李莲英给他说句话，最低也能当上七品知县。可他就是我行我素，弄得李莲英也没有办法。

李莲英曾说他是个书呆子，只会诗云子曰做八股文；官场的事，一窍不通，就算通过自己的关系做了官，指不定会闹出什么乱子，因此不敢让

他做官。只好在平时给他更好的伙食，更优厚的薪金待遇作为补偿。

李莲英死后，赵树宜回到家乡，仍然教书。后来，他曾经做过一首诗感叹命运的不济："贵门教师受尊崇，蹇命时衰运不通。自古黄钟多毁弃，由来瓦釜惯雷鸣。"从这首诗里我们能体会这位赵先生愤世嫉俗的心，也能看出，他看不清社会黑暗的根源，只好将霉运看成是上天的安排，确实可怜。

李莲英当了总管太监以后，为了巩固自己的地位，就在宫廷大内拉帮结伙，安插亲信，结党营私。要想自己不被架空，只能被人拉拢、腐蚀，否则自己没有任何威信，李莲英虽然权势很大，可也难逃此魔咒。

安排完了这些无处不在的眼线，倘或有人说了李莲英半个不字，这些党羽就会马上报告李莲英，而李莲英便不择手段或公开或秘密地把这个人收拾掉，免得他们威胁到自己的地位、权势。

据说李莲英不仅在宫廷大内安插了很多亲信，而且在各位王公大臣的家中也用此法。都是通过慈禧太后赐用太监的办法，把李莲英自己的亲信派去，伺机打探消息。所以各王府里有什么大事，李莲英能很快得到情报。李莲英加以筛选再去报告慈禧太后，从中又可邀功得赏，真是一举两得。

很多人都知道慈禧太后耳目众多，其实大多是出自李莲英的安排。李莲英为了伺候好慈禧太后，不仅总是先她一步考虑周全，就连慈禧太后跟前的佣人，也都是他精心安排自己的老乡、亲信。据说当时李莲英手下的人，除大城县的之外，其次大都是邻近的河间、任丘、青县、静海、文安等县的人。这就体现了李莲英的良苦用心。因为宫内太监向来拉帮结伙的现象十分严重，各宫的总管太监都有自己的势力集团；而且集团之间，斗争也十分厉害。因此李莲英依靠自己的后台慈禧太后努力发展自己的力量，所以也就没人敢和他抗衡。比如宫内曾多次查禁吸鸦片的事，谁都知道李莲英吸鸦片，可是就没人敢去查他；就是慈禧太后，对李莲英吸鸦片的事也是睁一眼闭一眼，别人更没法管了。

李莲英在慈禧太后宫里安排的主要人物当中，除二总管崔玉贵外，还有三个首领太监，一个姓徐，一个姓吕，一个姓骆。前两个是任丘县大尚屯人（今属大城县），因距大城县县城很近，与李贾村也仅距三十多里。所以李莲英便借着老乡名义，把他们拉在自己的门下，并保荐他们做了首领太监。

这两个人都是先娶妻生子，然后才净身入宫的，所以家里老婆孩子都在。后来捞了不少财产，各买了五顷多地，盖了三四十间瓦房，从此家里就成了中产之家。这个姓徐的，他有个儿子叫徐一成，除了买房置地外，还开了两家店铺，居然也跻身于士绅行列，直到1937年"七七事变"时还属于富户人家。

再说这个姓骆的，他叫骆四甲，与李莲英是同乡，骆贾村人。1903年已有三四个孩子，因生活困难，无路可走，于是心一横自己净身后去北京投奔李莲英，入宫做了太监。很快得到保荐当了首领太监。到1911年清亡后出宫回家时，他家已经成了当地的一个财主，置有土地四百亩，生活殷实富足。

另外，慈禧太后的寝宫也有四名太监是李莲英的同乡或近邻，一个姓刘、一个姓徐、两个姓王，不过这些人都没捞到什么东西，晚年回到家乡，跟随自己的亲人一起生活，有的还死得很惨。慈禧太后御膳房熬粥的师傅（不是太监）也是经李莲英保荐去的，是大城县西陈庄子村人，姓陈，后来很得慈禧太后欢心。因为慈禧太后每顿饭后都必须喝半碗粥。在她吃饭的时候，要提前摆好二三十个碗，等慈禧太后吃完饭，摆膳太监要一碗一碗地先摸一摸，试一试温度。哪一碗温度合适，就赶紧献上去；太热了不行，太凉了也不行，这确实很难伺候。常常有人为此被慈禧太后责骂或拷打，只有这位陈师傅总能调出温度合适的粥来。

后来，这位陈师傅因此得到了不少的发财机会，弄到很多银两财物，在家乡又盖房子又买地。乡亲们都称他是二财主，意思是仅次于李莲英的人物，实际上他无论从哪方面都比李莲英差多了。慈禧太后茶房的太监，是大城县薛故献村人，虽然也受李莲英的垂青，但只能得点儿小恩小惠；晚年出宫回家，病死在家乡，算是白干了一生。

光绪寝宫的太监，据说其中有两个人是李莲英的同乡兼亲信，所以光绪皇帝的一举一动李莲英都随时掌握。直到光绪皇帝被囚后，慈禧太后曾

命李莲英对光绪帝进行监督，其实李莲英也不天天守着光绪，只是派自己的亲信太监值班看守，一旦有什么异常情况，立刻上报慈禧太后。

大城县附近由于天灾不断，民不聊生，离京城又近。所以当时大城去北京当太监的人比较多。这些人也并不全是为了升官发财，而多数是出于无奈，才投奔李莲英入宫当太监的。其实宫中毕竟具体做事的多，当官的少，所以真正能爬上去的也没有几个，大多数是干普通的差使，每月只能支取很少的俸银，仍顾不了一家人的生活。清王朝灭亡以后，大部分人出宫回乡。

李莲英的亲戚、朋友、侄子等人，属于李莲英的嫡系亲信，李莲英对他们更是倍加网罗、重用。在当时的六部九卿十三科内，凡是能够安插的地方都安插了这些人进去。其中权势最大的是李莲英的嗣长子李成武，官至二品花翎顶戴，副将衔，人称李护卫，做了禁卫军的总头目，算是李莲英手下最成功的人。其实这也不难理解，自己的嗣子当然要努力为他经营了。

李府的全部佣人，也几乎都是同乡，或沾亲带故的。但真正沾光发财的也只有两个人：一个是管家邓树堂，他是大城县北王祥村人；一个是管账先生王耀增，他是大城县安庆屯村人。这两个人都在家里置买了土地二百多亩，成了当地的财主。

总而言之，李莲英对待家乡人的上门求助还是非常热心的。一来显示自己没有忘记家乡人，二来家乡人作为自己的亲信，让人放心，这也是李莲英的精打细算之处。

6 仗势干涉考场公正

清代大城县人考秀才，考场在通州。大约光绪二十年（1894年）前后，有一年主持通州试场的考官姓孙。这个人喜好钻营，巴结权势，他早就想结交李莲英，以图沾光得势，可是苦于没有资格去拜见李莲英。这一年孙某任通州主考，自以为时机已到，可以借机去拜见李大总管，倘或李家有个考生，献献殷勤，日后或许会得到好处。于是就鼓起勇气去李府登门拜见李莲英。可惜李莲英总是不在家，多次都未能如愿。但他并不死心，第四次去，正好李莲英刚回到家里，这才得以见面。

其实按官阶地位、权势，李莲英平时对这样的人物是不屑一顾的。可正巧这年李莲英的一个侄子准备去通州考秀才，李莲英为了让主考关照一下，才答应传呼孙某进府。孙某也算是个桑梓小官，见到李莲英按照礼节叩头礼毕，就直入主题，问此次通州考试，李莲英大总管有何吩咐。李莲英正想怎样开口，如今见他主动提起，就告诉他，有本家一个侄子要去通州参加考试，多加关照就是了。

孙某见李莲英终于跟自己谈正事了，觉得受宠若惊，连忙躬身说："好办，好办。请李总管李老爷示知少爷的名讳，卑职一定照办。"

于是，李莲英令人取来笔墨纸砚，把侄子的名字写上，交给他。孙某本以为能见到李莲英就是无上的光荣，如今李莲英还把这么重要的事情交给他去办，心里很是得意，到处吹嘘自己和李莲英的关系。更可笑的是，他的那些同僚竟然都相信了，可见李莲英的权威确实已经到了很高的地步。

只可惜乐极生悲，到录取考生时，孙某却把李莲英交给他的条子丢了。失魂落魄的孙某把家中、官廨到处都翻遍了，也没找到，于是吓得战战兢兢，坐立不安。有心想再去李府问问，可又不敢让李莲英知道这件事，免得让李莲英猜疑自己对他不忠心。因为丢失了总管亲笔写给的条子，是对李莲英的"大不尊"，李莲英得知肯定饶不了他。但是如不去问，李府的侄少爷不能中选，就是抗命不遵，大有获罪的危险。

孙某想来想去，想不出什么好办法，终日愁得茶饭不思。副主考及其他考官，见前几日还是眉飞色舞的孙某，忽然变得无精打采起来，很是疑惑，就问他有什么烦恼之事。孙主考为了向同仁征求弥补的方法，于是只好说李大总管的侄少爷参加考试，送来书笺，要他关照办理，可书笺遗失，自己又一时间想不起名字，因此十分烦恼。

众官员一听，也都大吃一惊，如果李莲英关照了，而到时候又录取不上，不仅孙主考官位不保，恐怕还会殃及各位，于是大家都积极想办法。经过大家苦心思考，终于想出个办法：凡大城县姓李的考生，全部录取，这样李家少爷既可录取得中，又可掩盖丢失信笺的事儿。就算是将来上级

知道了，要调查此事，事关李大总管，也是不会有人敢于冒犯追问的。

孙主考确实没有其他更好的办法，而且认为这个办法可行。就这样，当年大城县所有李姓考生，全都得中秀才，家家贴了喜报。其中有些学业好的，得中是在意料之中，而平时学业很差，甚至众人都觉得没有希望的，这次居然也得中，不但本人莫名其妙，就是授业的塾师先生，也很感诧异。距李贾村五里左右的臧屯村，有一李姓大户人家，叔伯弟兄四人。其中三人文墨较好，一个学业一塌糊涂，自知考中无望，本来不想去应试，可是父亲望子成龙，逼他前去应试，迫于父亲的压力，他也只好抱着试试看的想法随便写了几个字就交卷了，就这居然也考中了。兄弟四人都考中了，家人虽然也非常高兴，但也总觉得有点奇怪。街坊四邻都知道他平日读书昏昏沉沉，文笔更是狗屁不通。因此有人开玩笑地说："准是考官喝醉了酒看的卷子，他算有福气碰上了。"也有的认为这是福至心灵，歪打正着。总之，孙某为了一己之私，造成了大城县所有李姓考生都考中的现象，一时众说纷纭，民怨极大。

李莲英虽然当时不知道这件事，但朝廷内外都传得沸沸扬扬，很快这件事终于传到李莲英的耳朵里。但是，他不但没有责怪主考官，反而夸奖孙某会办事。还大言不惭地说："此事传至家乡，也没什么不好，而且这也是我给桑梓人办了一件好事。"

李莲英仗着有权有势，不止一次干涉科考，严重扰乱了科举制度的公平性。光绪二十二年（1896年），他的堂侄李冀台（幼名璿）和附近白贾村的白世义二人同去通州应试"拔贡"。他们二人所住的村子相距不足二里，所以乡亲们谁都知道李冀台的文章比白世义的差得多。虽然白家在当时也是一个土财主，但京师官场却没有任何门路，能否考中，尚未可知。反观李冀台，因已有李姓考生都中秀才一事，事情的前因后果，大家都还铭记在心，乡亲们免不了又是一番议论。

清代科举制度，十二年才考一次"拔贡"，凡品学兼优的生员，保送入京师，作为拔贡，经过考试合格后，可以充任京官、知县或教职。白世义本来就聪明绝顶，学业向来很好，又提早准备，日夜勤学，所以信心很足。然而学业毕竟比不过权势厉害，李莲英为了给自己的这个侄子谋个好前程，依仗自己的权势，事先向这一年的主考官、大学士孙家鼎打好了招呼。李莲英只是向他提了"关照"二字，这位主考自然也就得遵命了。结果，信心满满的白世义学业再好，也抵不上李莲英的一句话——张榜公布成绩，白世义"顺理成章"名落孙山，而李冀台则喜报临门，家人也都非常高兴，只有乡亲们都知道是怎么回事。后来李冀台再经朝试，又名列前茅，以丁酉科拔贡，当了直隶州州判。白世义一身正气，看不惯这朝廷的黑暗，一气之下，卧床不起，可怜一个大好青年不到三十岁就含恨离开人世。一时间，又成了乡邻议论的话题；其实对李莲英来说，这种事是屡见不鲜的。

总之，李莲英对待自己的家人和亲近的人是非常照顾的，无论他对陌生人怎样，这也许是他能笼络一部分人为他卖命的原因吧。

第六章

生活奢侈，敛财有道

1 敛财享受广置豪宅

李莲英一生都受到慈禧太后的恩宠，因此他也凭借这一点大肆卖官鬻爵，贪污受贿，所得款项无法计算。慈禧太后也经常让他去负责一些大工程。仅做总监修建颐和园一项，他就从中挪用材料为自己在海淀彩合坊盖了一套三进四合院的房子，而且还捞取了几十万两银子。同时，只要是进京的外省大员，都得给他送厚礼，否则别说办事，恐怕连慈禧的面都见不着。他的财产数目除了庆亲王奕劻外，京中亲王大臣无人能及。

李莲英平时进账渠道很多，所以他的账房先生只知道账面上的浮财，而那些比金银更加价值连城的珠宝、商号股票的数目，就无法统计了。林丙臣曾经给李莲英家做过伙计，主要任务是赶马车，不是平常的载人，而是专门负责拉银子。他在李府二十多年，什么活也没干过，就是天天拉银子，实在令人吃惊，由此可见李莲英聚集财富的速度。

李莲英家用这些金银建了两处家宅，北京一处，大城县李贾村一处。李莲英的父母乔迁北京以后，先在酒醋局买了一处房子，后来嫌小，又另外置地新盖了一处。1901年李莲英随同慈禧太后结束西安驻跸的生活返回北京，又在弓弦胡同买了一处王爷府邸。由于以前是王爷居住，所以此处规模最大，除厅堂卧室外，还有花园一座。李氏家族的后人曾说，王爷之所以要急着将此处出售，主要是因为1900年住在此处的王爷随着慈禧西逃前，将两车金子扔在花园的井内，回来后立刻派人打捞，什么也找不到了。王爷从此疑心加重，认为一个人只有到了要到败家的时候，金子才会自己跑掉，其实是八国联军攻入北京时被人盗走了。但王爷依然觉得不宜再居住在这里，这才决定把这座王府卖给李莲英。李莲英迁入后，也想找找看，可惜仍然没有结果，足见李莲英的贪财之心。

李莲英在北京的住宅一般都规模宏大，而且相当豪华富丽。由于李莲英考虑长远，早就做好了两手准备。一旦慈禧去世，自己失宠，自己也有个退路。所以除在北京有这么多的宅院外，还在大城县李贾村老家建庄园一座。李莲英老家的这座庄园在当时是十分宏伟壮观的，后陆续在抗日战争和解放战争中被破坏。

这个庄园有二百三十多间房屋，全部建筑以中路一处为轴心，东侧两路，西侧两路，后面全建有罩房。同时，还备有佣人及长工的专用房屋，中路前排是账房。整个建筑采用四合院布局，都是青砖瓦房，磨砖对缝，而且磨砖非常讲究，对工人的要求是宁缺毋滥，宁好勿坏。而且所有的泥口都用糯米浆调和白灰黏合，地下一律采用青条石打基。

中路是整个建筑的核心部分，也最为讲究。高大的门楼冲南而建，门口是四级青石台阶，上有一对石质抱鼓，大门

李莲英北京旧居

两侧是一对大石狮。进入大门，迎面是一个大影壁，为六块方砖嵌心，雕刻透心的狮子滚绣球，一个个张牙舞爪，神态各异，栩栩如生。影壁背后就是整个外院。其中外院正房是会客厅，中院正房是书斋，后院正房是大厅，这些是重要场所，用来会客或全家举行大型活动（如婚丧嫁娶、节日聚餐等）。

整个建筑房屋都非常高大，前廊后厦，明柱顶立，门窗也都采用大红的喜庆颜色。院内用奇花异草点缀，非常漂亮。就连东西各路的大门，也完全是按着八卦的方位特别设计的。几座大门连在一起，布局对称。

这座庄园的大门也非常讲究，镀金的门环，铜制的铆钉，楹联也全是刻制的。逢年过节时，大门、仪门、三门、过厅、正厅都会悬挂宫灯，丝绸扎彩，里外里都透着无尽的奢华之气，在安静的李贾村显得尤其与众不同。

就这样一个大宅院，每至夜幕降临，大门上栓，院内总是保证灯火通明。倒不一定非得用得着点灯，但就要摆出这种姿态，用来显示主人的尊贵和与众不同。守夜打更护院的人员，可登上屋顶，四下瞭望。全部院落外面，有土围子环绕四周，每个角上，各有炮楼一座，内放土炮一门，更加显示出主人的身份与众不同。李家老小上上下下或忙碌，或清闲地度过

白天后，又在这些护院人员的保护下，安然睡去。

另外，庄园里为了和京城保持紧密的联系，专门喂养了名马走骡几十匹，个个膘肥体壮。鞍辔套具也都与众不同，颜色绚丽，黄澄的马镫，大红色的褥套，光彩夺目，到处显示出主人的高贵身份。为了方便家中女眷出行，小轿车子也备有七八辆之多，单、纱、袄、棉、皮四季车围，随着气候而及时更换。

这么一座大宅院，要想维持运转，要雇用大量的体力劳动人员，有跟班、仆妇、丫环、厨师、裁缝等，加上长工、喂鹰的把式，种花的师傅，采买人员等共有六七十人。另有大总管管理家务，账房先生管理银钱出入，门房专司看门并迎送宾客。庄园里的老爷、少爷去京走卫（指天津），如同穿梭。

李莲英为这座宅院倾注了大量心血，主要是为了解决后顾之忧。光绪二十三年（1897年）前庄主是李莲英的四弟李升泰，李升泰死后，他的儿子李福丝（外号三大肚子）便来接替管理。

由于李莲英在京城有权有势，因此那些管家护院人员，也是狗仗人势，随意欺压乡邻。其中李莲英的族孙李树仁更是名声在外，人们给他送了个绰号叫"坏包袱"。从名字就可以听得出他在乡邻们眼中的形象。

海淀区重点文物保护单位

海淀镇彩和坊24号四合院

海淀区人民政府一九九九年一月公布
海淀区文化文物局一九九九年七月立

李莲英老宅被评为重点文物保护单位

庄园里的大小成员，平均每人要有三至四人伺候他们。整天山珍海味，大摆筵席，就连人们常说的"大城县三种宝，烧酒骡肉大火烧"之类的东西，在李家看来，都是极其平凡的东西，足见他们生活的奢华。

李莲英在家乡共买土地210顷，为了管理那些佃户，李莲英还让自己的族人替他看管这些佃户。族人因此也靠李莲英的土地吃饭，这些人住在庄子上，主要是靠佃户养活。因此，佃户用辛勤的汗水，劳动一年所得的粮食，要拿一半给李家。每年一到夏秋季节，佃户们延绵很长的队伍前去为李家送东西，可谓盛况空前。

他们还经常吃佃户们的利息，每遇灾年，收成锐减，佃户们交不上租子，只好向李家借贷。因此，李莲英的庄子养活了不少闲人。当时有个庄头叫李太和，赌钱喝酒成癖，日子长了，佃户们就摸透了他的脾气。于是就在上缴粮食的季节，特意请他吃饭。这样一来，他就没时间去监督过秤的事情，佃户们也好过些。他常常对人说："吃了人家的嘴软，拿了人家的手短，我给李家收租，总是睁一眼，闭一眼。"而且，李家人也不会深究——土地太多，没人认真核查。

《李氏家谱》记载，清末民初的时候李莲英家族已是一个祖孙几代、六七十人的大家庭了。李莲英收的几个嗣子，也已儿孙满堂。时常到老家的庄园住上一段时间，偶尔到天津玩一玩。总之，从北京到大城，从大城到北京、天津，凡是有气势的行进队伍，大都是李家的人。天津到大城周围几百里地内，简直成了李家的天下，不要说一些普通人家望而生畏，就是那些中小官僚地主、地方乡绅见了，也要礼让三分。

庄园里人，都是所谓的金枝玉叶，名门贵胄。择婚配偶也是要选些门当户对的人家。由于有李莲英这个大招牌、大靠山，所以，周围著名的沧州刘（南关牛街），独流侯（静海县），胜芳（霸县）杨（小廷）、徐（之敬）等大户人家，与他们都是联姻的亲家。

李家的公子少爷，也都是游手好闲之辈，手无缚鸡之力，又没有读书的动力，往往都是提笼遛鸟的公子哥儿。

李莲英过了五十岁以后，经常向慈禧太后请假，回到庄园来住些日子。倒不是说皇宫不方便，而是为了让世人明白自己在慈禧太后面前的地位。每次回家排场都很大，还经常变换交通工具，就是为了让大家看到李莲英的排场。每次出行，都是前呼后拥，威风凛凛，尽现大气。后来，津浦路通车，李莲英也坐过火车返家。

一次，李莲英的队伍到了马厂下火车后，换乘轿车子，走到蔡庄过运河时，官兵特意清场，为李莲英渡河让路，所以堤岸就聚集了很多等待渡河的乡亲。李莲英知道事情真相后，还专门出钱造了一只大船，这样可以

一次运载更多的人过河。

李莲英每次回老家的庄园，总要事先在北京打制好很多二两一个的小银锞子。每当他在村里散步时，便叫几个随身小太监背着钱袋子，装上一些小银锞子，以便随时给乡亲们发放。李莲英走到街上，无论男女老少，只要主动跟他打招呼，喊一声二爷，李莲英一高兴就命小太监赏给银锞子一个。不仅如此，乡亲们只要进李府看望他，一律设宴招待，临走还给银子。

李莲英的这种鼓励措施，造成了他每次回家都有很多熟人来看望的"繁荣"景象，虽然大多是凑热闹、图银子，但至少是保证了李莲英家的门庭若市，保证了李莲英的面子。

慈禧赏雪

李莲英在家里不用像在北京那样处心积虑，常常直言不讳地说自己是一人之下、万人之上的人，并表示要宽厚仁慈地待乡亲们，希望自己的后人不要忘了他。

李莲英老家的庄园是随着李莲英一人的荣辱而变化的，宣统三年（1911年）二月李莲英死后，庞大的李家庄园立刻失去了经济来源，从此便每况愈下，没有了昔日的热闹景象，家人也开始收紧钱袋子过日子，终于在新中国成立前彻底败落了。

2　一人为官全家荣耀

中国有句古话：一人得道鸡犬升天。李莲英虽然深得慈禧太后宠幸，身为二品顶戴花翎总管，但他觉得身为宦官之职，毕竟自己是个奴才，是个太监，要想光耀门楣，抬高身价地位，只有通过抬高自己的哥们弟兄、嗣子侄儿们的身份，才能做到这一点，于是尽量让他们跻身官场，获得权力和地位，改变别人的看法，成为达官显赫之家。

常言道：大树底下好乘凉。李莲英依仗的是慈禧太后这棵大树，而李莲英的家人又是依靠的李莲英这棵大树。其他人要想做官，在慈禧太后那里也许十万两白银也无法做个道台，或官衔也不过五六品级，而且还得看有没有功名。但李莲英一家或者他的亲戚朋友就无须这样费心。只要李莲英向慈禧太后一张嘴，就可以得到御赐圣旨，当官做老爷，享受俸禄。

民国十四年（1925年）春续写的《李氏家谱》中有记载：李莲英兄弟6人，共有15个侄子（包括李莲英的嗣子4人），22个侄孙（不含20岁以下的未成年人），直接在朝廷做官的就有十多人，还不包括族人和亲戚。俨然是一个李氏家族的势力集团。

《清宫轶事》一书中有明确记载：李莲英有侄4人，分别报捐郎中（京官，正五品）分别在户、兵、刑、工四部行走，有一次太后召见刑部尚书葛宝华，曾面嘱"此某之侄，初次当差，你们要随时指教他"，李家人受太后宠眷，于此可见一斑也。

我们前面提到，李莲英有嗣子4人。其中，嗣长子李成武，乳名鳞、字健斋、号文甫，是从李莲英的四弟升泰家过继过来的，官至二品顶戴花翎守备、副将衔、参将，是禁卫军总头目，亦称御林护卫，是护卫慈禧太后出行的忠实奴才。慈禧太后无论是在宫廷大内，或去颐和园颐养心神，就连1900年出逃西安，他都尽心随侍护卫于左右。

李成武主要居住在海淀碓房居。每年四月

李莲英

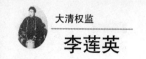
慈禧太后去颐和园时，李成武便带着眷属去碓房居。每到此时，李成武都受到李莲英的指使，向进颐和园朝见慈禧太后的大臣索要入门费，甚至连光绪皇帝都要交银子，否则无法通过。李莲英的嚣张程度，可见一斑。

后来，李莲英为了省亲方便，有时也把老母亲接到碓房居去住。现在碓房居的李家故居门前仍然有保存完好的两块上马石和西院的马厩、跑马道，由此完全可以看出李成武有骑马和喜欢马的习惯。因为李莲英本人不会骑马，而且太监也没有资格在门前安置上下马石。清朝礼制有文官坐轿、武官骑马的习俗，李莲英虽然有权势，但名义上仍然是个奴才，只能坐轿。

慈禧太后从颐和园回大内时，李成武随护回城。同时，眷属、佣人一同搬回后宫用库（即现在的后库）。清灭亡以后，李成武就一直在家闲住，早年他在石景山买了二百亩土地，死后便葬在那里。他一生讨了三个老婆，原配薛氏，庶有梁氏、杨氏，有子女三人。据李莲英的后人李瑞一老人讲，当时他正在李成武家，李成武1940年病重期间，因无钱医治，把西直门外堂子胡同的皮作坊卖出，后手头仍然拮据，又将公用库的宅院卖掉，在大七条买了一所较小的住宅，未等搬家，李成武就病死了。

嗣次子李福德，又名李际良，字绍梅，是李莲英从其五弟李世泰家过继来的，授五品花翎顶戴，兵部职方司郎中，武库司正郎。民国时期，袁世凯当总统时，他还短暂奇任讨都绕职衔。他一生讨了五个老婆，原配陈氏（大城县大王都村人），庶梁氏、刘氏，有子女各一人。其宅院在德胜门外后马场。

宣统元年（1909年），他和薛固文（艺名十二红）、孙沛廷（艺名十三红）合办了一个河北梆子、京剧都教授的戏曲科班，因是三人合办，取名"三乐社"，与叶至善办的"富连成"科班并称。"三乐社"聘请秦腔演员庞启发，京剧演员张芷荃、孙怡云，笛师方秉忠为教师，招收学生百余人，七年满科。

民国二年（1913年），薛固文、孙沛廷宣布退出，李福德将社团更名为"正乐社"，并将科班迁至后马场自己家中。学生中以旦角尚小云、荀慧生、赵桐栅（艺名芙蓉草，安次县人，中华人民共和国成立后曾任华东艺术学院院长），合称"正乐社三杰"，李福德把社团办得有声有色，成绩斐然。民国四年（1915年），麒麟童（周信芳）曾来京与其搭班演出，名噪京城。同年尚小云、荀慧生满师出科，翌年先后离班，社团此后不久就解散了。

中国京剧四大名旦中的尚小云、荀慧生两人出自"正乐社"，不能不说是李福德对京剧事业的贡献。除此之外，李福德还在地安门外烟袋斜街开设"鑫园"澡堂子一座，已经成为百年老字号。

嗣三子李福康，字路声，号公健，又字召伯、少元。前清贡生，是李莲英从长兄国泰家过继过来的。授花翎候选同知，宅邸在黄花门内大街，妻李氏是汉军正白旗人。

嗣四子李福荫是李莲英三弟宝泰之三子，授花翎同知衔，候选县丞军，咨府总务厅一等录事。妻冯氏，家有五子二女。一直住在西直门内棉花胡同的宅子，后来在1920年年初卖掉。

介绍完李莲英的四个嗣子，我们再看看李莲英的几个弟兄。长兄李国泰、三弟李宝泰、四弟李升泰、五弟李世泰、六弟李安泰，李莲英排行第二。

大哥李国泰，号子清，在堂子胡同有个皮作坊，主要是他的两个舅舅管理。妻冯氏，有子二人，女一人。长子李福文，成人后主要料理李莲英在前门外大街大栅栏廊房头条开的古玩店。妻许氏，有子女三人；二子李福康，过继给李莲英做三子。

三弟李宝泰，号善堂，六品职衔，浩封一品职衔。妻吕氏，有子女六人。长子李福海，字杰卿，工部郎中，花翎顶戴三品衔，分省补用道，妻李氏，有子三人；次子李福恒，字吉轩，户部郎中，花翎顶戴三品衔。妻孙氏，有子女四人。二人的子嗣因在清朝灭亡前尚幼，未曾任职；三子李福荫，过继给李莲英嗣四子；四子李福田，字心培，妻王氏，有女一人；五子李福厚，字纯甫，清监生，妻李氏。

四弟李升泰，字东山。从小过继给叔祖李万声，一生在家乡主持庄园，候选同知。妻肖氏，浩封中宪大夫、肖恭人，有子女七人。长子李福澜，乳名钜，字文轩，任京西崇庆镇标实首备署都司。妻臧氏、庶林氏，

有子女三人。长女嫁任丘县宗家佐宗知县之长子；次子李成武，过继给李莲英为长子；三子李福望，嗣六弟李安泰为子；四子李福镇，号文卿，长期留住庄园，因督办子牙河工程出资出力，奖六品职衔，给五品奖。当地百姓为了感激他，还在李家大门挂了一块"急公好义"金字大匾。妻楚氏，有子女四人；五子李福明，乳名礤，字警晨，号文林，五品花翎顶戴。原配妻子无记载，庶徐氏，人称少五奶奶，无子女。原配所生长女嫁给静海县独流镇侯宅文痒生侯斡廷之子，官至五品花翎顶戴。次女，嫁沧州候补道，特授曹州府知府牛子廷公之子，素有"独流侯""沧州牛"之称。

五弟李世泰，字鲁瞻，号子山，由监生历升五品花翔顶戴，坐京官，具体职务不详。妻穆氏，有三子。长子李福仁，名衔，字辅延。一生讨了三个老婆，原配吴氏，谢氏，续弦张氏，有子女各一人。光绪二十六年（1900年）慈禧出逃的当天，天气炎热，慈禧又饥又渴，正是他给了李莲英两个发面饼和凉开水，李莲英又给慈禧太后献出了一个，慈禧因此对他的忠心非常赞赏。光绪三十三年（1907年）十月慈禧过"万寿节"时还特意邀请他们夫妻二人到颐和园听戏，这是无上的荣光，所以后来他回到家乡，常常以此炫耀自己曾受过慈禧太后的召见，对周围的人总是一脸的不屑，有着火一样的暴躁脾气。次子李鼎臣，乳名越，无子女，其他未见记载。

六弟李安泰，夭折；死亡年龄说法不一，大致在十四岁到十七岁之间，系惊吓而死。死前曾过继过一个儿子。其嗣子为四哥李升泰之三子，名李福望，字文方，号子屋，花翎知府衔，分省试用同知，其实从未做官，只是拿着俸禄享清福。是个不知道赚钱难的花花公子形象，村上人称他为"散财童子"。中年以后，由于吃得肚大腰圆，又是李升泰的三子，村里人又称他为"三大肚子"。他对此并不在意，只要当面称他为三爷，其他爱怎么着他管不着。

李福望一生讨了两个老婆，原配赵氏，庶吕氏，有子四人。长子祥越，次子祥龙，三子祥懋（过继给李福），四子祥陈。又名李质然，是大城县远近闻名的中医，中华人民共和国成立后曾任大城县人民政府卫生科副科长，1975年病故。李福望是李莲英侄辈中挥霍浪费的典型，是整个李氏家族纨绔子弟的缩影。

3　庇护族人挥金如土

李莲英一生聚敛钱财无数，难以计算。尤其自光绪十二年（1886年）后，李莲英的权势日益显赫，敲诈勒索也少了很多羁绊，行为也更加大胆。京师的王侯、封疆大吏、各省督抚，无不与其结交攀附。逢年过节，婚丧嫁娶，均以厚金重礼，奉献李府。

李莲英自己不能生育，所以对李家的子侄姑娘都非常照顾，他们自然而然都成了"朱门酒肉臭"的贵族子弟。他们依仗大清皇宫大总管的权势，自认为高人一等，终日碌碌无所事事。李府上下也都靠着李莲英的庇佑坐享清福。他们自认高贵无比，自然要住宽敞宏伟、富丽堂皇的宅院，吃山珍海味，穿绫罗绸缎。然而这种寄生虫般的生活毕竟是没有经过自己的努力得到的，所以他们常常感到空虚和无聊。其中有些人为了填补精神上的空虚，就会到处寻欢作乐，一掷千金地去消费——他们哪知赚钱的不容易？

李莲英对此虽然有所耳闻，却从来不管不问，还非常高兴地称赞他们会花钱，为自己的银子找到了去处。李莲英对他们这般宠爱，谁也拿他们没办法。

日子空虚久了，李府庄园里几乎个个都成了以抽（"白面"）、扎（吗啡）著称的瘾君子了。关于李家宅院的这种情况，当地的老百姓曾为他们编出了不少的歌谣，逐渐流传开来。如："李贾村，老公（太监）院，虽然没有金銮殿，大瓦房，四合院，西花厅，东杂院，银子钱，没边沿。整日里，设三筵，论花钱，都敢干，去天津，下妓院，一甩就是几十万（两），扎吗啡，吸白面，男男女女都会干。"淋漓尽致地揭露了李府庄园腐朽生活的情景。

李莲英的四弟李升泰，是李府庄园里的主持者，他共有五个儿子，三子李福望能说会道，颇受李莲英的宠爱，他一生讨了两个老婆，即便是这样，当庄园里的生活达不到他所需求的纵情淫乐时，就长期住在天津的

妓院里。据《李府见闻》记载：李福望和袁世凯长子袁克定结拜为把兄弟不久，从北京押运三十万两银子，想经过通州到天津转子牙河运回大城，可是这些银子运到天津以后，便留在天津。李福望便想出了个花点子，和袁克定打赌，看谁最会花钱，最敢花钱。当然袁克定彻底在气势上输给了他，因为袁克定既没有这个胆量，也没有这么多钱。

那时妓院与民宅并不混居在一起，妓院分布的地方，一般都没有民宅。他们到了南市一带，刚进一家班子（头等妓院），李福望首先下令全院落灯，接着又令全胡同落灯。妓院落灯，表示已经客满，不再接待来者。他这么一说，就是表示要包场，不许再接待其他嫖客。这虽然需要一笔不小的开支，但他认为，不这样干不足以显示出他这个李大总管侄少爷的气派。

一连住了三四天以后，老鸨害怕他最后嫌钱花得多，不好算账，就有意把前三天的钱算清。李福望知道对方这是怀疑他，于是命人把三十万两银子全拉进妓院。老鸨儿一见此人来头很大，得罪不起，感到吃惊害怕，连忙派人打听，这才知道是皇宫李大总管的侄少爷，便托人从中说情，摆酒设宴，赔礼道歉。

李福望却一点儿也不放在心上，并认为这正好为自己提供了一个展示威风的好机会，于是每日大把消费。结果不到半个月的时间，三十万两银子全部花光。这件事情，没过多久便传到北京。

李家虽然家产无数，人人都是腰缠万贯，可这种浪费钱财的行为还是少有的，李福望的几位哥哥认为这样干太过分了，便把此事告诉了李莲英，要求对他约束控制。谁知李莲英听了却称赞他敢花钱才能赚钱，之后李莲英又吩咐李成武写信让李福望速来北京。

李福望本以为会受到二伯父李莲英的训斥，谁知李莲英和他见面后就跟他开玩笑地说："散财童子来了，人们都叫你'三大肚子'，这回我要考考你，看你肚子有多大，一顿饭能花多少银子。"

李福望没有等来一顿责骂，反而和李莲英去了京城最大的饭庄去吃饭。并让李福望点菜，看他究竟有多大的本事。李福望听完这才放下心来。他心想，既然要考我花钱的本事，当然是花得越多越好。但究竟一顿饭能花多少钱呢，心里没底，很是犯愁。弟兄几个进了饭庄，李福望东张西望，朝四下看了又看，正好廊下挂着一个画眉笼子，心想有了。进入雅座，他看了看菜谱，拣最值钱的点了几个菜，开了菜单，弟兄几个看了很觉奇怪，随着只见他笔尖一动，然后又加上一个红烧画眉舌头。

跑堂的伙计把菜单递给后面的厨师，厨师摇了摇头，表示没有见过这道菜；跑堂的伙计又拿给账房先生看，账房先生看了咧了咧嘴，也没有见过。

伙计又见这几位爷举止非凡，与众不同，不是一般的来客，以为是找茬来的。怕引起乱子，不得已就去问掌柜的怎么回话。掌柜的也没见过这等阵势，只好亲自来见这几位少爷，并表示本店向来没有供应过这道菜，还请另寻他处。

话音刚落，李福望便说，没有可以去市场上买，钱不会少给他们一分，你派人跑跑腿，一定能办到。掌柜的见客人这般说，也不好拒绝。但是要炒出一大盘子的画眉鸟的舌头，恐怕要几百只、上千只画眉才行，价钱实在太贵，恐怕不好跟几位算价钱。

李福望一听，终于扯到了钱的问题，立即掏出一张名片，递给了掌柜的，并告诉他快去想办法，所需银子可拿名片到账房里去取。掌柜双手颤抖着结果名片一看，吓得出了一身冷汗。连忙点头哈腰地边道歉边去准备了。李福望为了打消他的顾虑，还不忘提示他：不怕花钱，只要能买来，多少钱一只画眉不在乎。

饭庄掌柜的为应酬这几位少爷，马上打发几个伙计去鸟市里收买。几个伙计到了鸟市，出十两银子一只的高价，很快买了二百多只画眉，把鸟市里的画眉抢购一空。许多人看了目瞪口呆，不知其中缘由，一时鸟市价格大幅上涨。第二天，鸟市突然间就有两千多只画眉上市，可是再也没人肯出十两银子买了。

他们的这种气势确实压倒了许多食客，其实李福望从来也没吃过红烧画眉舌头这种菜，究竟是什么滋味更不知道，目的就为了多花银子，在李莲英面前显示他自己。结果这顿饭花费了两千多两银子。

李莲知道这个数字后英哈哈大笑："老佛爷一天的膳费才花六十两银

子，你比老佛爷还会享福。"两千多两银子就是用在慈禧太后的膳费上，也要花上四十多天，难怪李莲英会这么说。待李福望回家时，李莲英又给了他一车银子运回家。

李福望依仗李莲英的势力，当时在天津是无人敢惹的，在天津地界一提"大城李"，没有人不知道的，而且都非常害怕。他在天津可谓三教九流的人都接触到了。据说袁世凯的二儿子袁克文，从十五六岁就跟着李福望在妓院赌场里鬼混。

民国以后，李福望除在交通旅馆、惠中饭店长期有包房外，还经常到日本租界地的赌场早去巨赌。当时天津的大赌场都在日租界内。李福望不在乎输多少银子，用他自己的话说，只要玩得痛快就行。他在天津还广交政界、军界的头面人物，除袁世凯一家外，像曹锟等都与他有密切的交往。他还和杨以德（外号杨梆子）是好朋友。就连杨以德当天津警察厅厅长，都是李福望和曹锟在饭桌上谈妥的。因此杨以德在天津二马路的公馆经常请李福望吃喝。

除此之外，静海县的县长潘锡芝也与他交情深厚，李福望经常住在静海县的县衙里吃喝，潘锡芝将他奉为上宾，亲自给他斟茶倒水，点烟枪，用上等酒宴招待他。李莲英虽然早已离开人世，但凭着与袁世凯的关系，而且袁世凯的嫡系人物正在执掌中国的政权，李福望有这些人做后台，自然还是天不怕地不怕。

到了1935年（民国二十四年）前后，李福望终于将自己在天津的白银折腾一空，静海县刘庄的七十顷肥田也陆续卖光，但这仍然止不住他的败落风气，很快开始变卖金银珠宝，一个鼻烟壶就能卖几百块大洋。

到了最后，他在天津实在难以为继了，便想起李莲英死前分给他的十多万两白银还在北京棉花胡同存着。就急忙想把银子取回来应急。可是李福望到了北京一提这事，棉花胡同的人却不认这笔账，于是打了官司。当时北京政府无法断这个案子，官司一连打了好几年，也没有弄个水落石出。棉花胡同的人还反说李福望是无赖。

李福望为了打赢官司，只好返回大城县拿出两本家谱做证，以便索回自己的银子，但是恰逢"七七事变"爆发，什么证据都散失了。李福望不但银子没得着，反倒丢失了两本家谱。一气之下与北京的李氏家族断绝关系。

到了1939年春天，李福望终于弄得贫困交加，生活难以为继，死在天津他的一个化名杨泽景的日本朋友开的"王二弟兄药房"里。与此同时，他的儿子也把庄园里的财产耗尽，已无力将他的尸体运回大城安葬，以至他的尸骨都找不到了。

李福望的遭遇只是一个缩影，在李家的鼎盛时期，李府的男女老少，在吃喝玩乐上，是各显其能的。其中较出名的活动就是放鹰射猎和赶庙会了。这在周围百里之内是很驰名的，李莲英去世后也大都迅速败落。

李府庄园在李莲英权势最盛的时候，每年都要举办一次大规模的放鹰射猎活动。平时庄园里雇有养鹰喂狗的把式六七个，专为他们训练鹰犬。每年秋收以后，地净场光，直到第二年二月，是举办声势浩大的放鹰射猎活动的日子，然后就紧接着到处去赶庙会。

李家之所以要举行放鹰射猎活动，并不是为了猎取食物或者增加什么收入，完全是为了寻个机会快乐一番，时不时地在家乡人面前抖一下威风。

每年此时，在北京的李氏家族的少爷公子们都会寻找机会回家参加这个盛会，趁机体验一番风餐野宿的游乐生活。涉猎活动前一天，李氏家族还要祭祀神灵，烧香摆供，求神保佑。射猎当天，李府的老老少少，各个左苍鹰，右牵黄（大黄狗），头戴风帽（也称将军盔），骑着骏马，十多匹马一字排开，气势十分壮观。

放鹰射猎毕竟是个庄重的活动，所以也颇受重视。一般前边由放鹰的把式驾着鹰，牵狗的师傅跟在两侧。另外还要雇用几十个人在两侧排开去蹦兔子。这些人每天除管吃外，每人还给二两银子的工钱。当时一些穷苦的老百姓无事做，为了挣二两银子，吃几顿饱饭，还是有很多人去做这种工作的。

每逢蹿起兔子时，便放出两只花鹰和一只鹞鹰，三只鹰上下翻飞，将兔子玩弄于股掌之上，这种场景让李家的人非常高兴，仿佛自己就是鹰，正在把别人操弄在手中玩耍一般。再加上这种场面十分精彩，扣人心弦，

李家的人仅此一项，每年都会花去两三万两银子，这种巨大的开支，一连持续了几十年，从不间断。

有一年冬天，李莲英回到庄园，正好碰上这种活动，可惜李莲英不能骑马，无法尽兴。家人为了让他高兴，专门雇人下网，捕捉了几只活野兔，带到村南大洼里表演了一番给他看。李莲英看得入迷，大加赞许，并意味深长地表示："这等弱肉强食的事态，充满天上人间。"

二月中旬的时候，狩猎活动逐渐停止。李府庄园里的主人都暂时休息一下，为即将开始的庙会活动做准备。长工和佣人们则开始从事农耕，把式们便开始了整理套具，油漆彩画小轿车子，为即将开始的一年一度的赶庙会活动。

李府的少爷小姐们起程去附近有名的庙会时，总是会有"大城李"的大旗在前面开道，耀武扬威，随行的佣人也有好几十人。李府的少爷们都是高头大马，小姐和少奶奶们则一律都是轿子，后面还拉着盛满金银和物品的箱子。一路上观光赏景，好不惬意。小姐和少奶奶们还要去进香拜佛，少爷公子则主要向庙里的主持方丈施舍银子和布匹。在这方面他们从不吝啬，一来保持了一贯要派头的作风，二来也能给自己一个心理安慰。

无论怎样，他们因为钱财来得太容易，从不为生计发愁，所以做事讲起排场来也是挥金如土，从来没有皱过眉头。

4　50万两白银的葬礼

李莲英一生仗着慈禧太后的恩宠作威作福，就连家里人也跟着沾光，无论家里办什么红白喜事，都可以风风光光地大操大办。其中，李莲英母亲死后举行的大丧盛仪最为隆重。在乡间大丧盛仪，方言称为出大殡。所谓出大殡，其实就是尽其所能，并没有具体衡量的标准或界限，三天、五天、七天也有叫出大殡的，一个月者也有叫出大殡的。但通常周围的乡亲们会根据规格有多高、仪式多隆重、招待宾朋的多少、花费钱财的数字有多大等给这场仪式做定位。

李莲英为他母亲做的出殡仪式可以说重新定义了出大殡，空前提高了各项标准。简言之，就是规格高、时间长、宾客多、仪式隆重、酒席上等，花钱的数目对于普通人家来说简直就是天文数字。总之，没有任何一个大户人家可与之相比较。在周围几个县的乡间邻里大为震动。

光绪三十二年（1906年）初冬时节，李莲英的母亲病故于北京西直门内棉花胡同宅邸。这一年李莲英已是59岁的人了。年迈老母的去世，对于他这位本来就没有亲生骨肉的太监来说，可谓心如刀绞，悲痛万分。极度悲痛之余，他反复思量了自己这辈子坎坎坷坷、风风雨雨的荣辱经历，终于悟出了"一切荣辱都是身外之物，好好活着才最重要"的道理，于是决定为母亲大办一场丧葬礼仪，借以光耀门庭，也给嗣子侄孙们做个示范，等自己百年之后，叫他们有个参考的标准。

为了超度母亲的亡灵，他请了喇嘛、和尚、僧人三棚经，念了七七四十九天后，把灵柩停于护国寺内，并雇用了三十多人日夜轮流守护，负责每天早、中、晚三次祭祀事宜。李莲英遇事从不轻举妄动，总是考虑再三才做决定。他要为母亲做大型的出殡仪式，肯定要先禀明慈禧太后，请准后再做安排。一来表示对慈禧太后的尊重，处处考虑到她的权威，二来有了懿旨好做事，不会违背太后慈意，防止一旦有了节外生枝的麻烦，也好叫慈禧为自己做主。

于是，李莲英万分悲痛地禀明慈禧太后："家母病故，奴才难报生养之恩，准备翌年二月下旬亲挟灵柩回籍，三月举办葬礼，与奴才父亲合葬于祖坟，以求早日入土为安，也好了却奴才做儿女的一桩心愿。请太后训示。"

慈禧向来提倡遵守孝道，听完李莲英的禀奏，心中也非常感动，特别恩准前去办理，并赏银四十八万两做治丧之用，并表示若不够可直接向直隶总督袁世凯要。李莲英并不缺钱，他要的是慈禧的这道懿旨，有了这道懿旨，他就可以翻开手脚大操大办了。李莲英急忙跪地，磕头谢恩。

慈禧虽然口头上表示要赏赐他四十八万两白银做治丧费用，但凭当时大清财务状况，恐怕只能口惠而实不至，但对于财大气粗的李莲英来说，他并不在乎。

李莲英有了慈禧太后的支持，开始了具体的操办事宜。他先打发四弟升泰、五弟世泰回籍，与众族人商议筹办治丧事宜。兄弟二人回到大城

庄园，遂邀请族人商定，先在周围村请了20多名地方乡绅和有办事能力的人，作为治丧总负责人。然后对他们说，现在奉二哥李莲英之命，为母亲发丧出殡，本着50万两银子的花销办，倘有不足，可随时添加。

这些乡绅都是见过大世面的人，都是地方上的头面人物，平时都对婚丧嫁娶这类事情驾轻就熟，大事小情离不开。可是谁也没经手花过这么多银子的事，个个都惊讶得半天合不拢嘴。

我们平时总说"没钱难办事"，可钱多了同样发愁，他们既然被请来花这50万两银子，就得按照这个标准去办理。否则只是按照平时一般地主的标准，零头都绰绰有余。于是，一帮人就围着怎么开销50万两银子开始讨论。

大家搬出布满灰尘、尘封多年的《丧仪大全》《殡仪全书》等，按着古制古礼，一项一项地逐款落实，既然主人有钱要花，办事的就别怕大，经过将近半个月的安排，总算列出了个清单。但这样安排没有经过李莲英过目，不知道能不能合乎李莲英的要求，又选派了4个人为代表进京向李莲英回禀，并探听李莲英的态度。

几个人来到北京，见到李莲英，略作寒暄，便匆忙把治丧安排情况从头到尾细说了一遍。李莲英虽然对他们的安排不甚满意，觉得不够隆重，但也不好驳了面子。略作沉思后，说："深冬时节，天寒地冻还要诸位乡亲爷们一路车马劳顿抵京，还没有下榻好好休息几天就来我这里探讨仪式事宜，英泰深为内疚，无奈家母举办大丧之期，迫在眉睫，虽说还有三个多月的时间，但很多事情均须抓紧安排，以免届期不能如愿。只好劳累诸位，感谢大家了。诸位提出的各项安排，都比较合意。只是要把事情办得排场一点，体面一些。千万不要怕花钱，如不够用，大不了再增50万两，所以还要劳烦诸位回去再做细致安排。"

几个人听了这话，无不面面相觑，知道自己在李莲英面前献丑了。李莲英接着说："这次家母举办大丧葬礼，仪式要非常讲究，气势要特别隆重，殡仪也要按北京或天津的民俗办，所有纸扎活计都要讲究，全部要从北京本地制作，然后运回大城县；所有棺椁的扛夫也全部从北京雇用；另外，家母生前喜好听戏，请两台大戏，一台河北梆子算是家乡戏，由你们请，一台京戏从北京请，由我安排。招待客人的酒席要上等，不能亏待了出力的乡亲们，如果在大丧期间，周围三村五里的父老乡亲都不动烟火，那就算是我们办得尽善尽美了。对所有庄园里的佃农和乞丐，只要有孝心前来吊唁磕头的，都要一视同仁，一律发给孝衣孝服，并要搭好足够的席棚，白天用来待客吃饭，晚上供那些赶来的佃户、乞丐住宿，要让他们感受到我李家的恩德和家母的慈爱之心。"

"还有，凡我李姓迁居外村外地的，尽量把所有人接回，一切费用我来出。为了报答先辈，开灵期间，每天要祭祀列祖列宗。从家门口到墓地的道路也要修整一番，保证整洁畅通，可以用麦秸夯好，沿途两侧的树木都要扎上素绸，墓地正门内外要扎几道素牌坊。对于具体的送丧仪仗一应问题，届时从北京请人专门料理。其他事务和具体细目，诸位再做安排，一项项的落实，按满五七计算，有35天还怕有钱花不出去吗？不过千万要注意一点，李家虽然有些钱，但还不算朝中官员，所以按寻常百姓人家的最高规格办理就可以了，千万不可超越礼制。最主要的是让参与这一仪式的各位宾客乡邻吃好喝好，等咱把事情办完了，村里人多多少少都落下一些能长久使用的东西，也算对他们的一点照顾。大家明白了我的意思，回去安排就行了。事情办好了，我再酬劳大家。"

四人终于明白了所经手的事情有多复杂和多隆重，一脸羡慕外加诚惶诚恐地回乡准备去了。经过三个月的充分准备，事情总算提早就绪。转眼到了光绪三十三年（1907年）二月下旬，丧期已届，李莲英亲自挟柩至通州上船，经水路回大城。李莲英没有随船走，而是先行从陆路回家，把各项安排又细细检查了一遍，然后安排灵车，准备接灵。

三月初一开灵以前，先期到达李氏庄园的，除京津两地与李家有交往的各界名流、乡绅名士之外，还有李莲英的好友阮忠枢（原在北京李府教书的先生，后来当了邮传部部长）、袁世凯的长公子袁克定，以及李家在京做官的亲戚朋友等。因阮忠枢是个举人，是宾客中功名最高的人，故开灵时由阮忠枢来写死者祭奠灵牌。袁克定因与李福望是磕头弟兄，所以以世孙称，披麻戴孝，扶灵陪吊。大城县知县赵县令也带着几个马弁前来吊唁，因事先未曾前来通禀，李莲英很不痛快，觉得驳了自己的面子，故并

未高看他，只是留下他带来的几个马弁照看至亲贵友的车辆马匹。袁世凯特意为这次大型仪式选派的三百匹马，放在子牙河以南周围四五里外，为举办葬礼巡逻护卫。

灵堂设在大厅正中。灵前有香案，上面放着一个尺许大的金香炉，整天整夜香火缭绕。供桌上的供品有干鲜水果，四季糕点，大八件，小八件等，山珍海味的祭桌，每天早、中、晚各换一次。大厅的墙壁上更是挂满了京城王公大臣、各界名流的挽联挽幛。院子里的廊柱原为红色，全部裹上白绸黑纱。大门洞里的金字匾，临时撤换下来，挂上一块"当大事"三个字的白底黑字匾额，大门、仪门、三门全部打开，站在街上可直视灵堂；院里院外，所有树木都扎上白色的祭花。李家的孝男孝女，乃至亲朋晚辈，个个头顶白帽，身穿白色孝袍孝裤，脚上白布蒙鞋，整个李宅上上下下，俨然一片白色的肃穆景象。唯有李母的楠木灵柩是枣红色大漆涂底，上面金漆花卉，前额是"五福捧寿"，后边是一簇莲花，棺盖上面是贴金叶的牡丹，两侧是四季花草。每到夜晚，灵堂内外，房前屋后，灯笼火把，一片通明。突然增加了这么多花圈、白布以及焚烧不完的祭香，难免有火灾隐患。所以，李家为了防止火灾，坐夜巡更的人又增添了几十人。

关于超度方面，除了北京请来的喇嘛念经之外，还有和尚、老道，真是佛教道教的大聚会。他们做祭坛，做道场，走金桥、银桥等祭祀活动，超度亡灵。每天早晨开灵之前，要鸣神枪，放火炮，弄得惊天动地，四里八乡都能听到。锣鼓班子和老道班子要到灵前吹奏。

此外，特地请来的本土梆子和京戏每天早晨一开灵都相互对着唱，另外还有三四伙唱打锣班的小戏。席棚搭在土围子外，两排互相对照，形成一条胡同，左右对称。白天用来招待客人，开筵和休息，晚上供杂工和乞丐住宿。35天内亲戚来吊唁的，听戏看热闹的，人山人海，络绎不绝。

招待来宾的酒席，按当地风俗，实为上等，叫"十三碗"，即四个凉碟，四个小碗，做酒菜，随吃随添，另有九个大碗做饭菜，除是整鸡、整鸭、整鱼外，其余有肘子、丸子、八大块，戳刀（即八条白肉）、羹汤等。每天早、中、晚三次筵席，一次至少四五十桌，每桌八人；每天都要做一百二十桌菜左右，逢着天气好，一天会高达二百多桌酒席。总之，无论是吊唁的，听戏看热闹的，都可以入席。李莲英考虑得非常周到，为了照顾老弱病残不能出门的，李家大门外头的两侧摆了八口大缸，缸内的肉总是满满的，馒头总是放着几筐笆，四乡邻里尽可以随时来取走拿到家中去吃。酒更是随便喝，不受限制。

村里人见了都笑眯眯地对李莲英说，这下他可要花费不少的钱财了，李莲英听了十分高兴，觉得人家这是看得起他才这么说的。于是他就说，现在是青黄不接的时候，难免有乡邻无法维持生计，算是李莲英为乡亲们解了燃眉之急。

曾经有一位亲身参与了这一盛大仪式的老人回忆说，那年他九岁，住在李贾村外祖父家里，他的大舅父就是被请的治丧总负责人之一。他和三舅父几乎每天都用水罐子往家里装两三次酒，除了期间每日饮不少的酒之外，到最后治丧结束，他外祖父家尚存可盛七担水的一缸酒。猪肉更是随时供应，在村外挖了一个能容纳三四百头猪的大池子，生猪总有大量存栏，而且每天还派出四五辆大车到县城各处去收购，为了保证猪肉的质量，每头猪都要保证在150斤以上。没几天县城周围的生猪都被购买一空，就到较远一些的青县、静海、文安、河间、任丘等县去买，一时间猪肉价格大涨，养猪的人都兴高采烈，一年间都保证了衣食无忧。厨房也是临时搭的席棚，仅红案做席的厨师就请了二百多人，每天一字排开了做饭菜，场面非常壮观；蒸馒头的伙计专门承包给了卞庄子等三个村子，以至于整个村子一天到晚都炊烟袅袅，好不热闹。

其实，刚开始人们并不知道看热闹也可以入席吃饭，所以事情也并不尽如人愿，按照现在的话说，就是广告效应不明显。开灵三五天，差不多远近亲朋至友都来齐了，可是周围四邻八乡的百姓并没多少人来吃喝。李莲英觉得他们的工作没有做到位，就大发雷霆，说四弟的人缘不好，要不然乡亲们为什么不来！

办事的总负责人连忙劝住，为李莲英的四弟开脱，说庄园周围三百匹马站岗，持枪荷弹，戒备森严，老百姓都没有见过这阵势，难免人家不

来。李莲英这才如梦初醒，连忙让袁世凯的这些卫兵白天休息，晚上再出来巡逻。

为了把丧葬搞得隆重热闹，发丧期间还特意放了四次烟花，为了保证仪式的烟花供应，十几个老艺人，从筹办起到大丧结束，在那里整整做烟花做了三个多月。当时的烟花工艺精巧别致，除了有不同特色的鞭炮礼花外，李莲英还高价让他们研制了新的"铁树银花"和"故事篓子"。其中"故事篓子"里，有"松鼠吃葡萄""蟠桃大会""天女散花""猪八戒背媳妇""孙悟空过火焰山"等。发丧期间共放了四次。除开灵和送葬前一天晚上各放一次外，中间还放了两次。每次都要燃放几十个千姿百态的"故事篓子"，光是这笔开支就达到1万多两白银。

此外，还有纸活一项，究竟制作了多大数量，几乎是无法计算了。除了把大城县做纸活的手工艺人全部请去外，还从天津、北京雇了不少能工巧匠，总共用了三个月的时间，到举行葬礼那天，从李家大门口到墓地五里长的道路两旁，一件挨一件，而且尽量保证不重样，成了大城县的一大奇景。

从李家门口到墓地的大道上还搭制了几座牌楼，矗立在墓地大门口上的一座最为壮观，全部用松柏枝和绢花、金箔、银箔扎成，向南的横额上写的是"幽灵仙境"，向北的横额上写的是"流芳千古"。所有匾额的大字皆为瘦金体，笔力遒劲，都是李莲英亲自题写的。

可以说，整个治丧期间都是超豪华的阵容。但是，最有气魄、最为壮观的日子，要算最后送葬封棺的这一天了。这一天仪式极为讲究，按乡俗先为死者送路把一个坐钱（坐钱是用纸钱，扎成人形模样的东西，代表死者的灵魂）放在椅子上，前面摆上纸人纸马、纸车、纸船、纸轿等，众孝子磕头礼拜后，再将这些东西焚烧掉，寓意把死者灵魂送上西天，到瑶池仙境去会见王母娘娘。

之后就起棺拉灵车，送死者的棺木下地入葬。灵车是从北京杠房里雇来的师傅制成的，用四辆大车的轱辘把杠木捆在上面连接起来，然后铺上木板，木板上再安放一个特制的棺木底座（亦称棺床），棺木上面，用红缎绣花的大罩罩上。棺木前特设一张供桌，供品有干鲜水果、糕点、整鸡、整鱼的酒席，还要有一道死者生前最喜欢吃的菜。两侧摆满了纸糊的童男童女，各站在一朵盛开的大莲花里，一手举着灯笼一手拿着拂尘。棺罩前后坐着死者的女眷，灵车由十名年轻力壮的孝子和专门从北京雇来的190名杠夫轮番拉着，习俗叫"拉灵车"。

走在灵车前面的送殡队伍也十分庞大。行进在队伍最前面的是一辆马车，拉着纸钱和麦麸，边走边撒，这是为死者撒"买路钱"，以便让死者走得安稳、踏实。然后是神枪手边走边放，再往后就是"导旗"十面，铜锣五对，边走边敲，由十人组成，以上算是先行部队。后面是幡、伞、盖、幛四十把，由执事扛着。再下是六个彩亭彩轿，每个用八人抬着，再下是四十人组成的雪柳仪仗队，都是雇来的十五六岁的男童，每人手持两把雪柳（是用柳枝糊上白纸做成的），接着就是和尚、喇嘛、道士和吹鼓手的队伍，之后紧接着的是一乘魂轿，里面放着李母的魂牌（即神主），也由八人抬着。再下是亲朋孝子和其他女眷乘坐的车辆，皆随于灵车后面，整个送葬队伍首尾长达一公里，浩浩荡荡地向墓地前进。

为了使灵车行驶平稳，整个通往墓地的路面，雇了几十个人，整修了一个多月，到送葬的前三天，全部路面用水泼湿，铺上麦秸，又用碌碡反复轧了几遍。袁世凯所派的三百匹马，已提前到达墓地，人人胸前配有白花，持枪肃立，在墓地外围放岗警戒。灵车进入墓地前，仪仗队分列于墓地甬路两侧外，孝男孝女，摩肩接踵，分别跪在甬路两旁，等候灵车。此时八只神枪连续鸣放，二十四响过后，又是鞭炮齐鸣，最后在哀乐声中，灵车才顺着甬路缓缓靠近墓穴。

棺木入葬后，随即用三合土掩埋。这时，那些带来的纸活，也一件件全部付之一炬。由于纸活众多，光是烧掉他们就足足花了一个时辰，红透了半边天。三天后，便又雇用工匠整修墓地。李母的棺木掩埋很深，距地面九尺，周围还盖起了三尺高的围墙，用水泥封顶，周围又栽花种树，整个工程非常繁琐，几个月后才全部完工。

李母大丧之后，李莲英并没有急着回京，而是又在家住了些日子，等账房把葬礼费用结算完毕，向他禀报了各项开支后，李莲英给这项盛大的仪式做了概括性的定论——圆满。而且还在四弟升泰等人陪同下到各家各

户看了一遍。当他看到家家户户差不多都存了上百个馒头干和一两缸白酒时非常高兴。因为他一开始就是这样打算的，现在大家都存了点东西，他也很痛快，觉得村里人终于可以挺过这个青黄不接的春天了。

5 太监娶妻世所罕见

李莲英在宫里有了一定的权势，见到很多太监都娶妻过日子，他也不免有点儿心动，于是有心娶亲，找个女人过日子，而且还可以打着结婚的名义收一份彩礼钱，大赚一笔。

于是他就找自己的亲信、山西巡抚刚毅，准备让他给自己撮合一门亲事。刚毅正好这几天从山西进京办事，他不明白李莲英为什么召见自己，一听说是要给他张罗亲事，立刻高兴起来——又可以打着李总管的旗号收一笔钱了。

刚毅为了不让李莲英看出自己的惊讶，连称没难处，没难处！并表示总管的事情就是他的事情，一定尽力把此事办好。

李莲英虽然只是为了收礼和有人照顾自己的饮食起居才决定娶亲的，但是女方也不能太凑合，于是叮嘱刚毅不要马马虎虎、随随便便。刚毅立刻打保票说，一定要让总管满意。送走了刚毅，李莲英收拾好东西，便带着李三顺兴冲冲地回了家。

刚毅回去后，也决定暂时不回山西了，而是立即托亲戚找朋友，给李莲英找起了媳妇。谁想几天过去，却是竹篮打水一场空。这怨不得他，一来长相好的没有人愿意嫁给一个太监，守一辈子活寡；二来即便有愿意的，但长相又不过关，这是李莲英特别关照的。因此也不能随便就找一个，这事办不好，李莲英即便嘴上不说什么，以后肯定对他失去了信任，实在让人吃不消。因此，李莲英这件事情办起来实在是非常棘手。

这天，刚毅跑了整整一日，依旧没找到个合适的。回到家里，只觉得腰酸脚疼，躺在床上就不想起来了。夫人见他总是早出晚归张罗这件事，实在心疼得不得了，忙端了碗燕窝，还趁机发了李莲英的一阵牢骚。

刚毅一边喝着燕窝，一边唉声叹气，说人在屋檐下不得不低头，自己本来就是靠着李莲英才走上仕途的，现在辛苦一下算是对他的回报。夫人还想劝他不必这般奔波，却被他喝止了，觉得夫人只会唠叨，却不能提供一个有用的想法给他分忧。

夫人见刚毅这般执着，只好由着他，于是默默帮他思索起主意来。很快，只听夫人兴奋地说："老爷，有办法了！"刚毅闻听，急忙问是什么办法。

夫人告诉他，最近只顾着到百姓家去寻找合适的人，但是李莲英虽然有权有势，可惜不是真正的男人，一般百姓家的女子谁也不敢嫁给他，更何况李莲英的要求还那么高。所以应该到"八大胡同"去给他物色一个，而且那里的女子一般姿色也不差。

刚毅怀疑那里的女子名声不好，李莲英知道了会怪罪自己，夫人却胸有成竹地说，如果那女子愿意嫁给李莲英，她自己肯定不会说出来，只要你不告诉李莲英，应该没人知道。刚毅沉思了许久，确实想不出其他更好的办法，只好试一试。

第二天一大早，刚毅洗漱完毕，就穿上便服，便急急忙忙奔"八大胡同"而去。这一天恰逢庙会，前门楼下到处是跑竹马的、抖空竹的、舞龙灯的、吹扑扑腾儿的、吆喝泥娃娃的小商贩，真是人声鼎沸，生气勃勃；红艳艳的糖山楂、光溜溜的长甘蔗、喷喷香的爆米花、黄灿灿的大柿子，真是五颜六色，热闹非凡，直看得人眼花缭乱。

刚毅离开了繁华的前门大街，很快进了西河沿，没有多远一拐弯，穿过珠宝市、廊房头条、观音寺，最后来到了陕西巷。接着进了一个深深的狭窄的通道，里面有一个小院子。推门刚一进院，就见一个满脸笑容的中年老鸨边笑边热情地迎了出来，嘴里还故意高声叫着："哎哟！这位大爷，您最近可有日子没来了！今天是哪阵风把您给吹来了，快里面请！"

这老鸨无论见到什么样的生人，都是这一套，免得让客人觉得太生分。刚毅也不理会这些，进屋坐下，喝了两口茶，也不拖泥带水，让老鸨把所有的姑娘都叫来。

这老鸨见眼前这个人物出手阔绰，知道不是个普通人，可得罪不得，于是连忙转身去叫人。不大工夫，只见她身后跟着十多个妙龄女子走了上来，一个个打扮得花枝招展，妩媚动人。

　　刚毅见了这些女子，心想这次不知能不能把此事完成了。这毕竟是为李莲英做事，因此一点儿也不敢马虎，认认真真地挑选起来。最终，刚毅指着中间一位皮肤白皙、身材窈窕的女子说道："她留下，你们都出去吧。"

　　老鸨见刚毅半天终于选中了一位，心想这个客人还真挑剔，看来是个不容易伺候的主儿，如今好不容易有了满意的，急忙吩咐其余的姑娘都下去。并吩咐留下的那位姑娘要好好侍奉客人，说完转身欲出门。

　　刚毅却连忙叫住老鸨，不让她走。老鸨感到纳闷，姑娘都挑好了，还叫我做什么。刚毅不理睬呆立一旁的老鸨，只管开口说自己要把这个姑娘赎出去，让老鸨开个价。

　　老鸨本来觉得刚毅是个有头有脸的人，到这种地方也就是寻一下乐子，谁知他竟提出这种要求，一时没有醒过神来。老鸨心里直纳闷，以为刚毅开玩笑。

　　刚毅见老鸨不说话，还以为不肯卖呢，于是二话不说掏出3000两银票，丢在桌子上。老鸨见刚毅真的要买这个姑娘，而且掏钱如此爽快，连忙把卖身契交给刚毅，乐滋滋地拿了银票走了。

　　刚毅二话不说，转身领着那女子便走。回到家里，刚毅方将实情说出来，征求那女子的意见，这位姑娘想想毕竟已经离开了那种地方，嫁给太监总比让人戳脊梁骨孤，也便答应了。

　　刚毅为之奔波多日人总算是选好了，连忙高兴地唤过夫人将那女子细细打扮一番，直接送往酒醋局胡同李莲英的府邸。

　　再说李莲英，自从那日托刚毅给自己找媳妇，一连好几天，一点儿动静都没有，可把李莲英急坏了，还以为刚毅忙着准备回山西的事情把这件事给耽误了呢。这日用过午饭正准备去刚毅府，谁想刚一出门，正好碰上刚毅上门来。

　　李莲英忙问刚毅事情办得怎么样了。刚毅这才笑容满面地说，总管大人的事，刚毅肯定尽心去办，并指了指身后的一顶小轿子，问李莲英是否满意。李莲英只顾着和刚毅说话，却没有发现他身后还跟着一顶小轿子。此时，一位姑娘正从轿子中迈步走出来。

李莲英仔细打量正缓缓向他走来的女子。只见她身着镶明珠带花边的粉红色裹身旗袍，头上戴着银宝簪，手上带着翡翠手镯，珠明玉润，体态窈窕，特别是那双大眼，滴溜儿一转，秋波闪烁，直看得李莲英如醉如痴！

刚毅看到李莲英那如痴如醉的样子，心里不由一喜，知道李莲英非常满意，于是故意问李莲英是否满意，若不满意，可以再去寻。

李莲英完全看痴了，眼睛一刻也不离开姑娘，嘴上一个劲儿地说满意，还夸他办事周详，以后一定不会亏待他。刚毅连忙谢恩，并知趣地退出了。

李莲英不管其他，又接着问那女子的姓名，女子这才袅袅婷婷地深施一礼，说自己叫张如玉，声音如莺歌燕舞，娇滴滴的，宛若大家闺秀一般。

李莲英心中也非常满意，但至少还要了解一下对方更多的信息，于是又问她是哪里人，在京城做什么。张如玉都一一作了回答，表现得中规中矩。

李莲英听了，觉着对方的情况也掌握得差不多了，于是这件婚事就定了下来。媳妇有了，剩下的事自然就是准备完婚了，当下广发请帖。消息传出，京城哗然。太监娶妻，而且搞得这么隆重。一时间议论纷纷，但多数人只限于私下说三道四，李莲英是慈禧太后跟前的红人，谁得罪得起？更何况这事还得了慈禧太后的恩准。

虽然在太监娶亲上，御史朱一新颇有微词，可毕竟李莲英权大势大，朱一新要整他，犹如蚍蜉撼树，徒劳而已。最终大太监李莲英不仅风风光光娶亲，而且得到了包括慈禧太后在内的朝中重要人物的祝贺，再一次显示了李莲英的威势。与此同时，李莲英趁机捞了一大笔钱，可谓名利双收。

6　庇护自己人乱王法

李莲英为了拉拢一帮为自己做事的忠实奴仆，凡事都会罩着他们，尽可能让他们感受到他的恩赐，从而更加死心塌地地为他做事。他经常说

的一句话就是——天大地大不如老佛爷的权力大！实际上，老佛爷的权力又大部分分给了常年伺候在左右的李莲英，因此李莲英手下的小太监杀了人，竟可以不与民同法。

慈禧太后归政光绪皇帝以后，便住进颐和园，每日和李莲英等人寻欢作乐；而光绪皇帝每天早晨都要到颐和园向慈禧太后请安，而且风雨无阻。凡是遇有自己做不了主的大事，便须向慈禧太后禀报，经慈禧太后同意后，自己再酌情作出决定。从某种意义上说，李莲英左右了慈禧大部分的决策权。李莲英不但能左右慈禧的决策，更能左右他手下人的命运。

李贵和在光绪皇帝大婚中私吞了一万两银子，一直想到宫外面去游玩享乐一次。这天和李苌材、闫葆维二人闲聊时，李贵和提议大家整天在宫中，没时间到宫外去见识一下花花世界，实在冤枉，李苌材也随声附和。闫葆维也正有此意，于是说外面大栅栏的庆和戏园正在唱戏，何不一块儿前往。

这下正中李贵和的心意，大方地表示只要大家愿意去，他出钱。其他两人也难得免费出游一次，就答应了。三人来到宫门口，李贵和谎称奉命出去办事。守门太监见是由李贵和领头，不敢阻拦，便放他们出了宫。

出了宫门，三人便直向大栅栏内的庆和戏园奔去，刚巧路上碰到了储秀宫太监范连源，于是四人一同去听戏。

四人来到戏园，登梯上楼，看中了几张凭窗临台的雅座。李贵和先拣了一张看得比较清楚的雅座坐了下来，跷起二郎腿。没有了宫里规矩的束缚，四人都非常放松。

李贵和叫来老板，说他们要包这四个最好的位子，让老板随便开价。戏园老板叫黑永，连忙赔笑着说：

"实在对不起各位客官，不巧得很，这几张座子已经有人预订下来了。"

"这有什么关系，你给他们说一声让他们退了不就完事了。"李贵和轻松地说道。

"这不像这位客官想得那么简单，"黑永仍赔着笑脸说道，"我们还要维护我们的信誉。再说，已经预订下了，不经订座人同意，就包给你们，订座人也不会同意的。"

李贵和一听顿时火冒三丈，瞪起一双圆眼，说只要他把这四张座位给他们，其余的不用他们管。末了，李贵和还对订座的人骂骂咧咧。

正在此时，只见五个中年人来到了楼上。戏园老板黑永对李贵和说，这就是预订座位的那几位，我过去跟他们说说。

同时，上来的五个人见有人坐在自己定好的位子上，也非常不快。老板黑永连忙赶过去给他们赔笑，说新来的这四位看来不好惹，劝他们把座位让出来，以后给他们留更好的座位。谁知这五人也不是好惹的，大声嚷着非坐在那儿不可。

李贵和仗着自己是宫里的人，更是对他们不满，就是不让开。双方一来二去，争吵起来。最后，李贵和神奇地说："告诉你们我们是谁，怕吓死你们！我们是紫禁城出来的！"

此话不说还好，说出来后，这五个人都笑得前仰后合，骂他们是太监，不是男人。太监们尤其受不了这种侮辱性的字眼，一个一个都从座位上站了起来。眼看着就要动手，老板连忙劝李贵和，对方比你们人多，而且又身强力壮，还是要忍一忍。

李贵和冷静下来，觉得老板说得对。于是只好暂时出了园子。与此同时，另外五人也被老板给劝走了，免得在自己店里闹事。

李贵和又回宫纠集了一帮小太监，拿上腰刀，共八人气势汹汹地直往大栅栏内的庆和戏园奔来。黑永唯恐他们再来闹事，一直在盯着戏园门口，看见他们不但多带了几个人过来，而且还带了器械，情知不好，赶忙跑来向他们打躬作揖。

老板恭维李贵和说，他们听说各位是宫里人后，不一会儿就被吓跑了。但是李贵和却不信这一套，认为老板有意包庇他们，于是下令砸店。

不由分说，一帮人一拥而上，拥刀舞杖，大打出手，又是摔瓷瓶，又是剁桌椅，一会儿便把柜房捣了个稀巴烂，黑永捂着满是鲜血的脸在一旁死命地劝也劝不住。戏园的观众也都一哄而起，纷纷逃散。

李贵和在一旁看到这情景，终于解了自己的心头之恨。老板乘乱逃

出，来到专司社会治安的中城副指挥衙门报案。中城练勇局队长赵云起奉命立即率领兵勇二十名，身穿号衣，前去捉拿肇事的太监。当听说肇事的太监已被让到天全茶馆吃茶时，便火速来到天全茶馆，将茶馆门口团团围住，自己便亲率四人跨进茶馆捉拿太监。

李贵和却趁势又将兵勇队长打成重伤，其他兵勇见队长被打，一拥而上，将李贵和、李苌材、范连源、闫葆维和毕得碌等太监擒获。太监李来喜、王连科、吴得成却乘乱溜出茶馆，逃回紫禁城。

兵勇队长由于伤势过重，于第二天清晨丧命。顿时全城大哗，人人对太监肇事拒捕行凶的行为表现出切齿的痛恨。都察院的巡视中城给事中桂年，向光绪皇帝上了一个奏折，除详细叙述了太监肇事拒捕行凶的全过程外，还在奏折中抄录了康熙、道光两朝关于严禁太监出宫饮酒听戏、犯罪重治的谕旨附上，请求光绪帝从严判处肇事行凶的太监。

光绪皇帝知道了其中的原委后，不禁勃然大怒。觉得自己刚亲政不久，看到政治腐败到如此地步，实令人痛心不已。这些太监，总是假主子之威以逞私人之欲，就连光绪自己也曾经深受其害。如今又肇事拒捕行凶，闹出人命，实在是太猖狂。这次非要借此事好好地整顿一下不可。由于李莲英总是与他作对，所以光绪帝对太监总没有好感。

刑部尚书薛允升也有心重判肇事的太监，但没有征得光绪皇帝的同意，他不敢随便说话，如今见光绪皇帝如此气愤，便有意引导他。光绪帝果然被激怒了，于是下令：杀人和伤人者一律处死，从犯发配千里之外。

薛允升有了光绪帝的旨意，回部经过审议后，判处李贵和、李苌材死刑并拟斩立决，闫葆维和范连源均拟绞监候，秋后处决。毕得碌、李来喜、王连科、吴得成发配边疆，并同时奏请光绪皇帝批准。

李贵和杀了人以后，自以为有李莲英的庇护，刚开始还不放在心上，后来听说快要斩首时，才有些慌了手脚，急忙向李莲英说情，求他救自己一命。

李莲英一听，对李贵和非常不满：为什么现在才说，光绪帝都已经查完，就等着批准了，怎么向老佛爷开口。不过他还是想拉李贵和一把，毕竟他一直是自己的得力助手。于是李莲英一把鼻涕一把泪对着慈禧太后号啕大哭。

慈禧太后不知底细，忙问李莲英怎么回事。李莲英却耍起了心机，只是一个劲儿地哭，并不答话。慈禧太后只好任他哭，然后等着他开口。

果然，李莲英过了一会儿说："有人因为一点儿小事就砍了太监的头，奴才以后恐怕伺候老佛爷不周，还不知怎么回事就被人拿去杀了，因此非常伤心。"

慈禧这才明白，李莲英肯定是有什么事要求自己，于是让他赶快起来，说明原委。李莲英轻描淡写地描述了一遍事情的经过，尽量把李贵和他们的责任减轻，然后说光绪帝已经让刑部的人查实，就要批准了。

慈禧太后非常生气，不过她是因为这么大的事情光绪帝不向她汇报就作出了决定，明显不把她放在眼里，所以非常恼怒。

李莲英在旁边，始终在察言观色，他知道说到了慈禧太后的痛处，又趁机火上浇油，说如果他们被斩了，他也情愿跟他们一起儿去，好歹也要为我们这些奴才争口气。

慈禧太后为了给自己出气，同时也是为了安慰李莲英，就说只要有她在，谁也不会被判死刑。李莲英总算得到了一句放心的话，赶快趴下磕了一个头，感谢慈禧太后的大恩德。

第二天清晨，光绪皇帝照旧到颐和园向慈禧太后请安。光绪帝明显看出慈禧太后面色不好，但也没说什么，依然跪下请安。

慈禧没有像往常一样问光绪皇帝身体可好一类的话，也没有让他站起来，而是厉声叫了一声："皇帝，判处太监死刑的事怎么不事先向我禀报一声？"

光绪帝这才明白，原来慈禧太后就为这点事而生气，于是从容回答："这些太监们太可恶了，不但私自出宫肇事，还持刀行凶杀人……"

慈禧不听光绪帝解释，只是要求他饶过他们。光绪帝也坚持说，饶过也行，但这在大清的法律上说不过去，按大清的法律，杀人就得偿命。

但慈禧却强词夺理，要求光绪在同是杀人的问题上要分清主动还是被动，要学会变通，光绪虽然已经亲政，但慈禧的势力还在，不得不听她

的，只好答应下来。

由于慈禧太后的干预，光绪皇帝没有办法，回宫后只有把薛允升的奏折压下不批。薛允升觉得自己根据光绪皇帝的旨意拟拟的奏折，估计不久就会被光绪皇帝批准，便连忙命人在菜市口布置法场，准备对李贵和和李苌材开刀问斩。

京城的民众听说以后，也都向菜市口络绎趋集，足有几万人，听说是肇事杀人的太监将被斩首，人们个个喜气洋洋，纷纷携家带口，出门而来，胜似郊游。众人对朝廷的这一举动纷纷交口称赞，觉得是该杀杀他们的威风了。

正说着，法场的西北方向骚动起来，只见有人指着西北方向说：来了。大家顺着那人指的方向望过去，只见两名兵丁押着一名犯人朝这儿走过来，后面还跟着一排兵丁，兵丁中间是一个戴着花翎顶戴的监斩官。

一排人来到法场以后，一切都准备好了，等到午时三刻一到，刽子手直接人起刀落，把犯人斩于刀下。监斩官吩咐一声："撤！"就和一队人马离开了菜市场。

现场的百姓可不依不饶，觉得朝廷是在忽悠他们，本来说要斩两个太监，如今却杀了一个人，是不是太监还不知道呢。更有认识囚犯的人说，此人是由于在别处参与械斗才被抓起来的，根本不是太监。于是百姓在大骂了一阵朝廷欺骗他们之后，就一哄而散了。

原来，薛允升在派人布置好法场以后，一直在焦急地等待着光绪皇帝的批复，但直到正午才得知光绪皇帝由于慈禧太后的干预，压着自己的奏折没有批复，但此时法场已布置好，来观看的民众又那多，恐怕一个不杀是说不过去的，只好推出一个刚判了死刑的械斗犯，偷梁换柱，草草在法场斩首了事。

薛允升回到家中，对朝廷视法律为儿戏的行为，非常气愤，对慈禧太后的粗暴干涉和李莲英的无理取闹更是痛心疾首。

正在此时，军机大臣孙敏汶求见。原来他是受了李莲英的委托来为李贵和求情的，而且还拿出五万两白银相赠。

薛允升非常气愤，对孙敏汶更是不屑一顾，认为他玷污了朝廷的信任和百姓的信任，毅然拒绝了他的请求，一定要把杀人的李贵和等法办，以谢天下。

晚上，薛允升毅然奋笔疾书，向慈禧太后上了一份奏折，说清朝延续到现在，已绵延二百余年。又说到大清法律，杀人偿命。现在朝廷为了一个小小的太监，无视大清法律，徇私舞弊，不但令全国人民失望，而且令满朝文武大臣失望，并提出严正警告：到那时，将亡国有日矣！并断言这些徇私舞弊者将是亡国的千古罪人！

慈禧太后第二天见到奏折，虽然心中十分不满，但碍于情面也不好太过于干涉，免得最后引起公愤。最后，只得勉强同意处斩杀死兵勇队长的太监李贵和，把李苌材、闫葆维、范连源改判斩监候，后又入缓决。其他罪犯，依议流放。

李莲英见还是要杀掉李贵和，心中虽然对判决不满意，但见慈禧太后已经同意，也不敢再向慈禧太后求情，怕引起她的不快。

后来，薛允升遭到慈禧太后和李莲英的一系列打击，被降三级调用，担任内阁侍读的儿子薛浚也被罚俸九个月。薛允升知道这是慈禧对自己顶撞她的一种报复，干脆以养病为名，携家眷回陕西长安老家赋闲去了。

李莲英为了罩着自己人，竟然把一个朝廷老臣赶回家养老去了，可见他在慈禧面前的能量有多大。

7　敲诈勒索敛来巨财

李莲英是慈禧太后面前的大红人，所以有什么要求一般都会答应。一次，李莲英征得慈禧太后的同意后，获得了一个月的回家时间，于是风风光光地回家了。

村里人不像皇宫里的人有规矩，但李莲英并不生气，而且他对家乡人特别好，这也许跟他想在家乡留个好名声有关。

李莲英对乡亲的仁慈，无法掩饰他在官场的残酷盘剥和敲诈。他替慈禧变着法地搜刮财产，而且无论什么东西，只要有慈禧的，李莲英也同时为自己留一份。李莲英在慈禧身边这么多年，到底搜刮了多少财产，恐怕他自己都说不清。就凭有据可查的统计来说，李莲英拥有土地220顷，除

李莲英

在李贾村附近的60顷外，还有大城县娘庄子的60顷，蓦门村的20顷，九宫庄子的20顷，静海县刘庄子的50顷。

李莲英不仅土地多，而且为了向别人炫耀他家的势力，每块地都立上石碑，刻上"李贾村"三个大字。而且李莲英在每个庄子里都派有庄头和保长，常年住在庄子上，为他家向佃户催租讨债。这些庄头和保长大多是他的亲戚或近邻。这些庄头、保长也都仗着李莲英的权势作威作福、神气十足，常常逼得一些佃户不得不离乡背井。

土地就是李莲英的摇钱树，只要有土地，不怕找不到佃户来种田，所以他们家的田税特别重，仅土地一项，就给李莲英聚敛了大量的财富。

除此之外，李莲英还有大量的房屋、宅院。李莲英老家的房屋占地二三十亩，有一百四五十间，是专门请北京钦天监的人设计、建造的，整个宅院以中路一处为轴心，东侧两路，西侧两路，东西两路的大门完全是按照八卦对称布局。镀金的门环、风磨铜的铆钉、黑漆的大门闪闪发光。正门外的楹联是请状元陆润写的：东壁图书府，西园翰墨林。

院中不仅有客厅、书房、寝室，还建有磨坊、茶房，大厨房（佣人的厨房）、小厨房（主人的厨房）、金银库、粮库、车库、鹰房、马厩等，可谓一应俱全。

李莲英在北京的住房虽然没有老家那么阔气，但大部分财物都在北京放着，其余的分别放在大城县和天津。李莲英在北京的房产众多，总计有酒醋局、公用库、黄化门大街、棉花胡同、麻花胡同、东兴隆街、刘蓝塑胡同、彩合坊、堆房居、方弦胡同等众多房产，棉花胡同占地12亩，后公用库、彩合坊各占地7.5亩。由于大清律例有规定，只有王爷才能住100间以上的房屋，所以，李莲英的每一处房产都设有99间。

除了置地和购买房产，李莲英还经营了多种买卖。西直门外堂子胡同，有李莲英开的"永德堂"皮匠铺，房屋有30间左右；鼓楼烟袋斜街建有澡堂子一处；前门外廊坊头条开设古玩店一处。不仅如此，他还大量入股绸缎店、金银店等。

李莲英开古玩店主要是为了方便，因为许多官员为了通过他见到慈禧太后，行贿的礼物大多是古玩字画，李莲英这才考虑开办一家古玩店。一来可以把它们换做金银。二来又赚了那些行贿者的钱，所以，有的古董就一直在李莲英—官员—李莲英之间来回转，但白花花的银子都进了李莲英的口袋。

慈禧太后60大寿时，准备大大地庆贺一番。在距离大寿还有3个月时，就以光绪皇帝的名义，向全国下旨，要为慈禧太后过万寿节，各省督抚都要派专人前来"祝嘏"（即祝贺寿辰）。实际上就是早早通知大家准备礼物。

王公大臣、各路官员虽然没有治国安邦之大才，却有溜须拍马之能力，又有谕旨在此，所以搜刮起百姓来更加卖力。他们都千方百计地削尖了脑袋钻慈禧、李莲英的门路，李莲英因此也赚得盆满钵满。

有位御前大臣深知慈禧太后对外国的钟表最为欣赏，于是花高价购得一个自鸣钟，又怕慈禧看不上眼，于是找机会让李莲英给把把关，带了自鸣钟来到李莲英家。别看那御前大臣是一品大员，在李莲英面前还得客客气气。

这位大臣带的这件东西确实是个好东西，只要时针走到12点钟上的阁楼里，就跳出了一个黄头发、高鼻子、蓝眼睛、身着西装的小人来，然后双膝跪下，同时，自鸣钟也"当当当……"地敲了起来，同时小人双手举出一条横幅，一个一个地跳出四个字"万寿无疆"。敲完后，小洋人又自动回到阁楼里，做工非常精巧。

这件礼物让李莲英非常动心，有心自己拿去献给慈禧太后。于是先把这件礼物大大地夸赞了一番，然后又指出其中的大缺陷——这件东西装饰得够好的，老佛爷见了也一定会喜欢。可机器毕竟不是人，谁也不敢担保它不出毛病，万一那个小人儿手里"万寿无疆"那个横幅出了毛病，只跳出"万寿无"，这可就犯了大罪。虽然是慈禧太后的万寿之日，难免慈禧会怪罪到时候可就性命堪忧了。

李莲英这番话确实把这位大臣给吓得不轻，连忙对李莲英的提醒表示感谢，并表示要将自鸣钟退回去，另选礼物相送。

李莲英的目的终于达到了，转天李莲英找到这家商铺指定要买这件自鸣钟。商家也知道李莲英是慈禧太后的红人，于是低价卖给了他。

李莲英

    李莲英买回自鸣钟后，就命人把自鸣钟进行改造，把"万寿无疆"四个字，换成了"寿寿寿寿"四个字，只是采用不同的字体而已。这样一来，就算出现问题，也不会有字义上的错误，万无一失。

    李莲英后来把这件改造好的礼物献给慈禧太后，果然慈禧非常高兴，又重重地赏赐他一番，李莲英又大赚了一笔。

第七章

官海沉浮，忠心不改

1　勾结端王力压洋人

慈禧太后在"百日维新"后没有立即废掉光绪，而是将他囚禁起来，另立溥儁为大阿哥，溥儁是端王载漪的儿子。后来考虑到各国的态度，只好作罢。

此时的朝廷，官场腐败，政治软弱，清朝慑于洋人的坚船利炮，政治上步步退守，常常割地赔款，弄得民不聊生。全国各地的失地农民纷纷揭竿而起，其中影响最大的是义和团。不仅如此，就连各国的传教士也伺机到各地打着传教的名义进行破坏活动。

朝廷对这样明目张胆的活动当然不会坐视不管，但因为实力不济，无法一一剪除。眼光短浅、腐败无能的清政府对此也只好忍气吞声。法国天主教神父梁宗明与当地教民王志尊等人率领教民三四十人，将冠县梨园屯的玉皇庙拆掉，砸了神像，并要在原地修天主堂。当地18个村的老百姓见洋人这样蛮横无理，当然也不干了，并推选文生王世昌、姜志亮等6人告到冠县府。冠县知县明知道理在老百姓一边，可是因为惧怕洋人，最后判教民赢，18个村老百姓输，还把王世昌的生员身份革除。这6人不服，又告到府，府里也是不想接手这个烫手的山芋，这6人又告到省里，省里也是一样的态度。官司打了两年，结果还是教民赢。老百姓看清了官府的真面目，见官府怕洋人如虎，遂决定以武力护庙。由阎书勤、高元祥等18人带头，大家组织了一个护庙会，以此对抗那些天主教的教民。

威县城东30里的沙柳案村，有一个武师系梅花拳的传人，姓赵，名三多，字老祝。为人慷慨义气，向来喜欢打抱不平。他有徒弟2000多人，这还不算他的师兄弟和徒孙辈，形成了一股很大的势力。当时国内的天主教徒，多是地痞无赖或失势的土豪恶霸，依仗教堂的势力，讹诈良民，赵三多看不惯，常常表示要教训他们，阎书勤等人见他颇有正义感，又有舞刀弄枪的本事，便拜赵三多为师，学些枪棒功夫防身。

而那些教民也将他们组织私人武装的事报告了梁宗明，梁宗明又报告了官府，请求派兵镇压，官府见此事涉及洋人，立刻派去了一班人马，驻在梨园屯，赵三多知道这是冲着他来的，虽然心中非常气愤，但并不糊涂，他知道不能和装备精良的官兵硬碰硬，否则就是死路一条，为了不连累同门，便将梅花拳改为义和拳，这就是义和拳的由来。

教堂与义和拳的矛盾日益不可调和，背后其实是官府与民众利益的博弈，政府惧怕洋人，所以，最终山东巡抚张汝梅不得不派他的贴身卫队到梨园屯将玉皇庙强行拆除，这一行动严重伤害了村民的感情。赵三多忍无可忍，暗中筹划起义，并商定于清光绪二十四年（1899年）八月十八举事。他们的队伍共有2000多人。他们首先在邱县常家屯与清军打了一仗，互有伤亡，不分胜负。后来，政府调拨了大量援兵，在威县侯魏村南将拳民打败，赵三多带徒弟外出避难。

第二年春，山东巡抚毓贤出于平息事端的考虑，发了安民告示，拳民方才得以回家。赵三多则活跃在冀鲁豫三省一带，由枣强到武邑，又从武邑到晋县、正定，又到沧州，到处设坛授徒，从此这义和拳，顺着大运河向北传开了，日渐兴盛。

朝廷要废掉具有先进思想的光绪，从而可以另立端王载漪的儿子大阿哥溥儁，可是洋人干预朝廷，所以端王痛恨他们，现在自己辖区有自称刀枪不入的义和拳，定可抵抗洋人的火枪利炮。毓贤本是受了端王提携才做得山东巡抚，此刻，他觉得此消息一定对端王有用，于是忙不迭地飞马快报端王称，"东省拳民，技术高明，不但刀兵可避，抑且枪炮不入，这是皇天庇佑大阿哥，特生此辈奇才，扶助真主。望王爷立即召集，令他们保卫宫禁，预备大阿哥即真。"

端王接到密报后欢喜得了不得，他认为慈禧太后之所以不立即废光绪而立大阿哥，主要是顾忌洋人凭借坚船利炮强行干涉。现在若得这种拳民保护，驱逐洋人可谓不费吹灰之力。到那时，大阿哥溥儁稳稳登基，自己也顺便做个太上皇。别说光绪，就连慈禧也可以一起废掉。

乐昏了头的端王也没考虑毓贤所述是否属实，当下便立即入宫告知慈禧太后，说毓贤来了密报，称有这等身怀异术的拳民可用。慈禧比端王要清醒些，她起初不信，并以东汉末年张角等人妖言惑众，终致天下大乱，汉室覆灭的史实来驳斥端王。

端王却不死心，一边赞扬慈禧太后明见千里，一边却坚信毓贤是忠心

义和团成员

耿耿之臣，定然不会蒙骗朝廷。为了慎重起见，他建议饬直隶总督裕禄，召集拳民先行试验，若果有异术，再行添募，从中选择忠勇诸徒，送到内廷供奉，传授侍卫太监，以便将来消灭洋人，报仇雪恨。

慈禧太后被他说动了，但还是有些放心不下，于是征询李莲英的意见。立端王之子溥儁为大阿哥，就是载漪给李莲英送了大量的礼运作成的，而且端王知道李莲英在慈禧面前的分量，所以呈报慈禧之前，早就打点好了李莲英。因此，即便慈禧不征询他的意见，他还要想办法为端王说话，现在既然问到他了，更要表示支持了。不过，李莲英可不是那种急于表现的人，他表现得很圆滑，对慈禧太后说："既然端王说了，不妨让裕禄试验一下，如其有效，可再做商量，倘若无效，立刻停止就是了，也不会有什么损失。"

慈禧听了李莲英的话，连连点头——这确实不会对朝廷有什么损失，就算没什么效果，就当培养兵士算了，于是恩准端王前去办理。端王见慈禧点了头，立刻高兴地退出跑去军机处拟旨：饬裕禄召集拳民，编为团练，先行试办。

裕禄也是端王的亲信，遂立即行文山东，咨照毓贤。毓贤见自己的提议获得端王赏识，立刻心花怒放。很快将大队拳民送至天津，由裕禄一一试验。毓贤送到天津的这些人都是经过千挑万选出来的。只见这些人个个身体强壮，挥拳如风。但是考虑到枪炮不长眼，裕禄也不敢随便拿人命开玩笑，只好马马虎虎应付过去。慈禧太后被周围的端王和李莲英蒙蔽，说义和拳的拳民可用。外有亲王大臣，内有宠监，都极力劝说，慈禧太后终于相信了。于是，便命设立团练局，居住拳民，竖起一面"义和团"的大旗，教习拳民。短短几个月就在天津聚集了数万之众。这样一来，大家都以为义和拳真的有刀枪不入的本事。

由于有朝廷的支持，到清光绪二十六年（1900年）春，山东、直隶一

朝廷逮捕的义和团成员

带已成为拳民州县，势力发展得很快。

慈禧虽然被蒙蔽了圣听，但朝中还是有忠义之士不相信这种邪术的。大学士荣禄就屡屡禀报慈禧太后说义和团全系虚妄，就算有小小的灵验，也是旁门左道，万不可靠。无奈慈禧太后左右都被端王控制了，一干人等都对义和团称赞不已，势单力薄的荣禄也只能妄自喟叹。

慈禧因得了刀枪不入的义和团，顿觉腰杆子硬了许多，于是准备对洋人宣战。她首先想到的是让义和团围攻各国使馆。各国使馆一面防守，一面咨照总理衙门，严词诘问。但总理衙门已归端王载漪管理，根本无人理会他们的公文。端王还对日本使馆书记官杉山影和德国公使林德男爵被拳民杀死而喜形于色。

洋人当然不会吃哑巴亏，于是联络八国组成军队，威胁朝廷并索要大沽口炮台。端王载漪却被"胜利"冲昏了头脑，表示只要有这帮义民效力，多少洋人都不可怕，坚决奏请慈禧太后向八国宣战。

慈禧太后刚开始还迟疑不决，端王载漪趁机呈上伪造的外交照会，谎称要慈禧太后归政于光绪皇帝，废了大阿哥溥儁，并许洋兵一万入京。慈禧大为恼怒，也不辨真假，立即决定向八国宣战，并下旨让众大臣第二天上朝讨论开战事宜。

第二天，在大殿上，荣禄对这种貌似儿戏的国家行为表示极力反对。慈禧却呵斥荣禄只会嘴上功夫，没有好主意对敌。荣禄听了只好叩头

而出。

众军机大臣见荣禄也受到了责骂，无人敢再违逆慈禧的意思，只好异口同声地附和慈禧。光绪皇帝见慈禧太后不经过自己同意就擅做决定，实在是视祖宗社稷如儿戏，便壮着胆子替荣禄说了句话。不想慈禧身后的李莲英却狐假虎威，用恶狠狠的目光瞪了光绪一眼，就这一眼吓得光绪心头一颤，身子一抖，差点儿就要晕过去。

眼看场面十分紧张，幸好刑部尚书赵舒翘出来解围，请求慈禧太后发上谕，灭除内地洋人，免得各国心怀不轨，探听我国军情。

赵舒翘的这一行为不仅转移了慈禧、李莲英、载漪对光绪的愤怒，而且也给光绪救了驾。慈禧这才转怒为喜，命军机大臣斟酌复奏。

兵部尚书徐用仪、户部尚书立山、吏部侍郎许景澄、内阁学士联元、太常寺卿袁昶等都一致表示反对：与世界各国宣战，寡不敌众，必致败绩。外侮一人，内乱随发，后患无穷。

太常寺卿袁昶也表示平时的外国人都平和讲理，不致干涉中国内政，并质疑照会内容的真实性。这可戳到了端王载漪和李莲英的痛处。端王载漪立刻恼羞成怒，说袁昶是汉奸，竟然替洋人说话。

慈禧命袁昶退出，这样一来，就没有人再站出来反对了。慈禧见目的已经达到，遂下旨命军机处颁发宣战的谕旨，电达各省，又令荣禄通知各国使臣，如愿离京，即应派兵保护，妥送至津。

两江总督刘坤一见大事不妙，便联络两广总督李鸿章、湖广总督张之洞，共同商定本辖区不与洋人开战，这就稳定了一部分局势。

很快，英、法、德、俄、美、奥、意、日八国联军开始攻打大沽口，他们共23000多人，日本兵最多，12000人，俄兵次之，8000人，意兵最少，只有50人。不料大沽口提督罗荣光是个贪生怕死之徒，不曾与敌军接触就奔回天津，大沽口炮台失守。只剩下裕禄带着宋庆、马玉昆退守北仓。而本来受朝廷重视的义和团，也因互不统辖而无法统一调度和指挥。不仅不能和政府军互相作战，反而互相打杀，以至洋人乘隙而入。

八国联军因此节节胜利，乘机向北京进攻，到了廊坊遇到义和团的抵抗，伤亡惨重，只好退回天津，伺机再进。

局势并没有像料想的那样一帆风顺，因此众大臣不敢向慈禧明奏，只有端王仗着胆子说出了实情。但仍然说北京城坚固无比，洋人是无法攻进来的。

谁知荣禄已经探知外交照会是端王捏造的，并禀报给了慈禧太后。慈禧太后呵斥端王大胆欺瞒朝廷，并揭穿了他的阴谋：端王只是想让他的儿子溥儁即位，他自己好监国，掌握实权。

慈禧太后怒了，她向来对权力极其敏感，如今端王竟敢觊觎大权，岂能不怒？慈禧警告端王小心安分，否则就家产充公，赶出京城。

端王从没有被慈禧太后呵斥过，第一次受到这么严厉的斥责，他惊得手足无措，只好俯身在地，一边不停地磕头，一边向慈禧身旁的李莲英求助。明哲保身的李莲英见慈禧太后真的动了怒，也就只求自保，不敢给端王求情。

慈禧见如今的局势确实难以收拾，这才想起一直劝自己不要动兵的荣禄，于是立即命人前去召见。

慈禧余怒未消，见端王仍在跪着，不由眉头一皱，李莲英虽然不敢触怒慈禧，但是拉端王一把还是游刃有余的，他怕端王难以面对荣禄，连忙给端王使眼色，端王这才灰溜溜地起身退出。

李莲英在这一系列事件中真的做到了大隐隐于朝。明里处处不见他的影子，暗中却都是他在搭桥引线，和端王处处勾结才得以影响慈禧作出决战的决定，以至局势一泻千里，难以收拾。

2 吃败仗后随驾西逃

善于察言观色的李莲英给了端王一个台阶下，端王心领神会，连忙谢恩退出，出宫正好见到荣禄急急忙忙入宫。端王知道荣禄向来对自己谄媚慈禧不满，因此心中放心不下，就在外边等着探听消息。过了一个多时辰，才见到荣禄匆匆而出。早有内建监向载漪密报。原来慈禧太后立即采取弥补措施，命荣禄讨好各国，各送重礼一份，并要他转饬庆王，前往慰问，同时命李鸿章补授直隶总督。

与此同时，那向端王密报的内监又对他说，吏部侍郎许景澄、太常

寺卿袁昶又上疏参奏各大臣，其中就包括端王。载漪闻听，大骂他们是汉奸，扬言要报复，并授意李秉衡以许、袁二人擅改谕旨，专擅不臣为由治罪。

慈禧太后果然勃然大怒说，不为赵高复生，应加极刑。端王听到慈禧太后这句话，怕日久生变。立即采取行动拿许、袁二人下狱，也不审讯，次日即斩首于市。

慈禧虽然表现了低姿态，可惜并未打动八国联军的心，他们一直攻势不减。到了7月，清军连失北仓、杨村。裕禄见局势难以逆转，自杀殉国。李秉衡到河西务御敌，不想难以调动军队，李秉衡知道回去也难以交代，遂服毒自杀。清军至此全线溃败。不久又连失张家湾、通州，两天后，也就是7月20日，八国联军直犯京城。

形势急转直下，宫中的慈禧太后后悔自己的莽撞行为，但已经难以挽回局势，只好暗自叹气。幸好荣禄提醒慈禧太后早做打算，否则，联军一进城就将一发不可收拾。

慈禧太后却慨叹：“前已电召李鸿章入京议和，奈彼逗留上海不肯前来，反来一奏，说我议和不诚，硬要我先将妖人（指拳民）正法，并罢斥信任拳民的大臣。他是数朝元老，还作这般姿态，奈何？奈何？”

李鸿章和俄国人合影

李鸿章为什么会在上海呢？原来甲午战败后，李鸿章被免去直隶总督，闲居内阁。清光绪二十二年（1896年），应邀参加俄皇加冕典礼的清政府拟派湖北布政、二品大员王之春赴俄，却被俄国认为他们没有资格充当此任，点名要李鸿章前往。

李鸿章回国之后，仍赋闲寓居贤良寺（今北京东安市场一带）。到了清光绪二十五年（1899年），当时朝廷内部四分五裂，矛盾重重。以端王载漪、大学士刚毅，以及载澜、载勋、启秀等为一派与庆亲王奕劻，相互争权夺利，朝纲一蹶不振，是个非常时期。

洞察时务的李鸿章想出京避过风头，正好传闻两广总督谭钟麟被御史参劾，李鸿章想通过李莲英的关系得到这个职位，以暂避风头。于是他满城寻找李莲英，终于在后公用库李莲英的一处宅邸见到他。

李莲英的这处住宅装修豪华，客厅内珠宝玉器，古玩字画，琳琅满目，毫不亚于宫廷大内之各馆珍玩。李鸿章心想，我堂堂一品大员，出生入死换来的，竟不如一个总管太监，现在还得低三下四地求他帮忙，不由一阵心酸。

人在屋檐下，不得不低头啊！李鸿章来不及感慨，和李莲英闲聊一阵后似乎无意间谈到粤督出缺之事，李鸿章趁机表达了自己不愿留在京内供职，愿任外臣，请李总管在慈禧太后面前多多帮忙。

李莲英是个看人办事的人，他见李鸿章来求他，知道他不会让自己白帮忙，便大包大揽地满口答应了。为什么李莲英这么有把握呢？原来，慈禧太后多年来已经养成一个习惯，凡是重要的事情，慈禧太后都会找李莲英商量，而且对李莲英的话非常重视，可谓每谏必纳。

不出所料，慈禧太后没几天就征求李莲英关于粤督出缺谁人可补的意见。李莲英早就把推荐李鸿章的话烂熟于胸，说他在京无事而又久任封疆，作风练达，忠诚可靠，最为适宜。

慈禧太后见李莲英能为她着想，而且对推荐的人也是考虑得非常周到，尤其在朝中大臣相互倾轧、钩心斗角之际显得弥足珍贵，对李莲英甚至有些感激。她随即下旨命李鸿章补授两广总督遗缺。

李鸿章见李莲英这么快就为自己办妥了补授的事，对李莲英的政治能量大为感叹，亲自给李莲英送去了一大批白银和珍奇古玩之类的东西，从而买得李莲英的极大欢心。

李鸿章速速准备一番后就匆匆南下了。此时正是八国联军逼近京城之际，慈禧太后飞召李鸿章入京与洋人议和。偏偏李鸿章到了上海就不走了，还上奏说要罢斥信任拳民的大臣，弄得慈禧左右为难。

不等慈禧作出决定，联军就已经推进到北京城中心，先锋队已驻扎在天坛附近。慈禧刚开始还想坚守，以免失了皇家风范，谁知大臣闻听洋人

八国联军在紫禁城

已经进京城，早就作鸟兽散。只有刚毅、赵舒翘、王文韶三位大臣还坚持侍候在身边。

慈禧见危难时刻只剩下三个忠义之臣，心中涌起无限悲凉，为了使朝廷不至于被联军控制，只好同意暂避，并命三人随行。

联军攻打甚急，很快就攻到外城了，慈禧也顾不得平时的体面，当下叫宫娥取来一件蓝夏布衫穿上，又命光绪皇帝、大阿哥溥儁以及皇后、瑾妃都穿上平民服装，一行人准备停当后就出发了。各王公大臣或骑马，或徒步，随后扈从，组成了一个奇怪的队伍，一路上大家谁也不敢大声喘气，只怕惹怒了心情不佳的慈禧太后。真是屋漏偏逢连阴雨，行至西直门时，又下起雨来。慈禧坐在轿中还没什么，可苦了李莲英和那些平时锦衣玉食的王公大臣。他们头上淋雨，脚下的路也越发泥泞起来。但其中最伤心的却是慈禧太后，她何曾想过会落得如此下场？

队伍一路向北路过颐和园的时候，慈禧还特意停下来小憩了一会儿。可惜没了平时的闲情逸致，现在逃命要紧，所以没有闲心观赏景物，稍事休息，便又匆忙起身赶路，生怕联军赶来。

在这一过程中，从京中先后赶来随驾西行的有：庄亲王载勋，蒙古亲王那彦图，辅国公载泽、志均、定昌，大学士刚毅、赵舒翘，侍郎浦兴等人，另有兵勇数千护驾。队伍一路走过青龙桥、红山口、望儿山、西北旺等地。傍晚到达离京70里的贯市，即在此驻跸宿夜。

慈禧太后如同惊弓之鸟，惶惶不可终日，其实队伍中李莲英最害怕——一切靠慈禧赋予的金钱、地位都随着洋人进攻北京而烟消云散。慈禧开始了一段艰苦的"西狩"历程。

3 西逃献饼慈禧赏识

光绪二十六年（1900年），八国联军向北京发动进攻，当炮火连天、京城告急的时候，李莲英和慈禧犹如惊弓之鸟仓皇出逃，跑了一天汤水未进，十分狼狈。李莲英虽说出逃在外，却时刻不忘伺候慈禧太后，而且表现得比在宫中更加殷勤，因为平时可没有这样的机会去表现自己。

慈禧因为出逃时太过匆忙，什么吃的都没带，天过晌午以后，行进在

八国联军各国军队代表

崇山峻岭之间，显得更加饥渴难耐。正在此时，李莲英的侄儿李甫廷，偷偷地给了李莲英两个发面大饼，饼内夹有白糖。这对于西逃路上的人来说可谓雪中送炭。

李莲英觉得太难得了，问他从哪儿弄来的，李甫廷告诉他是头天晚上临出门时带在身上的。李莲英立刻满脸笑容，非常高兴，许诺以后会对他重重有赏，并立即问他还有几张。答案是没有了，就剩两张。

李莲英立刻夸奖他说："好小子，就是你有出息。"说实话，李莲英当时饿得头昏眼花，二话不说就狼吞虎咽地吞下一张，喝了两口水。这才想着把剩下的一张献给同样饿了一天的慈禧太后，一定可以获得平时难以得到的嘉奖——当然不是物质的，因为没带多少东西。能让慈禧太后记得自己和她共患难，这比什么都重要。

于是李莲英三步并作两步，追上慈禧太后乘坐的车子，两手捧着这张大饼献上，并小声地说："老佛爷，这儿有一张大饼，是我侄子从家里带出来的，就这么一张，愿意奉献太后，不知可否进食。"

烈日当头，颠簸摇晃了一路的慈禧太后早已饥肠辘辘，看到李莲英来献大饼，哪里还顾得什么进食不进食这些话，抓过去就吃了。吃完后又喝了些水，这才恢复了一些精神头。

有了精神的慈禧这才感念李莲英的好处，在这么艰难的时刻仍然想着她，给她献大饼充饥，并表示要重重奖赏献饼的李甫廷。虽然如今逃难之中，无法兑现，等大难过后，定会重重赏赐。

《宫中二年记》有详细记载，1904年慈禧太后自己对西逃这件事表过态："我最恨的就是这件事，所以不希望有外国人问起这件事，我认为自己是世界上最聪明的人，没人能和我相比……我的生命尚未结束，以后将要做出些什么事来，也没有人能够料到，也许有一天我能够做出一番不寻常的事来，叫洋人吃惊。"所以从来没有人敢在慈禧太后面前提起所谓庚子驾幸西安的这件事。

1905年，李莲英的侄子李甫廷因死了老婆，要续弦。李莲英想趁机跟慈禧太后讨赏钱，就说出了那年西幸路上献饼的事情来。慈禧太后却并不怪罪李莲英提起这事，而且慷慨大方，十分爽快地实现了当年的诺言。特赏赐白银一千两，玉如意一对，还送了大福寿字一轴，并扣上御笔大印一方。

后来，慈禧太后又想起此事来，便告诉李莲英，说她生日那天要赏李甫廷夫妻二人进园听戏。李莲英回去后连忙把这个好消息告诉他们，并专门令一名司礼小太监，教习李甫廷夫妻宫中礼节，如怎样请安问好、谢恩、下跪等，专门学习了一个多月。

十月初十这天，李甫廷夫妻受诏入园听戏。李甫廷的妻子后来还专门回忆了此事："进园那天，提心吊胆，恐怕失了礼节，惹出是非，慈禧太后怪罪下来不好办。当时见到太后，还没叩头，就吓出了一身汗。那天一大早就进了颐和园，先是到乐寿堂给慈禧太后请安问好，过了不大工夫，又随着格格、福晋、太太们一个接着一个地拜寿。拜完寿以后，慈禧太后说，'你们夫妻初次进园，不懂得园中的规矩，可以随便一点。'然后就去看戏。中午慈禧太后又赐筵席一桌。傍晚临回家时，又去给慈禧太后请安问好。慈禧又赏赐花旗袍一件，又忙着磕头谢恩后方才退出来。慈禧太后很高兴，说以后你们可再进园来玩。"她的这番回忆给我们展示了一个与众不同的慈禧太后，没有了平日的心狠手辣，只觉得是一个慈祥的邻家老太太。

不久，慈禧太后又降旨，赏赐李甫廷四品花翎顶戴，同知职衔。可以说，李甫廷在西逃路上献出的大饼，不仅给李莲英在慈禧面前挣足了信任分，也为自己谋得一个好前程，可谓回报丰厚。

4　主子被擒莲英求情

慈禧太后在西逃路上的生活可谓是她人生当中最艰难的时候，不仅仅表现在生活条件的匮乏上，更体现在她的安全方面。由于朝廷对各地起义军民采取了强硬的做法，所以，当听说慈禧外出避难的消息时，各地有不少民众都想着把她捉住，除之而后快。

太平天国时期，北方活跃着一支反朝廷的捻军，分为东捻军和西捻军。西捻军领袖张宗禹的侄子张玉河和主帅罗立海在山东作战，结果一败涂地。二人到处召集失散的捻军弟兄，经过三十几年的苦苦追寻，无意间救下了郑亲王曾经的保镖上官锦。不仅如此，而且还终于找到了以前的黑龙会掌门人萨德洪，但萨德洪此时已经是大内副总管和侍卫统领。

罗立海等人和上官锦都是坚决反对朝廷的人，而萨德洪却是朝廷的坚定支持者。罗立海劝萨德洪一同前去行刺慈禧太后，为自己的兄弟报仇，萨德洪当然不同意。

罗立海不仅大骂慈禧是个老妖婆，而且怒喝萨德洪枉活七十多岁，却并不体谅他们的苦衷。原来，罗立海他们当初积极抵抗洋人，却被慈禧授意下的聂士成、马玉昆等从背后向他们放冷枪，使他们腹背受敌，大败而逃。

萨德洪见罗立海骂慈禧和自己，立刻怒从心生，眼看就要动手，却被匆匆赶来的端王载漪劝住："萨副总管且慢，本王奉了太后老佛爷的懿旨，前来相劝这位罗义士。"

萨德洪见是端王载漪来了，而且还说是奉了慈禧的懿旨，于是不由自主地将身往后一撤，给端王闪开了一条路。

其实，此时的端王载漪已失去了往日的风采。一是逃离北京时走得慌忙，出门的仪仗执事都未曾带出；二是当天在西直门被小雨浇了一两个时辰，而且一路上寝食不保，早已疲惫不堪，再也没有了往日王爷的威风和气度。不仅如此，因为连日的起早睡晚，吃不好饭，喝不上水，加上先前的老毛病，最近一直有些咳嗽，头疼脑涨、发烧，嗓子也哑了。

真是福无双至，祸不单行。就在这个节骨眼儿上，慈禧给了他一个棘手的事情去办——劝退罗立海。

原来，逃亡路上的慈禧听说有人要杀她，吓得浑身颤抖，哀叹自己命运多舛——北京城来了洋兵，自己在逃难之中，带来的这些兵丁侍卫，别说不肯为自己卖命，即便有心保护自己，恐怕经过几天的连续奔波也是有心无力。而王公大臣就会钩心斗角，若要对付刺客，那更是不敢指望。

就当慈禧即将绝望的时候，脑子活络的李莲英凑到慈禧太后跟前，给她出主意说，前面路上的刺客是义和团的人，端王和义和团打过多次交道，让他去和他们进行接触，肯定有效果。只要端王能把这刺客退了，总比硬拼要好得多。况且萨德洪也不一定靠得住……

慈禧在绝望中终于抓住了一根救命的稻草，立刻把手一摆，没让李莲英往下说，而是让他快宣端王。李莲英见慈禧急于召见端王，知道是同意了自己的建议，心里比抹了蜜还甜。便到外面找到载漪，说太后召见他。

载漪这时正在独自神伤，自己一身的毛病在短短几天内爆发了，本想趁机歇一歇，没想到太后又要召见自己。他知道现在召见准没好事，提心吊胆地来到慈禧面前。

慈禧也不再计较君臣礼节，直截了当地对他说，这次刺客是义和团的散匪，而端王以前和义和团打

端王载漪（中坐者）

过交道，这次只要让他们退去，以前的罪过就一笔勾销，永不再提。

端王载漪一听，知道这是一件苦差事，自己的身子骨又差，有心不去，但又不敢说，只好一个劲儿地在地上"嘭嘭"地磕头。

慈禧自从逃出京城后，心情一直都不好。脾气也大，尤其是见了惹起这件事的载漪，更是怒火中烧，如今见载漪不肯去，不由一股怒火冲上脑门，咬牙切齿、怒气冲冲地说："怎么！难道你想抗旨不遵吗？"

李莲英在一旁见大事不妙，眼看载漪要吃苦头。为了以后能常常收到载漪的好处费，连忙出来解围，劝跪在地上的端王不要惹老佛爷生气，还是速去办理为宜。

李莲英的这一句话提醒了载漪，心想自己在这里无谓地磕头有什么用，说不定惹恼了慈禧太后还会有杀头的危险。倒不如去和刺客谈判，成功了就是大功一件。即便不成功，甚至被杀了，总归是为国尽忠，总比在这里被杀强，而且还会连累到自己的儿子，说不定大阿哥也做不成了。因此，他连忙磕头起身，遵懿旨前去劝说逆贼，并说了一些为慈禧太后和大清国尽忠的豪言壮语，令在场的人无不动容。

端王走后，李莲英怕慈禧仍然难消怒气，又反过来劝慰她。如今，西逃在外，人心惶惶，应尽量做到少惩多奖，以免众心离散，即使一时之间行为有失偏颇，也是非常时期的反应，但对老佛爷的一片忠心还是不

变的。

慈禧见端王领旨而去，心中已经释然大半，又听李莲英说出这番诚恳的话，更体现出他的一片忠心。便连连称赞李莲英思虑周到，并要求他以后多多提及，不至众大臣有所懈怠。

端王载漪横下心来到外边，正好见到萨德洪要与罗立海交手，便立即制止了萨德洪，壮着胆子来到罗立海面前，表明自己和义和团的关系，说明自己的来意。并说如今洋兵侵入京城，太后、皇上蒙尘在外，诸公应该以大局为重，多多杀洋人方为正道。

罗立海已经被政府军伤害过多次，早就不相信他们了。他说，虽然端王以前和他们有过很好的合作，可惜清军背信弃义太多，自己不再相信他们。不仅如此，罗立海还揭穿了慈禧的阴谋——利用义和团是坐收渔人之利，并不是什么真的信任义和团，而是为了用义和团去抵抗洋人，从而保住端王之子溥儁大阿哥之位。

与此同时，他还表明，义和团才真正是抵抗洋人的组织，而从太后到各级官员只关心自己的前途和命运，从不把百姓放在眼里，因此他们怕洋人如同老鼠见了猫，不敢跟洋人抵抗，甚至为了保住自己的利益而专门帮着洋人压迫老百姓。

罗立海继续痛陈朝廷的腐败，正因为百姓的生活难以为继，这才创立义和团，朝廷开始还派兵镇压，镇压不下去了，这才利用义和团去打洋人，以达到两败俱伤的目的。

罗立海说到激动出，忍不住又提到了义和团的主张：

"还我山河还我权，哪怕皇上降了外，

义和神团本事高，先和洋人算了账，

刀山火海爷敢钻。不杀洋人心不甘。

烧了教堂扒铁道。回头再和大清闹。"

罗立海痛斥端王载漪没有资格来和他谈判，要他滚回去，并说别以为载漪身为郡王，又是大阿哥的父亲，还是军机大臣的领班。但自己并不害怕，况且他这会儿就像是老鼠钻到了风箱里，两头受气。

被罗立海这一奚落，气得载漪直翻白眼，说不出话来，要换平时早就和他们闹翻了。但现在自己毕竟是奉了慈禧的懿旨来劝这帮人的，可罗立海说的这些话，他是无论如何也不敢说给慈禧太后听的。一时间嘴里只是"这……这，这……"地说不出话来。

萨德洪可没他那般好脾气。在一旁早就按捺不住了，他见端王气得浑身发抖，连忙向前劝他，端王载漪正好有个台阶下，无可奈何地叹息着退后了几步，自己上前就要和罗立海动手。

罗立海正要还手，却被上官锦劝住，说他这么酣畅淋漓地骂了朝廷大臣，听着非常解气，表示自己要向萨德洪领教领教。罗立海本就无意与他们对打，就顺势收手。

上官锦这句话把萨德洪吓得不轻，他曾经和上官锦多次交手，知道他每次的进步都非常明显。但既然已经说出口，绝无后退之礼，只好硬着头皮应战。可谓未曾出战，心中早已虚了。果然，萨德洪在抵挡了一阵后，终于露出破绽，被上官锦一脚踢在腿上，当下就断了。

端王载漪见萨德洪落败，怕罗立海他们趁势围攻上来，连忙和慈禧的胞弟桂祥一起命令暗中调来的侍卫队开枪，要把罗立海他们置于死地。侍卫一阵拉枪栓，哗啦啦响。正当举枪瞄准之时，却被一声断喝给吓得呆住了。

原来，另一位义士张占奎趁载漪和罗立海纠缠之际控制了慈禧。眼见罗立海他们要遭殃，立即大喝一声："谁要再敢放一枪，我先把这个老妖婆宰了！"并要挟慈禧和李莲英让侍卫退下。清军面面相觑，无所适从，但主子被控制，只好乖乖听话，所有的侍卫都把枪放下了。

这是慈禧入宫几十年来第一次被人如此欺侮，吓得她脸色蜡黄，浑身颤抖。张占奎本来是要慈禧太后亲自下旨要侍卫们退下的，可是她吓得语无伦次，早就说不出话来了，这才逼迫李莲英传达慈禧的懿旨，众人见是慈禧太后最宠信的太监传旨，只好纷纷把枪和大刀放在地上。

李莲英从来没见过这等局势，但见到慈禧太后被控制，只好哀求他们放过慈禧太后和自己。说慈禧太后和自己平时都居住深宫，从来都不曾得罪侠义之士。

不等李莲英把话说完，怒发冲冠的罗立海早就一步抢到慈禧面前，

历数起她的罪恶：是她逼得太平天国和义和团造反，是她逼得百姓没有活路，只好卖儿卖女，可是就是这样的钱也被朝廷抢了去，过花天酒地的日子。就连外国人办教堂欺压老百姓，都视而不见，给外国人当起了奴才，太平军死了几百万，捻军死了几十万，慈禧太后难辞其咎。

张占奎是个急性子，要罗立海不要跟他们多费口舌之争，建议一刀杀了慈禧倒痛快。众大臣见他们要杀慈禧，载漪、载勋、载澜、戴泽、刚毅、桂祥等呼啦啦跪下了一片，齐声哀求。

一旁的张玉河早就气愤已极，他哪管谁叩头不叩头，抢起钢刀就要向慈禧砍去。慈禧早就吓得没了三魂七魄，连求饶都不会了。

正在此时，上官锦却要罗立海等人冷静，千万不能逞一时之快而做出错事。提议先让慈禧说说，然后再做定夺。本来罗立海、张玉河、张占奎就对上官锦非常尊敬，见他这么说，便把刀放了下来。

这时，已经有人认出上官锦曾给郑亲王载垣当过护卫，心想还是见过大世面的人心思缜密，不由对他感激不尽。

李莲英惊得眼睛眨也不眨，大气也不敢喘了。慈禧本以为自己要一命归天，如见冒出个上官锦主张不杀她，不禁对他投去感激的目光。

上官锦却不理会这些，上来就恶狠狠地质问慈禧。洋人欺压中国人，逼得老百姓起来烧教堂、杀洋人，到底知不知道，是何人所为？山东、河南、湖北、安徽等省连年水旱灾荒，可朝廷仍然横征暴敛，甚至为了皇家的一己私利而没来由地加税。逼得百姓们都唱：

"头等人家卖骡马，二等人家卖庄田，

三等人家没的卖，手拉儿女到街前。"

不仅如此，灾区十七八的姑娘不值两吊钱，二十多的寡妇不值两吊钱。百姓饿殍遍野，皇宫大内却依然歌舞升平；饿死的百姓尸横遍野，皇宫大内却是锦衣玉食不曾减了半分……

上官锦越说越气，简直跟训自己的孩子似的责问慈禧太后。李莲英刚开始还是恭恭敬敬地听，到后来听出了门道——上官锦是在教育慈禧，让她励精图治，要关心人民百姓的疾苦，不能再荒淫无道下去。

这些当然都是劝人上进的好话，李莲英也知道慈禧肯定会答应。而且根据当前形势，如应了可能就死不了，如不服软，上官锦一怒手起刀落，慈禧将要驾鹤西游，旁人难免会说他是慈禧的帮凶，恐怕就连自己这条小命也难保。事情紧急，他当下也无法与慈禧商议，便自作主张和上官锦开始了讨价还价。

首先，他将慈禧太后尽量脱离干系，表示她住在深宫内院，很多事都不知情，让下面的官员给蒙蔽了。承诺只要各位侠义之士能高抬贵手，不伤害慈禧太后，等慈禧太后"西狩"回京后，一定选贤任能，让那些爱民如子的人去当父母官，努力让老百姓过上好日子。

慈禧见李莲英说出了自己要说的话，连忙附和着说："是！一定要省刑罚，薄税敛，让人们安居乐业。"

一旁的张玉河却一点儿也不相信，说朝廷的人向来都是当面一套，背后一套，两面三刀，对慈禧和李莲英更是横眉冷对，随时都可能挥刀向他们砍过去。

5　几经周转终于脱险

形势对慈禧很不利，慈禧在罗立海手中，朝中大臣也不敢轻举妄动。眼看张玉河面露杀机，却被一旁的罗立海挡住了，他劝张玉河看上官锦如何处置。

上官锦听了李莲英和慈禧的话，心中有些松动，问慈禧是否真的有意这样做。慈禧垂帘听政儿十年，只有她指责人、教育人的事，哪想今天这样被别人指责？上官锦明里是询问，但却有指责她过去的胡作非为、把国家社稷搞得一塌糊涂之意。虽然慈禧逃亡在外，毕竟做惯了万人之上的位子，突然间有人用这种口气跟她说话，叫她一时不知道如何回答，索性不说话。

慈禧不说话，可急坏了一旁的李莲英，李莲英心想即便你随便应承几句，总比什么也不说强啊！万一惹恼了他们，脑袋随时都会搬家。

李莲英见慈禧仍然沉住气一言不发，他再也坐不住了，真是太后不急太监急，李莲英刚想打破沉默，替慈禧太后说几句好话，却被张占奎喝止了。

慈禧见不得不作出表态，就顺水推舟说，侠士提的那些都是她一向主张的，只是因用人不当才落得如此局面。

上官锦见慈禧太后终于承认自己的错误了，就认为还是可以影响慈禧的，就提出自己的要求让慈禧满足才能放过他们。慈禧经过刚才的一番表态，说话也不再语无伦次，就故作镇定地让他们细细讲来。

上官锦见慈禧这样说，以为此事有商量的余地，就把自己的主张提了出来：首先，不许对百姓横征暴敛，减轻租税；其次，要任贤任能，惩治贪官污吏；再次，要富国强兵，积极抵抗洋人；最后，也是最重要的一条，对太平军、捻军、义和团及其家人，不得抓捕和杀害。

对这几个条件，上官锦本没有指望慈禧会答应。但他听到城里人传说慈禧带着光绪跑了，南方的张之洞、刘坤一、李鸿章三个总督又宣布中立，倘若这时把慈禧、光绪杀了，形势将更加混乱，到时候洋人更猖狂了，所以，暂时留下慈禧、光绪一命。

李莲英听说答应了这四个条件就不杀，当下便和一众大臣齐刷刷下跪，请求慈禧太后答应这份于国于民都有好处的条件。

慈禧心想，自己还在危难之中，到底以后会怎样，形势非常扑朔迷离，自己也没底，但是这四条倒是对朝纲没什么不利。如果洋人走了，自己还是大权在握。到时候任凭你们提出的四条、四十条、四百条都将统统废止。

她心里是这样想，嘴里却对上官锦连连称赞，说他处处为国家着想。考虑到自己正在"西狩"路上，无法诏告天下，待把洋人退了回到北京之后，即刻下诏颁行全国。

张玉河提醒罗立海不要相信，但罗立海却认真地对慈禧的话进行求证，慈禧则以自己向来不会失信于人回应。

李莲英在一旁帮腔，说老佛爷为万民之主，当然不会说话不算数。张玉河却以江湖义士的思维方式思考问题，要他们起誓才肯放过，却不知当官者向来对发誓最在行——反正不实现也没关系。

李莲英心想，起誓算个什么，若是起誓管用，不知有多少人要倒霉了。于是发下重誓保证会实现刚才的承诺。

张玉河见事已至此，只好狠狠地将刀插入刀鞘内，气鼓鼓地走开了。

上官锦得到了朝廷的承诺，感觉很满意，话不多说，扭头招呼罗立海等人纵身离去，瞬间就离得远了。

端王载漪从一个侍卫的手中夺过一支快枪，刚要对着飞去的黑影射击，以挽回面子。却被桂祥拦住了，理由是免得他们大怒而返，到时候局面不好收拾。

慈禧见那些人走得没影了，这才舒了一口气。脸色却很难看，李莲英则赶紧过去扶住慈禧。休息一阵后，这才恢复了往日的神采，语气也平和了下来。慈禧为了不让世人知道刚才朝廷丢脸的事，严令不许外传，否则诛灭九族，挫骨扬灰。众大臣听后诺声而行。

休整了大半天，慈禧才命令继续起驾西行。走到康庄后，食物才得到补充，并在此稍作休整，在这山区乡村。他们只给慈禧太后找了些小米煮粥吃，之后慈禧精神好像恢复了许多，脸色也似乎好看了一点。

他们一刻也不敢耽搁，又继续向西行进，功夫不负有心人，终于离怀来县不远了。一路上奔波了这么多天，终于快到县城了，可以好好地修整一下。多天来的缺吃少睡实在是太苦了，尤其那些王爷们都盼望到怀来县城好好地休息一下，吃上一顿像样的饭。

可他们都没料到，又有一道难题摆在他们面前。原来这怀来城东有一条河，平时并没有水，可不巧的是，这时刚刚下过暴雨，汇集的洪水咆哮着将河面迅速充满，混浊的河水，奔腾咆哮，滚滚而下。更加危急的是，河上没有桥梁可渡，如果此时洋兵追来，那他们可真就处在了前无去路后有追兵的死地了。

慈禧不禁感叹自己命苦，莫非就应当身绝于此。就连诡计多端的李莲英也是一筹莫展，急得直跺脚。

桂祥急得直跺脚，仰天唉声叹气。恰在此时，有一个本地的山民路过，见一队形容枯槁、衣着凌乱却仍极力保持体面的人望河兴叹，知道他们是急于渡河。于是对桂祥说此时要是闯一闯还有可能渡过，等一会儿上游的水来了，神仙也过不去，只有等三天后洪峰过了再说了。

桂祥一听有门，但考虑到皇亲国戚的人身安全，便让此人去试一试，

谁知此人却笑着说：试一试可以，但恐怕会因此耽误时间，到时候山洪来到，可就真的过不去了。

这时，李莲英也凑了过来，听了那人的话，便一五一十跟慈禧太后说了。慈禧太后照例征询李莲英的意见。

李莲英开始逐步分析：一来他是本地山里人，对这种情况有经验；二来，如果洪水来之前不过河，难免洋人会追来，到时候只有束手就擒。所以，他的意见是冲过去为上，相信吉人自有天相。

慈禧算是被洋人和义和团的人吓怕了，她宁可冒险渡河，也不想置自己于危险的境地，于是同意渡河。

李莲英于是去传旨做准备，载漪却以安全难以保证为由劝慈禧太后不要冒险，况且太后是万金之躯，不可轻率行事。

慈禧落到今天这步田地，大部分原因就是载漪的馊主意，因此总是对他没好气。如今端王载漪又来阻挠她渡河，于是反问他不过河洋人追来怎么办，这么多人没吃没喝怎么办。

端王载漪本是好心劝慈禧太后不要冒险，不想却碰了个大钉子，只好下跪连称自己只是担忧太后的安危，没有别的意思。李莲英也怕载漪再惹慈禧生气，到时候作出出格的决定，谁也无法挽回，连忙假装生气让端王载漪赶快退下。载漪终于如释重负，拜谢而出。

桂祥本来也要进来劝慈禧不要渡河，见载漪碰了钉子，知道慈禧是让洋人和义和团的人吓怕了，宁肯冒死渡河也不想落入他们的手中，于是见风使舵称自己马上去做渡河的准备。慈禧点点头，挥手让他出去。

桂祥知道渡河事关慈禧安危和自己的前程，不敢有半点马虎。他从侍卫和兵丁中，精心挑选了精壮人员300人，其中36人为轿子把式，其余人在轿子两边防卫保护。做了细心的准备后，觉得没什么危险了，这才请慈禧过河。

慈禧吩咐开始渡河，众人众星捧月般护卫着慈禧的轿子。慈禧听着轿子外面怒吼的波涛，免不了心惊肉跳。她忍不住从轿子中向外望去，只见近在咫尺的河水浪涛滚滚，激流猛进。慈禧不看便罢，看过后只觉得一阵头晕目眩，仿佛自己已经掉入河中一般，连喘气都小心翼翼地。

由于不知道河床的具体情况，轿夫只好小心翼翼地深一脚、浅一脚摸索行进。到了河中央，一来水势更猛了，二来此处本就是河水流速最快的地方，因此轿子摇晃得更加厉害了，慈禧心中紧张得要命，直念阿弥陀佛。幸好轿子外面有桂祥和李莲英不停地安慰她，让她不至于感到无助而更加紧张，因此对桂祥和李莲英有些感激。

其实桂祥和李莲英的胆子比她也大不了多少，只是觉得相互吆喝呼喊可以提起精神，赶快渡河而已。慈禧不清楚轿子外面的具体情况，其实桂祥和李莲英是在招呼给他们自己牵马的人，而并非在鼓励慈禧太后，慈禧还以为桂祥、李莲英二人给她招呼呢。无论如何，慈禧太后至少此时有了盼头，知道危难时刻还有亲信想着自己也就心满意足了。

好不容易渡过了河，此时再回头望望湍急的河水，水面又上涨了二尺多，滚滚激流比刚才更加凶猛。慈禧不禁一阵后怕——若非李莲英劝自己赶快渡河，恐怕真的要处于危险境地了，因此，心里对李莲英的宠信增加了几分。

等全部随行人员全部过河之后，他们不敢停留，稍事休整就直奔怀来县城而去。此前早有前站人员报知了怀来知县吴永。因此，当慈禧、光绪的轿子离怀来县城东门还有3里地时，知县吴永早已带了怀来县的大小官吏数十人跪地迎驾。慈禧自从逃离北京后，终于第一次受到地方官吏的迎接。慈禧也顾不得觐见大礼，命人速去办理队伍的食宿事宜。吴永知道慈禧太后数日未曾好好休息，便带领一班人马带头入城。

6 为留后路讨好光绪

在入城的路上，慈禧从轿中仔细观察侍候在轿子旁边的吴永，只见这位30岁上下、中等身材的读书人虽然是一个文弱书生，却透着一股精明能干之感，觉得此人可以信任，把一切事宜交由他去做，自己可以好好休息一下了。

事实上也证明了这个吴永是能干的，他不仅将两宫的皇族进行了妥善安排，而且连王公大臣也都各有住所，这对小小的怀来县而言已经实属不易。为了保证皇室、大臣的粮食供应，他让慈禧带去的散兵游勇一律不许

进城，都在近郊的各乡村安置，这种巧妙地安排不仅使粮食供应紧张的局面有所缓解，而且保证了安保问题，保证了城内日常秩序如常，民众毫无惊扰。

其实，慈禧的到来对吴永来说也是一个绝好的表现机会。他处处都细致安排，精心考虑。安排好食宿问题后，他见慈禧、皇后都未曾带御寒的衣物。天气也越来越冷，再往前行，西北风会更加凛冽，没有御寒的衣物难免会受冻。因此，便吩咐自己的眷属准备一些棉衣、夹衣供奉，让他的夫人亲自送了过去。这样做不仅解决了慈禧的燃眉之急，而且还给她留下了好印象。

吴永的妥善安置和及时添送衣物，对慈禧来说真是雪中送炭，她心中感激，不禁想起了当年吴棠送给她的300两白银。原来，慈禧的父亲惠征在安徽候补时不幸病死，官员们出于同情凑钱给他买了一具棺木，并雇人护丧回京。

慈禧（当时叫兰儿）护送自己父亲的棺木路过清江县时发生了一件巧事。原来，清江知县吴棠听说有一位副将要回家奔丧，此人素来与他有交情，就派人送去纹银300两。不巧由于事前没有沟通，副将早就开船走了，送钱的人错将300两纹银送到了路过休息的兰儿的船上。虽然吴棠事后知道送错了，可他与惠征有过一面之缘，也就将错就错了。

当时，兰儿就对自己的兄弟姐妹说，如果此后有人得志，一定不要忘了吴棠县令的大恩德。后来，慈禧成了太后，吴棠就一路从知府升到巡抚，一直升到总督位置，吴棠的这300两投资真是值啊。

如今，慈禧和光绪皇帝受了吴永这般款待，而且慈禧还穿了汉人的衣裳。在这个潦倒的时刻，难免心中一阵感动。慈禧立即召见了吴永，并称赞他办事妥帖，不怕辛苦。

别说一个七品知县，就连道台想见慈禧一面都非常难，如今吴永不但能见到太后，并受到太后的嘉慰褒奖，若非特殊时期，怎会有这般景象？吴永当下也对慈禧感激不尽，并表示自己能力有限，肯定还有许多照顾不周的地方，而且自己治下又是贫瘠小县，供奉难免有疏忽，希望慈禧太后不要怪罪。

慈禧见吴永不仅办事周到，而且面见她时，问答之间也表现很得体，立刻心情大悦，并让吴永起来说话，吴永又谢恩后，起身侍立一旁。

慈禧因为饱饱地吃了一顿饭，而且得到了很好的休息，因此精神焕发，想多跟吴永说说话。就问吴永是哪里人，何等出身。吴永报称自己原籍浙江，两榜进士出身，放任怀来知县，并说自己的外祖父乃是两江总督曾国藩。

慈禧一听吴永是曾国藩的孙婿，又不仅想起了曾国藩的平叛大功，若自己身边仍有这个老成持重的大臣在，也不至于落得如此下场，因而对吴永不由产生了爱屋及乌之感，有意提拔他。当下就命他将县中一应事宜交与县丞代管，第二天去西路各州县办传驿，赴前站后先当皇差，征调粮食供应，负责行营的一切事务。

吴永谢恩而去，第二天便到前面各州县催促一切供奉去了。没过几天，慈禧下旨将吴永以知府留于直隶候补，并且先换顶戴花翎。后来慈禧回京，又将吴永升任广东道台。吴永真可谓鸿运当头。

吴永虽然接待工作做得好，但慈禧不能在这儿久住。一是这儿离北京太近，洋人说来就来；二是县城粮食供应已经日渐匮乏，难以支撑庞大的队伍，最主要的是外地勤王的部队难以开进，即便来了也不能保证他们的供应。因此，慈禧决定即刻西行。

慈禧的轿子在怀来县城被吴永换成黄绫围子，终于有了体面的座乘。怀安知县张良遄接到吴永的通知，外出很远去迎接。沿途沿街挨户搜寻粮食，并杀猪宰羊，置办筵席。

不一会儿，慈禧就到了离怀安还有一段距离的北九仓，张良遄慌忙带了大小官吏跪在道旁迎候，慈禧太后一行进了张家大院，由于离北京远了，又有地方官接驾，慈禧这才安下心来。

慈禧回想离开北京的这段日子，一路上经历的艰辛，不禁感叹逃亡的狼狈和悲凉，一时间难以自抑，不由得放声大哭，其情景难以言表。

慈禧的这一举动，吓坏了随行的王公大臣，载漪、载勋、奕劻、刚毅、桂祥等人都不知道慈禧太后为什么哭，就齐刷刷跪下，谁也不敢说个什么。

　　还是李莲英最知道慈禧的脾气，知道她的心思，就上前劝说道："太后老佛爷吉人自有天相，总能逢凶化吉，这话一点不假。老佛爷到了怀来，圣驾刚刚过了河，山洪就大至，任凭他洋人义和团都难以再过河；如今张县令又出几十里接驾，这也是老佛爷的福分，正所谓否极泰来，老佛爷应该高兴才是啊！"

　　李莲英的话真是对症下药，句句都说到了慈禧的心坎上，再加上这一阵发泄，心情也平复了许多。遂命众王公大臣退出早些休息。

　　慈禧一来远离京城，没了后顾之忧，二来得到了充分的休息，这才终于有机会在饭桌上惦念一下北京城的局势。

　　光绪是个忧国忧民的窝囊皇帝，他首先想到的是洋人两次进京，上次烧了圆明园，这次还不知道会怎样呢。然后想起了珍妃的惨死，她被打入冷宫和投井而死都是为了光绪，心中难免有些伤心。因此，面对连日来的第一次珍馐佳肴，也无心下咽。

　　李莲英看出了光绪的心思，为了不让他的这一举动影响到慈禧太后，他连忙开玩笑似的劝说光绪不必太过悲伤，倒不如让慈禧太后再给他张罗着选一个。慈禧一听李莲英又提起珍妃，不自觉地皱起了眉头。李莲英见话锋不对，连忙闭口不言。光绪不敢触怒慈禧，也就勉强吃了一些。

　　慈禧饭后养足了精神，也不用再担心洋兵追来，这几天来的疲劳也大为缓解，就悠闲地在院子里散步。由于周围百姓家的鸡鸭猪狗等都被官兵们杀了充饥，所以没有了鸡鸣狗叫，显得非常寂静。慈禧不知道其中的缘由，还以为此处人心向善，丰衣足食，民风淳朴，不由得赞叹此处像个"太平庄"。从此，北九仓就改叫太平庄了。

　　慈禧太后住的张家大院隔壁有一户姓冀的人家，只有父女二人度日。女儿叫冀妮子，正值二八年华，长得也俊俏秀气，说话也是温温柔柔，软语细声，十分动听。本来慈禧带领的队伍要来的消息传开后，村民都纷纷躲到山里去了，冀妮子因为父亲卧病在床，不忍心留下父亲一个人在家，也就没有离开。

　　一队官兵来到她家后倒也没有对她不敬，只是一个劲儿找吃的，还把她家的鸡都抓去了。后来，她听说自己的隔壁就住着慈禧太后、光绪皇帝和皇后娘娘，就想去看一眼他们的模样。

冀妮子从小生在山村，从来没有出去过，只听人说北京城的繁华，皇宫大院的雄伟壮丽，也听别人说皇后娘娘长得如何漂亮，从来没有想过会亲眼见见。如今有了这个机会，无论如何也要想办法去看看。要不然过了这个村，就没有这个店了。

话虽这么说，可是见到门口那些神情严肃的士兵，她有些害怕了，可是近在咫尺都看不到，她很不甘心，于是就想从自家的墙头伸出头去看一眼。她找来几块石头垫在脚下，又用手指扒在了墙头上，这才勉强把头伸出高墙去看另一边的情形。

正巧，慈禧正在张家大院里不紧不慢地散步，不经意间抬头望见了墙头上正在向这边观望的冀妮子。这要是在北京，早就是满门抄斩的大罪，可是偏巧慈禧心情好，她不由得赞叹冀妮子的美貌和纤纤玉手。李莲英何等的会察言观色，他立刻凑过去恭维慈禧眼力好，在这深山中发现了一个绝色女子，正好给光绪纳为妃子。慈禧见李莲英这么明白自己的心思，就吩咐李莲英去办理此事，李莲英应命而去。冀妮子见院中的两个人似乎是在谈论自己，吓得没有心思看皇上、娘娘了，连忙跑回屋里。

李莲英得了慈禧太后的懿旨，连忙让怀安县知县张良暹和自己一同来到冀妮子家，宣读了慈禧太后的懿旨。冀父一听，就如同遭到五雷轰顶，心里老大不乐意。连忙跪地求饶说自己的女儿是穷山村的丫头，见识少，缺礼教，琴棋书画样样不懂，怕伺候不了太后、皇上。

张良暹见他竟然要拒绝，立刻呵斥他不识抬举。皇太后亲自选中的贵人，这是冀家的福气，也是县里的荣耀，应该感谢皇恩浩荡，别人家还求之不得呢！李莲英也在一旁帮腔，让他领旨谢恩。李莲英和张良暹不管哭成一团的父女二人，径自回去交旨去了。

李莲英回报给慈禧太后，慈禧太后夸他办事利落又稳妥，命他速速报予光绪知道。李莲英乐呵呵地向光绪报喜去了。他认为一来慈禧有谕，他自然要讨慈禧的欢心；二来珍妃死后光绪就一直闷闷不乐，自己虽然是奉了慈禧的旨意办事，毕竟得罪了光绪。李莲英害怕慈禧归政或升天后，光绪会给自己定罪，所以一直想找个机会弥补一下。如今太后给皇上选了一

个妃子，这个妃子如若得宠，一定会记得自己的好处。就是将这个喜讯告诉光绪，即便光绪不高兴，也不至于会对自己不利。

因此，李莲英才高兴地领了旨意，忙不迭地跑来告诉光绪皇帝这个消息。他笑嘻嘻地来到光绪跟前，二话不说，"扑通"一声跪在地上给光绪贺喜。光绪虽然让李莲英给跪蒙了，但脑子还保持冷静，说现在朝廷危机四伏，太后和自己蒙尘在外，有什么可道喜的，莫非是击退了洋人，现在可以回京了？

谁知李莲英说的不是击溃洋人的事，而是慈禧太后给他选了一个妃子。光绪见深处危难之际的慈禧和李莲英还有这等闲心，立即一口回绝，让他们速速退掉这门亲事，并表示"国难当头，我不纳妃"。李莲英见光绪帝这般死脑筋，只好对光绪帝说老佛爷的懿旨，千万不要违逆！说完径自复旨去了。

李莲英回去可没说光绪不同意纳妃，只是说已经告知皇上了。慈禧听了李莲英的回报，以为光绪对此事不会置之不理，接着便命李莲英送去订婚的聘礼，不仅如此，还令怀安县令张良暹速速给冀贵人修建行宫，待日后光绪帝择吉日迎娶。

此事就此打下了死结，慈禧以为光绪已经知道，自己就不必再操心了；光绪则认为已经明确拒绝，所以不必再过多考虑此事。到后来慈禧回到北京，早把此事忘得一干二净了。而冀妃子是因为慈禧太后钦定的妃子，更是无人敢娶，而光绪皇帝却根本不知道有这个人，以至这位冀贵人一直孤独存活，刚到五十岁就抑郁而死。皇家的一时疏忽竟然断送了一位少女的青春，真是可悲可叹。

7　卖官鬻爵只为钱财

慈禧太后一路向西，越来越远离北京，路上虽有些小麻烦，但总算不用提心吊胆了。他们一路来到了陕西境内的潼关。

潼关是中原进入三秦大地的咽喉要道，潼关太守施祥一直想高升一步做个道台，可惜没有合适的机会。不料前方来报，说大内总管李莲英要随着慈禧太后路过潼关，这可真所谓千载难逢。他决心做好充分准备，好好在慈禧太后和李莲英面前表现一番，到时候别说道台，说不定还会进京做京官。

待到慈禧的队伍抵达潼关，施祥跑前跑后将慈禧太后和李莲英伺候得面面俱到，不料李莲英根本没有把这位施祥放在眼里。眼看着第二天慈禧太后起驾继续西行去西安了，投入巨额资金办理接待工作的施祥施大人当然不甘心，竟然在闻知慈禧太后驻跸西安之后，派了自己的得力亲信，赶赴西安，通过关节见到李莲英，说明要谋求一个道台的职位。

李莲英听后觉得道台的职位，非同州县官员可比，需要禀报慈禧太后才能做决定。慈禧太后听说有人要谋求道台的职位，表示如今虽然蒙尘在外，价格可以适当降低一些，但不宜低于1万两银子，否则州县的官位就更不值钱了。

慈禧觉得一个道台才收1万两白银，确实太低了，有损颜面，特意叮嘱李莲英不要声张，李莲英领命而出，心想至少要给自己5000两白银，否则自己不会去运作的。李莲英回去后将慈禧的意思和自己的想法如实地告诉了来人。

来人飞奔回潼关，报于施祥施大人知道，施祥一合计，整个打点打点下来2万银子就够了。而一个道台在任一二年就可以捞回老本，往后就是净赚，如果这期间再花银子弄个巡抚当，赚得就更多了。思来想去都是上算，就决定花这笔钱。

因为上次的那个亲信办事利索，所以这次施祥还是派他前往西安联络此事。他的这名亲信也是乐得不行——施祥做了道台，说不定自己就可以做个七品县令。

正所谓乐极生悲，这个人为了急于实现自己也能做官的愿望，到了西安便急急去找李莲英。很不凑巧，李莲英不在。他知道李莲英经常陪伴在慈禧身旁，便鬼使神差地到行宫去找。棉线掉进针眼儿里，巧了，偏偏门口警卫的侍卫，只顾和人说话，并未注意宫门口，这个亲信竟然轻松地进入了慈禧的行宫。不仅如此，那么多房间，他居然独独闯进了慈禧的寝宫。刚好慈禧正要起床，忽见窗外有人影晃动，似是有人窥视，立即让护卫将其抓捕。

施祥的亲信还沉浸在自己的美梦中，不知道怎么回事，就已经被逮捕了。慈禧命人将此案交于岑春煊审问，如实回奏。此案本来就非常简单，经审之后，很快就非常清楚了，但由于此人供出是来掏钱买官的，岑春煊就觉得有些棘手。他早就听说慈禧太后串通李莲英卖官鬻爵，如今终于见识了。可是他若真的如实和盘托出，不但李莲英会恨他，就是慈禧太后的脸上也不好看。如果自己严格执法，将此事公之于众，不仅得罪了李莲英，更让慈禧脸上无光，不如来个"臣为君讳"，将此事永远隐藏起来。于是，就胡乱判了个"冒名入犯禁宫"的罪名，并依律立刻予以正法示众。

李莲英听说此事后，急匆匆赶来，可惜岑春煊已审理完毕，正在整理判词。李莲英取过口供一看，什么都如实招供了。李莲英一想，事情败露了倒没什么，只怕太后知道后会嫌他办事不牢靠，坏了她的名声。因此，他大声替自己开脱，声称自己从来就不认识这个人，更不知道他的名字。也许是因为自己名声太大，因此才被陷害栽赃。岑春煊等的就是这句话，现在李莲英不承认有此事，那么这人的供词就更是栽赃了。为了彻底掩人耳目，李莲英还建议慈禧将施祥革职遣回老家永不起用，这才算放下心来。

慈禧还命陈丕仁为钦差，到潼关给施祥宣读圣旨。施祥此时还蒙在鼓里，听说钦差到了，立刻大喜，心想这2万两银子果然奏效。连忙命人设宴，准备盛宴款待钦差。

谁知听到的内容却大大出乎他的意料，竟然是革职查办、永不录用的消息，顿时瘫软在地，连领旨谢恩都忘了。施祥，费尽了心机，花了2万两银子，却鬼使神差地买了个遣送回籍，真是又急又气。施祥既心疼钱又非常生气，竟死于回家的路上，真是可怜之人必有可恨之处。

8　慈禧西安行宫生活

庚子事件后，慈禧仓皇出逃，一路颠沛流离奔向西安。进入陕西境内，在逃亡路上被丢弃到云霄之外的太后架子又重新摆了出来。快到西安了，慈禧太后的心也就越发平静。逃了两个多月，终于可以享享清福了。为了到西安不至于太狼狈，她还特意吩咐李莲英在渭南多休整几天，以便进西安时保证皇家的风范和气势。无论在外人（洋人）面前丢了多大的人，在百姓面前仍然要威风，中国的封建统治者总是这样，外人面前失去的面子却要在国内民众面前找回来。

慈禧太后一进渭南城便摆起了皇太后的架子，李莲英也趁机仗着慈禧太后为他撑腰而到处颐指气使，耀武扬威。老百姓只恨没让自己家的孩子去做太监。渭南县令虽然心有不满，但面对这样的主子，他只求不惹出大祸就好，更别提抱怨了。幸好慈禧太后只在渭南城停留了两天，第三天就急急忙忙起驾奔了西安。

一路吃尽苦头的慈禧太后终于快到西安了，李莲英兴奋地向慈禧汇报这个好消息。慈禧也忍不住掀起轿帘往外看了看，又把轿帘放下。此时，銮驾已到西安城外了，明城墙已依稀可见了。在西安城的东门外，早就有一帮陕西省和西安本地的官员等候迎接慈禧的大驾。只见他们一个个衣冠楚楚，翘首以待。

其中领头的是陕西巡抚端方端大人。他见圣驾渐行渐近，便赶紧招呼周围的大小官员准备迎驾。

李莲英也赶紧通知慈禧太后，西安城已经到了。李莲英虽然压低了声音，但还是让随驾的官员和后宫嫔妃听到了，大家都不约而同地嘘了一口气——终于不用再逃亡了。

慈禧太后掀起轿帘，一下子看到了高大的城墙，立刻触动了她的心——不知道北京的城墙、箭楼，还有皇宫怎么样了。想到在京城的皇宫是何等的尊贵，何等的荣耀。看看城墙，想着自己这一路的艰辛，慈禧这样见过大世面的人也难免落下眼泪。

陕西巡抚端方带领陕西、西安府的官吏跪迎了圣驾，然后护驾前往行宫。慈禧又被一帮大小官员簇拥着行进，终于找回了久违的被重视、被高高在上捧着的感觉，恢复了以往的傲气。

慈禧的行宫在哪里呢？原来，陕西巡抚端方自从知道慈禧要驻跸西安以来，一直为行宫的事情烦忧。因为省里财政吃紧，再加上时间也来不及，只好决定把巡抚衙门和总督衙门全部腾出来，作为行宫。但是这巡抚衙门和总督衙门，也是清初建造的，由于近年来陕西灾害连年不断，加上

起义频繁，人心惶惶，历任官员都无心修缮，所以看起来也是破烂不堪。如今要把它作为慈禧太后和光绪皇帝的行宫，总不能既不补也不修。所以，端方又咬咬牙，从不多的府库中拨出十万两白银，从全省各地召集能工巧匠和一批批的木料、竹料、面料，在短短二十多天之内把巡抚衙门和总督衙门修葺一新。然后，再从全省各地搜集各种奇花异石，字画篆刻，把两衙装扮起来，总算有了行宫的样子。

慈禧太后在去行宫的路上，担心自己的住处不理想，要李莲英先去打探打探，李莲英领命而去。

李莲英先到巡抚衙门看了看，觉得还行。然后又到了总督衙门。只见院内屋宇连绵，陈设布局讲究，更有山石点缀，花木掩映，确有皇宫的气派。心里有点儿别扭——端方太会做事，自己以后在西安要小心伺候慈禧太后，不能让别人把风头抢了去。

李莲英不敢耽搁，立刻回报慈禧太后说巡抚衙门和总督衙门都不错，但后者更佳。于是，慈禧就决定住进总督衙门。

皇驾到达西安是光绪二十六年（1900年）九月初四。至此，慈禧太后和光绪皇帝结束其仓皇出逃的经历，立刻好了伤疤忘了疼，恢复其奢靡的生活。吃喝穿戴样样都向皇宫的标准看齐，搞得西安本地百姓非常不满。但当地官员却像捞住了向上攀爬的稻草，每天变着法地供应特色饭菜。最后连慈禧都吃腻了。

幸好李莲英有心，才让慈禧胃口大开，找到了从未吃过的美食——原来，西安虽然小吃多，可官员们一直以为那些上不得大雅之堂，所以从未供应过行宫。李莲英却知道慈禧的习性，知道她爱尝新鲜的食物，所以一进西安城就派了一大批小太监，到处在城里搜罗小吃饭馆，觉得好吃了再向慈禧推荐。所以，他虽然不常出行宫的门，但西安城里有些什么东西，甚至陕西的风土人情、物产地貌，他都有了初步的了解。

李莲英将一家非常有名的羊肉泡馍小店介绍给慈禧太后和光绪皇帝，于是慈禧就带着光绪去吃这种当地的小吃。

羊肉泡馍历史悠久，宋代苏轼有"陇馔有熊腊，秦烹唯羊羹"的诗句，这"羊羹"就是羊肉泡馍。羊肉泡馍的烹饪技术要求很严，煮肉的

慈禧太后西安行宫旧址

工艺也特别讲究。其制作方法是：先将优质的羊肉洗切干净，煮时加葱、姜、花椒、八角、茴香、桂皮等佐料煮烂，汤汁备用。馍，是一种白面烤饼，吃时将其掰碎成黄豆般大小放入碗内，然后交厨师在碗里加一定量的熟肉、原汤，并配以葱末、白菜丝、料酒、粉丝、盐、味精等调料制作而成。羊肉泡馍的吃法也很独特，有羊肉烩汤，即顾客自吃自泡；也有干泡的，即将汤汁完全渗入馍内。吃完馍、肉，碗里的汤也被喝完了。还有一种吃法叫"水围城"，即宽汤大煮，把煮熟的馍、肉放在碗中心，四周围以汤汁。这样清汤味鲜，肉烂且香，馍韧入味。如果再佐以辣酱、糖蒜，别有一番风味，是一种难得的高级滋补佳品。

光绪皇帝吃惯了大鱼大肉，再来品尝这别具风味的羊肉泡馍，果然胃口大开；慈禧太后吃后也觉得神清气爽，还嗔怪李莲英不早些带她来吃。从此以后，慈禧太后的餐桌上就会经常出现一些当地的小吃，让她赞不绝口。

李莲英还如法炮制，为慈禧搜罗了西安本地的戏班，还打听了比较有名的寺庙，让慈禧尽量生活得像在京城一样，而且慈禧从此还喜欢上了秦腔。

在西安有吃有喝有玩，慈禧和光绪都得到了很好的休养，尤其是光绪

皇帝，身体状况转好，精神也好了许多，虽然他还是想着珍妃，照样对皇后冷淡，但至少眼睛里多了一些生气，而且对慈禧太后的态度有了很大的好转。

慈禧虽然在西安活得悠闲自在，却被京城的一个消息乱了心情。说洋鬼子冲进了颐和园，在园中胡作非为，毁坏了不少的稀世珍宝。西安毕竟不是长久居留之地，为了回北京，需要先把洋人劝出北京，免不了要答应一些条件。为了此事，慈禧太后又开始一筹莫展起来。

洋人议和的第一个要求就是要清政府处置主战派的载漪、赵舒翘等人。但主和派是慈禧杀的，对八国联军宣战，也是慈禧太后宣的战，现在为了讨好洋人，再去杀主战派，等于自抽耳光，难免不能自圆其说。

李莲英见慈禧太后左右为难，决心说服她早日答应洋鬼子的条件，以便早日还京。

于是，极力劝慈禧太后说，大清江山全靠慈禧太后撑局面、定乾坤。因为慈禧太后，洋人打败了义和团，这可算是慈禧太后的一大功劳；至于洋人，只要把宣战的责任推到端王身上，完全接受洋人的条件。并建议慈禧太后把议和的一切事情全权交给庆亲王和李鸿章去处理。这样一来，洋人也不好再说什么，肯定会撤出北京。

李莲英知道慈禧太后还对主战派有所顾忌，就进一步劝说，为了长远利益，只能牺牲主战派了。洋人让慈禧太后见识了他们的厉害，所以慈禧太后绝不敢跟他们讨价还价，为了能够早日回京，只好牺牲主战派。

光绪二十六年（1900年）十二月二十六日，慈禧太后以光绪皇帝的名义，降下了"罪己诏"，称"既有悔祸之机，宜领自责之诏"。其言语十分恳切，堂堂大清皇后，竟在洋人面前表现得如此温柔。此诏之中，同时命奕劻和李鸿章要不惜一切代价，力争早日达成议和协议，并重申了慈禧太后对洋人的核心思想——量中华之物力，结与国之欢心。

其实早在光绪二十六年（1900年）十一月初，俄、美、英、法、日、德、意、奥、比、西、荷十一国公使便向庆亲王奕劻和李鸿章提出了《议和大纲》，要求中国政府给在中国被杀的德使克林德和日本使馆书记生杉山彬，修坟立碑，并要求中国政府派人到德国和日本去道歉；要求中国按照他们列出来的义和拳首领的名单，对其从重处置；要求中国把在战争中毁掉的外国人的坟茔，予以修葺；禁止中国购买武器弹药，要求拆除大沽口炮台；要求在使馆驻兵设防……

这些要求完全践踏了中国的主权，干涉了中国的内政。就连被授权的李鸿章也不敢擅自决断，呈报远在西安的慈禧太后。被洋人吓破胆的慈禧太后见洋人提出了议和条件，也不管多么有损国格，一律答应。

但洋人得寸进尺，有要求严惩几个义和拳的匪首及朝中主战大臣。慈禧没有办法，只好让荣禄拟旨：

　　谕京师自五月以来，拳匪偶乱，开衅友邦。现经奕劻、李鸿章与各国使臣在京议和，大纲草约业已画押。追思肇祸之始，实由诸王大臣等昏聩无知，嚣张跋扈，深信邪术，挟制朝廷。于剿办拳匪之谕，抗不遵行。反纵信拳匪，妄行攻战，以致邪焰大张，聚数万匪于肘腋之下，势不可遏。复主令鲁莽将卒，围攻使馆。竟到数月之间，酿成奇祸。社稷贴危，陵庙震惊，地方蹂躏，生灵涂炭。朕与皇太后危险情形，不堪言状，至今痛心疾首，悲愤交深。是诸王大臣等信邪纵匪，上危宗社，下祸黎元，自问当得何罪？前经两降谕旨，尚觉法轻情重不足蔽辜。应再分虽等差，加以惩处。已革庄亲王载勋，纵容拳匪，围攻使馆。擅书违约告示，又轻信匪言，枉杀多命，实属愚暴冥顽，着赐自尽，派署左都御史葛宝华前往监视。已革端郡王载漪，倡率诸王贝勒，轻信拳匪，妄言主战，致肇衅端，罪实难辞，降调辅国出载澜，随同载勋妄书违约告示，咎亦应得，着革去爵职，惟念俱属懿亲，特予加恩，均着发往新疆，永远监禁，随行派员看管已革巡抚毓贤，前在山东巡抚任内，妄信拳匪邪术，至直为之揄扬，以致诸王大臣受其煽惑，及在山西巡抚任，复戕害教士教民多命，尤属错谬凶残，罪魁祸首，前已遣发新疆，计行抵甘肃，着传旨即行正法，并派按察使何福堃监视行列。前协办大学士、吏部尚书刚毅，袒庇拳匪，酿成巨祸，并会书违约告示，本应置之唐典，惟现已嘱故，着追夺原官，郡行革职。革职留任甘肃提督董福祥，统兵入卫，纪律不严，又

不谙交涉，率意鲁莽，虽围攻使馆，系由该革王等指使，究难辞咎，本应重惩，姑念在甘肃素着劳绩，回汉悦服，格外从宽，着郡行革职。降调都察院左郡御史英年，于载勋擅出违约告示，曾经阻止，情尚可原，谁未能力争，究难辞咎。着加恩事职，定为斩监候罪名。革职留任刑部尚书赵舒翘，平日尚无嫉视外交之意，前查办拳匪。京无庇纵之词，惟究属草率贻误，着恩定为斩监候罪名。英年、赵舒翘两人，均着先行在陕西。大学士徐相、降调前四川总督李秉衡，均已殉难身故，惟贻人口实，均着革职，并将恤典撤销。经此次降之后，凡我友邦当共谅拳匪肇祸，实由祸首缴迫而成。决非朝廷本意，朕惩办祸首诸人，并无轻纵，即天下臣民亦晓然于此案之关系重大也。

慈禧太后显然是想采取折中的办法，可惜洋人不依不饶，对端王、澜公的处置尤为不满，要求重处。李莲英为了自己能早日回京，也从中唆使慈禧太后再下一谕，把他二人定以监禁候决之罪，发往新疆，永不教回。并将刚毅开棺戮尸。赵舒翘，英年，赐之自尽。军机大臣启秀及徐桐之一子，被处决在菜市口。

可以说，主战派的官员们，除了载漪和载澜，都受到处罚，有的被处斩，有的赐自尽，有的被革职，一时间全国官场风云变化剧烈。然而此时的西太后，几等着奕劻和李鸿章与西方十一国签订条约了。载漪、载澜被流放了，赵舒翘、载勋、英年、毓贤、启秀等被杀了，该处置也都处置了，洋人的气也消了，老佛爷的心也就放下了。

李莲英的情绪是随着老佛爷的心情变化的。慈禧见局势终于有了转好的意思，心情自然明朗起来，至于那些被流放和冤杀的大臣，她是不会为他们流半滴眼泪的。慈禧高兴，李莲英就来了精神，他一方面继续逢迎吹捧，讨得慈禧欢心；另一方面，大肆收受贿赂，巧取豪夺，营私舞弊，不忘给自己捞财。

所有面见慈禧的大小官员，都必须经李莲英通禀，所以不但要给老佛爷上贡品，更重要的是要贿赂李莲英。谁想觐见顺利，就必须先打通李莲英设下的一个个关卡，有时贿赂所用财物，竟比进贡给老佛爷的贡品要多

清政府派全权代表庆亲王奕劻（前右1）、李鸿章（前右2）与英、美、俄、德、日、奥、法、意、西、荷、比十一国代表在北京签订了《辛丑条约》

得多。

光绪二十七年（1901年）七月二十五日，清政府全权代表奕劻和李鸿章，与德、奥、比、西、美、法、英、意、日、荷、俄十一国公使，在最后议定书上签了字，《辛丑条约》签定了。

在这个条约中，洋人们向清政府勒索了巨额的赔款，中国要向列强赔偿白银四亿五千万两，要求分39年还清，年息四厘，本息合计九亿八千多万两。为了保护外国使臣的安全，要求划东交民巷为使馆区，规定华人不能居住在内，东交民巷实际成了国中之国。同时，洋人又在外交、通商等事情上，宰割中国。这样一米，沿海港口都成了洋人的天下，大部分的铁路让洋人占了。

这些跟慈禧似乎没什么关系。对她来说，最重要的是洋人的大部队撤出了北京，这才是她最关心的。为了这个短浅的目标，她杀忠臣、订条约、曲意逢迎、巨额赔款都不在乎，一心想着能够回到北京。自从得到洋人撤走的消息，她就归心似箭，吩咐李莲英收拾东西准备回銮了。

9 蛊惑慈禧废黜溥儁

慈禧回京一路悠闲地抵达洛阳。这一年是清光绪二十七年（1901年），恰逢河南全省年景好，巡抚松寿又善于逢迎，发动沿途百姓互相

李莲英

大阿哥溥儁

竞赛供应，慈禧甚是高兴。慈禧为了显示皇恩浩荡，传旨不用清理沿途街道，让百姓们能扶老携幼，到御驾所经大道两旁跪迎两宫，一睹太后和皇帝的"天颜"。老百姓也群情激动，争相向他们的轿子敬献瓜果。李莲英一直陪在銮驾之旁，趁机说一些哄慈禧太后高兴的吉祥话，引得慈禧阵阵发笑。

慈禧在洛阳驻跸三天，顺便和光绪去龙门、千佛岩游览了一番，还去香山庙烧香并缅怀了一代诗人白居易，进城的路上还特意去关林庙拈香致意。

离开洛阳后，又一路向东经过偃师县、巩县、荥阳县、郑县、中牟县，于十月五日抵达河南省城开封府。恰逢两宫万寿（光绪生日在十月初八，慈禧生日在十月初十），于是决定在开封驻跸半月。开封是北宋都城，地处平原，场地开阔，便于搞庆祝活动。祝寿定在十月初十举行。

当天，在李莲英的主持下，排场搞得很大，极尽皇家风范，和在北京的皇宫中几乎没有差别。不仅如此，此时正值黄河鲤鱼长成之际，各级官员都吃了个肚大腰圆。虽然花了不少银子，但他们都把这笔开支算到百姓头上，花大钱装面子，一点儿也不心疼。

在开封驻跸半个月期间，慈禧太后和光绪皇帝以及皇后共同游览了龙亭。期间却接到了北洋大臣、直隶总督、重臣李鸿章病逝的消息。失去了这样一位有着重大影响力的谋国老臣，慈禧不免内心十分悲痛，李莲英也十分悲痛——自己又少了一个重大的进财门路。

慈禧看来是真的伤心了，开封是历代国都，慈禧也没心情到处游玩了。李莲英见慈禧对李鸿章这般倚重，便劝说慈禧下旨优恤。慈禧鉴于李鸿章对朝廷的贡献极大，就传旨除了在各省曾经立功的地方，许立专祠外，并在北京准立一祠，赐谥文忠，备极荣典。

在隆重庆祝了万寿之后，又经过几日的休整。慈禧决定离开开封启程北上。开封在黄河南岸不远的地方黄河很近，不过20里左右，所以慈禧一行很快就到了黄河岸边。

因随行人员和车马众多，便分别在柳园口、黑岗口两处渡河。黄河的水流本来就不是很大，加上此时已经过了汛期，所以河面宽度不过十里有余。加上本地官员精心为他们准备了龙舟，所以很快就安安稳稳地渡过了黄河，这比去年在怀来县仓皇涉险过河强不知多少倍。

自从离开西安向着北京进发，随行大臣的政治斗争又蠢蠢欲动了。就在慈禧离开开封正准备启程北上之前，有几位御前大臣认为这场大祸是由载漪惹起的，有意要奏请慈禧太后废掉大阿哥溥儁并逐出宫，可是又不清楚慈禧的意思，不敢贸然上奏，免得葬送了自己的前程，便凑钱给了李莲英一大笔银子，让李莲英从中劝说慈禧：

一来，大阿哥溥儁已年满17岁，西安发生的一切他都亲身经历了。其父端王载漪发往新疆充军，倘若他继承帝位，日后君临天下，肯定会对我们这些大臣进行报复。到时候不仅他们遭殃，恐怕李莲英甚至慈禧太后都难以幸免，悔之晚矣。

接着，他们又撺掇李莲英奏请慈禧太后废大阿哥，这样才能防患于未然。并标明他们自己虽有心亲自面见慈禧太后，又怕力不从心，只有李莲英才有这个能力直接在慈禧太后面前提及此事，这才有求于他。而之所以选择在路上废掉大阿哥溥儁，是因为一旦回到京城，一旦有什么变化，就来不及了。

李莲英一来收了银子，二来那些人的奉承话也大部分属实，况且只是提个建议，也不算什么大事。更重要的是他自己也是放逐端王的主要谋划者，现在不斩草除根，将来说不定真的会被清算。加上慈禧太后年事已高，就算不归天也总会要归政，到了那个时候，如自己活着，就是插翅也难逃。即使死了，恐怕也免不了被戮尸谢罪。这样综合考虑以后，李莲英就立刻答应了他们的请求。

当天晚上，李莲英向慈禧说了诸位大臣请求废黜大阿哥溥儁的话，慈禧不清楚其中对她的不利因素，不知道这一提议的真正动机，就照例征求李莲英的意见。

李莲英连忙将白天听到的那些说给慈禧听，又说太后罢黜端王虽是被

洋人所迫，但大阿哥溥儁和端王毕竟是父子，难免登基后做出对老臣甚至对太后不利的举动。不如依从诸大臣之言，趁尚未回京，及早废掉，免得回京后受到各方面的干扰。尤其是洋人又会趁机抓住不放，到时候可就比现在麻烦多了。

经过这次出京避难，慈禧早就对洋人非常害怕，虽然把端王放逐到新疆是洋人逼迫这么做的，可溥儁不一定这么想，把溥儁留在身边总是个祸害根子。如今经李莲英这么一说，又是诸大臣的意思，于是点头同意了。李莲英见事情已经取得进展，连夜派人通知了这些大臣。

果然，慈禧在第二天早上召集诸位大臣举行御前会议，降旨废黜了大阿哥溥儁。内容如下：

> 已革故端郡王载漪之子溥儁，前曾降旨为大阿哥，承继穆宗皇帝为嗣，宣谕中外。慨自上年拳匪之变，肇衅列邦，以致庙社震惊。乘舆格播越，推究变端。载漪实为祸首，得罪列祖列宗，既经严谴，其子岂宜膺储位之重。溥儁亦自知，惕息惴恐，吁恳废黜，自应更正前命，溥儁着撤去大阿哥称号并即出宫，加恩赏给不入八分辅国公衔奉，毋庸当差。至承嗣穆宗毅皇帝一节，关系甚重，应俟选择元良，再降懿旨，以延统绪，用昭慎重，将此通谕知之。

就这样，慈禧太后一纸诏书就把溥儁从太子的宝座上轰了下来，地位一落千丈，顿时无人再与其来往。因既无继承大统之望，又无法继承端王的荫职，加上他平日就是个纨绔子弟，如今"墙倒众人推"，很快就消失在众人的视线中，默默无闻了。

处理完这个心腹大患，慈禧继续一路北行。经顺德（河北邢台）到达正定，在正定驻跸三日。期间，慈禧带了光绪、皇后及诸王公大臣一同到大佛寺烧香，并为铜菩萨悬匾一方，算是为自己平安归来感谢菩萨的护佑。

直隶总督、北洋大臣袁世凯听说河南巡抚为了迎接慈禧太后在开封搞得十分排场，深得慈禧赞赏，好胜心极强的袁世凯决心要在场面上超过他，于是他加紧督造行宫，重修莲花池，好供慈禧享乐游玩。

第八章

末日黄昏，黄梁一梦

1　千里奔波终回京城

袁世凯为了在短期内保证行宫完工，就到处抓壮丁。在抓来的施工工匠当中，有这么两个人，一个是"赛鲁班"关彤山，他能绘画，善雕塑，瓦、木、石工无所不能，无所不精；一个是"夺天工"何璞，他是个专攻石雕的高手。这两个人为人仗义，秉性耿直，技艺超群，脾气也相投。经过这次八国联军入北京的真实体验，他们痛恨外国侵略者，因为目睹了英、法、德、意等洋鬼子，血洗了这座文化古城；他们又痛恨朝廷的那些统治者，只顾自己逃命和吃喝玩乐、压榨人民，为了活命就可以投降卖国，却无心抵御外辱。

他们二人被袁世凯抓做壮丁，知道是要为慈禧修建行宫，为了揭露慈禧太后的卖国罪行，讽刺她奴颜婢膝、一味媚外、软弱无能最终狼狈而逃的丑恶嘴脸，两人共同商量，就决定在自己负责的建筑范围内精心设计了一个图案——莲叶托桃。借助这四个字的谐音，指责慈禧不抵抗洋人，连夜脱逃的狼狈样。为了让慈禧很明显地看到这个图案，而不至于被忽视，关彤山把这个图案设计在凉亭顶上的戏楼上面，让慈禧留下千古骂名，使后人引以为戒。

袁世凯不仅为慈禧打造了豪华的行宫，而且还要向慈禧奉献礼品，就命令何璞制作一件玉石雕刻作为敬献慈禧的大礼，若无法完成就重重责罚。幸好关彤山过去在山里采石头时，得到过一块美玉，为了帮助何璞渡过难关，他把这块玉石交给了他。

何璞见了这块玉非常惊奇，觉得它是世间珍品，只见它天然奇巧，玲珑剔透，下边碧绿，中间发白，顶尖上有一块红，正好雕刻成一件莲叶托桃。如果慈禧太后把这件宝贝带回宫去，那对她可真是绝妙的讽刺。于是何璞按照袁世凯的要求，日夜赶修，终于赶到慈禧太后来到保定前完成了任务。

慈禧太后率领一干文武、光绪、皇后等人浩浩荡荡地来到了保定。袁世凯亲自带着大小官员，将慈禧接入了金碧辉煌的行宫。慈禧见行宫造得如此气派，对袁世凯十分满意，尤其是见到那凉亭上栩栩如生的莲叶托桃的石雕，更是赞不绝口。一同跟着的文武大臣也是随声附和，对袁世凯和行宫不吝溢美之词。

袁世凯得到慈禧的夸奖，不仅自鸣得意起来。不料李莲英却一脸严肃地说这凉亭上的图案大有文章，随行的王公大臣见他不像开玩笑的样子，可是也不知他说的是个什么意思，都直愣愣地看着李莲英，都想听听他的高见。

慈禧也是一脸的疑惑，让李莲英说出理由来。李莲英既然看出了其中的门道，当然就不敢直说是讽刺慈禧的意思，因此先行求得慈禧免他"出言不恭"之罪，这才敢将真相和盘托出。

慈禧点头恩准，只见李莲英用手一指那凉亭的石雕，说大家都看到了是一个莲叶上面托着一只桃，这明明就是利用谐音在讥笑慈禧太后"西巡"是连夜脱逃！

其实官员中也早有看出门道的，只是不敢明说，如今见李莲英一语点破，也都纷纷点头，互相交头接耳。其中最害怕的就算袁世凯了，虽然此时已是初冬天气，人们都换上了冬装，可听完李莲英的解释后袁世凯那汗从额角上就滚下来了。他心想，李莲英，我平时对你不薄啊，我又没有对不住你的地方，现在你这么一说，不是在要我的命吗？就算你看出来了，也应该过后告诉我，我换下来就是了，何必让我在太后面前出丑。

袁世凯正在猜想慈禧太后会怎么处置自己，知道当着众大臣的面让慈禧丢脸了，怎么也逃不过罪责，立即"扑通"一声跪倒在地，连连向慈禧太后磕头求饶，说这并非本意，自己一直对太后都是忠心耿耿，这次绝对是无心之失。慈禧见袁世凯让自己当着这么多人的面出丑，哪里肯听他的，立刻命人把袁世凯摘去顶戴花翎，推出问斩。

袁世凯就要身首异处，却无人敢上前给袁世凯说话，就连那些平时与袁世凯不错的王公大臣，见到慈禧正在气头上，谁也不敢上前奏本。

眼看袁世凯就要性命不保，李莲英却出来为袁世凯说情。本来就是李莲英点破袁世凯的，现在却又出来为他说话，大家谁也不知道李莲英到底葫芦里卖的什么药。李莲英不顾大家的疑惑，对慈禧天后说袁世凯不是知恩不报的人，他对朝廷一片赤诚，而且还他立过大功，受到过慈禧太后的

奖赏，而且平时对慈禧太后也十分孝顺。所以，袁世凯肯定不会做这样叛逆之事，而且从袁世凯的反应来看，他并不知情。所以，一定是修建行宫的工匠捣的鬼。此人不仅想借此嘲弄太后，而且想把这件事栽赃到袁世凯身上。

李莲英最后提醒慈禧太后，千万不可中了坏人的一箭双雕之计，并恳请慈禧太后让袁世凯立即砸碎石雕，并抓那石匠来详加审问，以将功补过。

慈禧对李莲英总是最信任的，如今李莲英的一席话不仅条理清晰，分析透彻、合理，而且让慈禧的头脑清醒了许多，考虑到当年多亏袁世凯告密，光绪的变法才没有成功，自己才避免了被囚西苑的命运。因此立即下令放了袁世凯。袁世凯谢恩起身，立即让人砸碎图案，并亲自带人去抓负责这一工程的关彤山和何璞。

李莲英为什么会给一向关系很好的袁世凯来这么一出呢？很多人认为他这是在把袁世凯推向自己的对立面。其实这也真正体现了李莲英的阴险狡诈。袁世凯急于向慈禧邀功，把场面做得很大，获得了慈禧和众大臣的一致称赞，风头日盛。李莲英在王公大臣面前故意玩的这一手，让大伙看看，只有他李莲英才是能将慈禧惹怒，然后又瞬间让慈禧息怒的人。哪怕慈禧怒火冲天，只要他李莲英的一句话，便可以让慈禧的怒气烟消云散。李莲英才是慈禧面前最红的人，满朝大臣都识相点儿，认清谁才是真正的实权人物。

袁世凯会怎样看李莲英呢？他还是对李莲英充满感激，在危急关头，毕竟是他冒着触怒慈禧的风险出手相救，使自己渡过难关，关系还是非同一般。

愤怒不已的袁世凯带领大队人马到处找人，很快关彤山的儿子关月良得知慈禧要袁世凯拿人的消息，便连夜逃出了保定，告知父亲，要他赶快逃走。

关彤山知道自己一旦逃走，袁世凯肯定会把全省各地搞得鸡犬不宁，说不定会随便冤枉其他人，到时自己的罪过就大了。于是他决定先让儿子逃走，自己骗他说要去找何璞，其实是抱着必死之心留下来，免得官兵继续害百姓。

关彤山把消息告知何璞后，不久就被袁世凯抓起来杀掉了。

而何璞得知袁世凯要抓他的消息后，连夜让儿子和女儿远走他乡，他自己却拿了一件玉石雕刻的蝈蝈白菜去见袁世凯，想以此交换老朋友关彤山的命。老奸巨猾的袁世凯却把宝物留下，把何璞杀了。

民间有敬仰何璞、关彤山的为人者，偷偷买通袁世凯的手下，将关彤山和何璞的尸首偷出来埋在了城外公墓，供后人瞻仰。而且，人们为了纪念关彤山、何璞的爱国之心，又重新雕刻了一件莲叶托桃，放在保定莲池书院里。

慈禧在保定休息了一天，除了"莲叶托桃"，总的来说心情还不错。第二天就乘火车赶往北京。当时，火车还是新鲜玩意儿，慈禧把它作为自己的御辇，将火车内部也按照宫廷规矩均用黄缎障壁，铺黄龙图案的地毯，整个车厢看上去金碧辉煌，富丽豪华。

半天不到，火车即顺利抵达北京丰台的京汉铁路起点站马家堡车站，马家堡至永定门15里。京中王公大臣早早得到慈禧要抵达的消息，率领文武官员均到车站迎驾。周围甚至还有一些外国人，他们为一睹垂帘听政多年的中国皇太后以及大权旁落、实属傀儡的中国皇帝，都赶来车站看热闹。

等到慈禧太后、光绪及皇后出站时，洋人蜂拥向前，毫无秩序可言，而且还有不少人用照相机拍照。这些举动实在是对慈禧皇太后的"大不敬"，要是平时，不等慈禧太后吩咐，李莲英早就让人拿下问罪了。但面对洋人，心有余悸的慈禧也不敢怎么样，只好任他们拍照喧闹。无论如何，外出一年多的慈禧总算是回来了，这才是慈禧最高兴的事。

2　黄雀叼帖莲英受赏

自慈禧回京之后，思想观念也变了，时常接待外国驻华大使的夫人，不过她搜刮金银珠宝更贪心了。因为她觉得八国联军抢走了她的很多财宝，所以她要大力搜刮，补偿自己的损失，至于老百姓遭受怎样的苦难，慈禧从来都没有想过。

李莲英

李莲英在宫里这么多年，也搜集了不少金银珠宝。在外逃之前，匆忙之间无法带走所有的金银珠宝，大部分都埋了起来。谁知有一个帮他埋珠宝的太监为了保命，向洋人泄了密，因此，李莲英的这些财物大部分都被洋人掳走了。李莲英虽然对一般的财物看不上眼，但回京之后见东西丢失了这么多，还是非常心疼。于是千方百计找出那个泄密的太监，立即派人捉拿。李莲英见到出卖自己的人恨得牙疼，请求慈禧判那人死刑。慈禧也正因为自己丢失了大量宝物无从查找，如今正好来了个替罪羊，也可出一出心头的恶气，当下就批了处死。回京之后的李莲英首先想到的竟然是杀人泄愤。

随着生活逐步安定下来，再加上慈禧回京后又重新收集了大量珍宝，心情逐渐好转起来。一天，慈禧与李莲英正在一起观赏她珍藏的珠宝，观看了十盒之后，又忽然想到了自己丢失的那些稀世珍奇，不免一阵叹息。李莲英连忙劝慰慈禧不必惋惜那些丢失的东西，还说中国地大物博，再加上地方官孝敬，外国人也常来进贡，以后一定会得到更多的稀罕物件。经李莲英这么一劝，慈禧方才转忧为喜。

忽然，奏事处的总管太监踉踉跄跄地跑了进来，上气不接下气地跪地禀报说荣中堂（荣禄）出缺了。还在欣赏宝物的慈禧一时间没有反应过来，又反问了一句，这才确信是荣中堂出缺了，慈禧一下惊呆了。

什么叫出缺？原来，在明、清两代，对官员有出缺、开缺两种。出缺一般是指该官员本人死亡，或者因其父母死亡而丁忧（即离职回家，一般需要尽孝三年）的；开缺多是指官员因升降级调动或免职时所留下的职位。

如今奏事处总管奏称荣中堂出缺，表明荣禄死了，而慈禧之所以有这么大的反应，是因为荣禄与慈禧有一种特殊的关系，她不希望荣禄死。等她确认荣禄真的死了，仍然错愕不已，连说昨天还好好的，怎么说没就没了，并说荣禄之后，朝中再无像他这般忠诚地对她的人了。说完竟似骨鲠在喉，再也说不下去了，眼圈儿一红，扑簌簌地落下泪来。

我们说荣禄和慈禧有特殊关系，这种关系到底是什么呢？原来，据说她们是表亲，而且慈禧在入宫之前，俩人已经定了亲，可惜后来慈禧入宫，荣禄也不得不与她退亲，但毕竟二人曾经心意相投，所以向来关系不错。

荣禄在政治上和平时都竭力维护慈禧。咸丰皇帝死后，肃顺、载垣要谋害慈禧，幸亏荣禄挺身而出，尽力保护，慈禧才逃过一劫。另外，庚子年端王载漪主张用义和团打洋人，荣禄不赞成，朝廷最终没有采纳荣禄的意见。结果，慈禧被迫逃往西安。慈禧后来后悔不迭，当时如听了荣禄的话，不致如此狼狈地外逃，所以越发感到荣禄对自己忠心不二。

正是由于荣禄和慈禧之间的这层关系，所以，李莲英在慈禧面前只说荣禄的好话，不说坏话，以免慈禧不高兴。

如今荣禄死了，李莲英当然要安慰慈禧一番。他劝慈禧首先要保重自己的玉体，然后又对荣禄的忠心和功绩表扬了一番，接着又称赞了慈禧对荣禄的优厚恩礼，也算对得住他了。最后说："人死不能复生，老佛爷还是减少悲伤，对他的身后多加抚恤也就是了。"慈禧一脸悲伤地点了点头。

第二天早朝，慈禧又宣谕王公大臣道："荣禄一生忠诚，庚子乱时，尤为尽力。现在不幸病故，需格外优恤方好。今赐予其陀罗经被，并赏银5000两治丧。另，准其进入贤良祠，并派恭亲王溥伟前往致祭。"这种规格已经超出一般王公大臣的礼遇，但满朝文武也知道慈禧和荣禄的关系，彼此心照不宣。

此外，礼部也拟了谥法数条，慈禧最终选定了"文忠"二字，又赐祭席一桌，并命将荣禄生平事迹，宣付国史馆立传。其在任的一切处分，均予以开复，并赏其子以优等袭职。遍观满朝文武，还有谁能有这样的待遇？慈禧之所以这么做，一是心中怀念荣禄的好处，二是李莲英投其所好，在慈禧太后面前说了荣禄不少的好话。

荣禄再怎么令慈禧痛惜，毕竟生活还得继续，再加上慈禧有李莲英做伴，自然慢慢就把荣禄忘了。别人不说，也不敢说，但她自己也能感觉到，她已经年近古稀，没有多少精力处理朝政和军国大事，有了"得行乐时且行乐"的思想，就连发生在东北的日俄战争她也听凭他们去闹，只要不打到北京来就行。

李莲英

小德张

消极懒怠的慈禧每天都在李莲英的陪伴下和嫔妃、宫女、太监们打牌消磨时间，要么就是叫几个梨园子弟来唱戏打发时光。在这期间，她知道了张兰德，人称小德张。

小德张对赌无所不通，无论纸牌、天九、牌九、麻雀牌、押宝、作宝，他是烂熟于胸，尤其擅长作宝。他在被慈禧赏识之前是皇后身边的太监。

小德张一点儿也不比李莲英差，尤其是他的聪明伶俐更胜一筹，只是没有在书法和读书上下功夫，谈吐也很幽默，常常让周围的人捧腹大笑，而且鬼点子又多，所以深得慈禧和皇后的喜欢。

小德张也是很用心的人，李莲英之所以能够如此有权有势，在慈禧太后面前说一不二，也是他非常感兴趣的问题，他决心复制李莲英的成功之路。于是，他刻意揣摩李莲英的一言一行，甚至不放过一个小的动作。不仅在外表行为上刻意模仿，他还更进一步地对他的心理进行揣测，因而很多动作言谈都和李莲英相像。这样做不但使李莲英高兴，慈禧也夸他乖巧。

有一年过春节，皇宫中也少了平日的严肃，很多嫔妃、太监会赌钱玩耍，慈禧也懂得点押宝，她还常常自己摆庄，让嫔、妃、太监、宫女们押。

正巧有一天小德张摆庄，慈禧、皇后、嫔妃们都在押宝，别人都已下了注，只有慈禧闭着眼思谋这一宝的路数。这时，小德张一时得意，竟然大声吆喝起来："开啦，开啦！快押！"

小德张这么一吆喝，慈禧太后无法集中精力考虑，十分恼怒，眼看要拿他问罪。小德张自知闯下大祸，忙下跪解释说这是山西候补道徐子明教给他的。他说只要在押注的时候，大声叫喊，押宝的人心一发慌，便好歹下了注，这样就猜不准了，庄家就有了赢钱的机会。

李莲英平时也经常收到小德张的好处，连忙站出来替他帮腔。慈禧见小德张有这种绝活，也想趁机让他为自己挣银子，就让他以后为自己坐庄，小德张连忙磕头谢恩。

有了慈禧这句话，小德张更加明目张胆地打着慈禧的旗号到各宫、王府去赌。而慈禧隔一段日子就会收到他一笔数目可观的银子，慈禧也乐得收银子，对此睁一只眼闭一只眼。此外，小德张还时不时送给李莲英和皇后一些，但无论如何，大部分还是留给了自己。

身着戏装的李莲英

除了赌钱，慈禧的另一个爱好就是看戏。当时的京戏中已出现了大批著名演员，如陈德霖、田桂凤、王瑶卿、王凤卿、杨小楼、谭鑫培、侯俊山、王长林等人，另外还有"升平署"（即南府戏班）。当然最出名的是谭鑫培和杨小楼，谭鑫培唱老生的，杨小楼是唱武生的，这两人都可以说是文武老生的泰斗，深得慈禧喜爱。

为了讨得慈禧欢喜，李莲英经常琢磨新鲜花样让慈禧高兴，以巩固自己在她心目中的地位。慈禧向来迷信神佛，总是按期烧香拜佛，到了晚年更是祈求神灵保护，使她延年益寿，长生不老。李莲英对慈禧这一举动当然不会放过，便事事都想尽办法来满足慈禧的要求和欲望。

一次，李莲英在街上见到一个算卦的，用黄雀叼帖来骗钱。李莲英灵机一动，想把这一招用到讨好慈禧的行动中。因此，他让人把此人叫到家里，给了那人许多钱财，认真学习掌握了黄雀叼帖的方法，并又花钱把那只黄雀买下。

春末夏初的北京处处阳光明媚，景色宜人，草木旺盛，一片盎然之色。慈禧总是在这一时节到颐和园闲住。

一天，慈禧太后从佛香阁进香出来，李莲英故意神秘地对慈禧太后说自己最近买了一只黄雀，不但叫得好听，而且颇通人性，更令人惊奇的是它还会占卜算卦，十分灵验。

心情不错的慈禧听了以后，叫声清脆的鸟儿很多，但并没有见过会占卜算卦的，并表示自己要让它算上一卦，李莲英等的就是慈禧太后这

句话。

李莲英伸手把鸟笼的小门打开，小黄雀立刻跳出来，在地上蹦蹦跳跳地转了几圈，又叽叽喳喳地叫了一阵子。

李莲英随后把手里的卦帖，一张一张地扣在地上。卦帖正面写的都是吉利的话，像万寿无疆、百鸟朝凤、五谷丰登、天下太平、人寿年丰、春光满门等，上边还有属相，不过有图案和字的一面冲下，冲上的一面都涂着一样的浅褐色。

摆好这一切后，李莲英请慈禧太后下旨算卦，慈禧太后先让黄雀算算她的属相。李莲英不慌不忙地做了一个手势，那小黄雀便围着卦帖蹦蹦跳跳地叫着，最后用嘴叼出一张。李莲英接过去，递给了慈禧。慈禧翻过来一看，果然是自己的属相羊，并有"未年"两个字。

慈禧见黄雀真的猜对了，心中十分高兴，但又不十分确定，于是又让它算今年的收成。李莲英如法炮制，又做了个手势，小黄雀又叼起了一张卦帖，李莲英拿过来又呈给慈禧太后。慈禧接过来看了看，只见上边写的是"五谷丰登"，慈禧立刻乐开了花。李莲英也不失时机地迎合道："皇恩浩荡，普浴万民，五谷丰登；天下昌盛，这都是老佛爷给人们带来的福气。"

慈禧见这小黄雀真的这般灵验，兴趣大增，要继续试试这只小黄雀还有什么本领，并对李莲英说，如果这次小黄雀再算对了，要重赏李莲英。

慈禧这次有心要难住李莲英，于是要求算一算自己的寿命。李莲英故弄玄虚，表示很为难的样子，口中还默念着小黄雀一定要算对，否则自己要挨罚了。说完对着小黄雀打了个手势，小黄雀看了看，蹦了几蹦，又麻利地叼出了一张卦帖来。李莲英接过递给慈禧。

慈禧心中也有些忐忑，毕竟小黄雀不是人，不知道其中的利害关系，可是等他翻开一看，上边竟然写的是她所希望的"万寿无疆"！慈禧因此心情大好，于是重重地赏了李莲英一笔银子。

3　为献宠物，害同乡

李莲英在宫里的主要任务就是让慈禧高兴，只要是慈禧喜欢的，李莲英便千方百计地去做，至于给别人造成怎样的影响，他从不考虑。

　　宫里有一个叫魏宝华的首领太监，是大城县大祥村人，和李莲英是老乡，年纪跟李莲英也不相上下。入宫时间比李莲英早2年。两人虽然是同乡，但因志向不同，平时交往不多。魏宝华性格直爽，说话直出直入，不会阿谀奉承。做事兢兢业业，勤恳谨慎，也算小有成就，熬了一个四品花翎顶戴，当了一名首领太监。

　　魏宝华没有那些绕弯子的脑筋，平时就喜欢养狗。他养了很多狗，其中最招人喜欢的是一条哈巴狗。这只狗外表一身杏黄的颜色，柔软的细毛，还有一双黑亮的眼睛，四条腿也显得匀称有力。不仅如此，它还机警而且通人性。魏宝华用手一指地上的靴子，它就会立刻把它衔过来。而那些吃剩的梨核、桃核，魏宝华一指，它就会叼出去扔在院中。总之，这条哈巴狗不仅是魏宝华的宠物，更是他生活中打发寂寞时光的好伙伴。所以，这条哈巴狗也成了他空闲时离不开的宝贝。

　　魏宝华有这么一条通灵性的狗，当然逃不过李莲英的眼睛，很快李莲英就知道了，于是他到魏宝华住处打算向他要这只狗。

　　魏宝华听了，好似晴天霹雳。他万万没有想到李莲英竟然相中了自己心爱的小狗。魏宝华向来说话直，不会转弯抹角，况且李莲英要的又是他的心肝宝贝，当下心中一急，脱口而出："李总管，若是你要别的东西，什么我都答应，唯独这小狗，我是万万不会答应的！"

　　魏宝华强硬的态度直噎得人喘不过气来，他可能忘了对方是慈禧面前最红的人，是大内总管。不仅朝中的王公大臣，如北洋大臣、直隶总督李鸿章要敬他三分，就连光绪皇帝也要受李莲英的摆弄。魏宝华不过一个首领太监，竟敢恶言顶撞李大总管，当时在场的太监都为魏宝华捏一把汗。

　　李莲英见魏宝华不给面子不说，竟然还当着众人的面顶撞他，立刻怒火中烧。但转念一想，自己一个总管犯不着跟他场面上过不去，即便仗势压他，压服了，传到老家大城县也不好听；如果压不服，更不好下台。因此，他立刻换了一副面孔，赔笑着说两人不必为了一狗闹僵。不过他还是让魏宝华再考虑考虑。

　　李莲英的这句话其实笑里藏刀，稍微脑子活络的人都知道其中的意

思。一来李莲英给自己找个台阶下，二来也给魏宝华留足思考的空间，好让他识相点儿回心转意，献出那只小狗。

谁知魏宝华不理李莲英这一套，并且还要李莲英死了这份儿心。李莲英见话没法往下说了，只好抬起腿走了。

李莲英目的没有达到，当然不会善罢甘休。他本想用强硬的方法，觉得最好还是先礼后兵，于是又请来魏宝华，表示自己愿意出60亩好地、五大套的一挂马车作为交换。

一只小狗就可以换60亩好地，外加一挂五大套的马车，别说一般人家，就是中等地主，也觉得非常划算。李莲英本以为出这么高的价码，魏宝华肯定为之心动，乖乖把狗让出来。

谁知魏宝华来了倔脾气，就是不肯让步，而且还说："不要说60亩地，就是600亩地、6000亩地我也不换！"李莲英本来抱着能够买通对方的心理去的，不想却碰了一鼻子灰，于是只好继续回去想办法了。

魏宝华本以为李莲英还会继续来纠缠，可是一连十几天都没事，还以为李莲英就此死了心，魏宝华也就把这件事扔在脑后了。

一天，宫里二总管崔玉贵派他出宫办事，魏宝华不能不去，但又割舍不下小狗，只好把狗留在宫中，让小太监给他看着点儿。

其实这是李莲英采取的调虎离山之计，魏宝华刚出皇宫，李莲英就立刻派几个小太监把那小狗偷去，马不停蹄地献给了慈禧太后。

慈禧太后平素最喜欢养狗，据说慈禧那养狗的地方，都是用汉白玉铺地，建筑很是讲究。到了冬天，怕狗受冻，棉被都是用绸子做的，还专门派了几个太监负责养狗。她看了李莲英送来的小狗，非常喜欢，夸李莲英知道孝顺，是个有良心的人。李莲英受到慈禧的夸奖，心中自然也十分高兴。

魏宝华办完事回来的时候，已经傍晚时分，发现他那心爱的小狗不见了，心中非常着急，一晚上没有休息好。第二天一早就到处打听，这才知道是李莲英派人把狗偷去，献给了慈禧太后。既然狗已经到了太后手中，自然不可能要回来。魏宝华一肚子气没处撒，只好跑到李莲英的住处门口，大骂李莲英。

　　宫里的宫女、太监们，多数人都恨李莲英依仗慈禧的势力，欺压众人，今天有人出来骂他一顿，也给大家出出气，所以人们都看着，谁也不去劝说，谁也不去阻拦，任凭魏宝华骂下去。

　　魏宝华是越骂越有气，眼看就要闯进去打人，周围与他交好的人连忙把他拉住，劝他忍下这口气。为了一条狗，闯出祸来不值得。朝中大臣都惹不起他，你又能如何？再说这狗李莲英没有自己要，是献给太后了，太后说要再心疼都得给，就算是经过李莲英献给了太后吧。

　　魏宝华骂了一顿气也消了大半，再加上众人一劝，冷静了许多。想想自己以后还要在李莲英手下混饭吃，只好忍下这口气。

　　不过，这事还是被人报告给了李莲英。李莲英怀恨在心，从此经常故意刁难魏宝华，使他终于难以在宫中立足，早早被打发出宫回了老家大城县。

　　李莲英费尽心机哄得慈禧高兴，就是为了不断巩固自己的地位。慈禧每年十月初十都要在颐和园庆寿，王公大臣、文武百官都要贡献奇珍异宝。在拜完寿之后，慈禧为了表示她心地仁慈，不杀害生灵，以体现上天的好生之德，所以要在排云殿举行放生活动，放生完毕之后才去听戏。这一年，李莲英为了在慈禧太后大寿的日子里让她开心，禀报说自己养熟了一群鱼，可以在放生后自动游回筐中，若不回来，甘愿受罚。

　　王公大臣中会养鱼养鸟的人很多，知道把鸟儿驯养熟了并不很难。可是这鱼儿就不同了，鱼儿是养不熟的，最多就是见到人不游走，但是让它们自动游进筐中，真是闻所未闻。这些王公大臣们出于好奇，都纷纷把目光投向了李莲英。

　　而慈禧也想看一看放出去的鱼儿，会不会自行回来。于是立刻命令李莲英进行表演。如鱼儿回来必有重赏，否则定当论罪。

　　李莲英却胸有成竹地随着慈禧来到昆明湖边。慈禧落座后，李莲英命人抬来许多条鲤鱼，一起放到湖中。这些鱼一到湖里四散游开，瞬间不见了。然后，李莲英命小太监把几个竹筐放入湖中。不一会儿，只见那些鲤鱼纷纷进入筐中，把头都仰出水面，似乎在说些什么。李莲英趁机说这是在为慈禧太后祝寿，引得慈禧一阵高兴。那些王公大臣见这些鱼儿真的回

来了，并且仰出水面，有似叩头、祝寿之相，又见李莲英跪下高呼，便也一齐跪下，祝愿慈禧太后万寿无疆！慈禧太后见到这种场景，心满意足地听戏去了。

其实，李莲英是动了手脚才达到这种效果的。他先把养好的鱼饿上几天。单等十月初十这一天，把它们放入昆明湖之后，那些饿急了的鱼当然会四散去找食吃。这时再将带有大量鱼饵的竹筐放进水中，鱼自然会纷纷游到筐中。

慈禧喜欢在她生日时放生，是有历史依据的。1991年1月15日，北京市对颐和园昆明湖的清淤工程开始进行。期间在淤泥中挖到一枚戒指。经过清理后，这枚做工精巧的金戒指终于重现了昔日风采，上面还镶嵌着一粒黄豆般大小的红宝石。

一位现场参加清理工作的工程师看过戒指之说：史书上有记载，慈禧太后每次过生日都在昆明湖放生，把一些鱼和乌龟放进湖中，以显示皇恩浩荡，恩及万物。而且每次都会在放生的动物身上挂上一对金戒指或金耳环，所以史书上记载的，应该确有其事。

4　慈禧发病转投新主

光绪皇帝自从康梁变法失败后，就被慈禧太后一直囚在瀛台，后来八国联军侵入北京，又随慈禧西逃，在西逃路上才算有了点儿自由。一个皇帝只有在逃亡的路上才有自己一点儿自由，真是一个悲哀的笑话。回京后仍然被囚于瀛台，孑然一身。最喜欢的珍妃死了，瑾妃也不敢违命前来，所以平时非常孤独。时刻想着国家大事的光绪伤感自己犹如笼中之鸟，而且还无法讨得主人的喜欢。就连慈禧太后身边的太监都可以欺负他，真是一个窝囊的皇帝。李莲英曾讽刺他既有万岁之名，又不用分心操持国家大事，真是洪福齐天，乐得逍遥自在。

当一个想有所作为的人被束缚了身心的时候，常常就会忧思过度，难免会生病，况且又得不到及时的调养，所以日益严重，以至形容枯槁。即便如此，在慈禧的万寿节还要抱病前往，不过连率领众大臣行祝寿大礼都难以进行，只好早早勉强拜寿，以避免和大臣在一起举行活动，空耗体力。

慈禧见光绪颜色憔悴，行动气喘吁吁，不由得起了恻隐之心，就让他不必陪侍一旁，命他先行回去休息。

金秋十月的一天，慈禧带领后宫嫔妃、福晋、李莲英等泛舟昆明湖，慈禧太后兴致大发，自己扮作观音大士，命李莲英扮作童子，并拍照留念，日暮方归。

归途中，天气渐凉，侵人肌骨，慈禧回到寝宫竟然闹起了痢疾。不过尚能理朝政，并批阅奏折多件。谁知第二天，竟不能御殿，再加上光绪帝一向身体欠佳，一时间无人能处理国事。

第三天，慈禧、光绪同御便殿，直隶提学使傅增湘陛辞（离开朝廷，辞别皇帝）。慈禧嘱他，近来学生思想，多趋向革命，此风断不可长，要他尽心尽力，挽回风气，言谈间颇多感伤。自此光绪再也没有临过朝，不仅如此，就连慈禧太后也休息宫中，不再御殿。

御医料定情况不妙，早早通知军机处，两宫脉相均不稳定，还须高明医生诊视，以免误了病情。军机处立即加强了皇宫的保卫工作，所有出入人员都要严格搜查。

慈禧身染重病，军机大臣、北洋大臣、直隶总督袁世凯和李莲英都非常着急。因为他们两人都是依靠慈禧太后才爬上了高位，获得了显赫的地位和荣耀。同时，他们又都是光绪帝的大仇人，袁世凯是戊戌变法的告密者，李莲英则亲自将光绪帝囚在瀛台。

光绪皇帝虽身染顽疾，毕竟正值壮年，未必会归天。而慈禧太后年过古稀，太医又称脉相不好，万一慈禧暴死在光绪皇帝之前，到时候光绪皇帝一定会先将他们二人拿下问罪。

袁世凯急急忙忙找到李莲英，李莲英却气定神闲，胸有成竹地告诉他自己已经有所准备，不必担心。袁世凯见李莲英如此自信，便点点头放心去了。

慈禧太后则认为光绪身体病重，无法理政，立刻下旨立醇亲王载沣的四岁儿子、荣禄的外孙溥仪为嗣。庆亲王奕劻大惊，认为立嗣不合礼制，急忙入宫谒见慈禧太后，力陈按照支派而论，溥伦应是第一个继位人，其

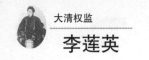
次就是恭王溥伟……怎么会轮到溥仪？

慈禧不听奕劻的劝告，仍坚持自己的意见，并称木已成舟，无法改变。李莲英也在一旁极力奉承慈禧，让奕劻不必再做无谓的抗争，并让他前去光绪处传达此意。

奕劻奉旨来到瀛台来看望光绪，只见光绪皇帝两眼无神，气喘吁吁，骨瘦如柴，恐怕命在须臾。身边只有两个年近六十的老太监伺候。见此情景，奕劻心想，身为一国之君，竟这般惨不忍睹，不禁老泪纵横。

奕劻知道多说会传到别有用心的人耳中，于是连忙把慈禧的意思跟光绪说了。光绪虽然重病在身，仍觉得此事不妥，认为立长君比较好。并要他答应在慈禧面前力争"承嗣穆宗，兼祧光绪"。奕劻让光绪放心，一切包在他身上。又询问了病情，就回报慈禧去了。

李莲英很快就知道了光绪想立长君的意思，立刻恐惧起来。如果慈禧一旦变卦，不立溥仪，将对自己不利。于是，他在慈禧面前造谣说光绪对慈禧身体抱病非常高兴，而且还面露喜色。

慈禧对此不辨真假，立刻大怒，并吩咐李莲英把光绪像对付慈安太后那样毒死，李莲英立刻领命而出。

这天中午，李莲英到了瀛台，把毒药混杂在光绪吃的药中，让光绪服了下去，然后离开了。出来后，他恰好遇到了皇后，正在瀛台外边徘徊，李莲英突然灵机一动，满脸谦卑地问安，并称光绪大限已到，让她进去见上一面。皇后却苦于没有慈禧太后的懿旨而不敢擅入。李莲英则大包大揽，说一切都由他负责，让皇后尽管进去。

李莲英为什么突然间对皇后这般礼貌，原来，他看到最近几天形势急转直下。首先，光绪必死无疑，而且看样子慈禧也不会坚持多久，自己的靠山眼看就要倒，自己的将来变得扑朔迷离起来。如今慈禧太后立了年幼的溥仪为帝，将来一定又是太后秉政。到那时，现在的光绪皇后，也就是将来的皇太后就会像慈禧太后一样掌握实权。自己现在有恩于她，说不定将来会得到她的青睐，攀上新的高枝，就算看不上自己的行为，也不至于得罪她，也算为将来留条后路。

过了几天，下午3点，慈禧听伺候光绪的太监禀奏，说是皇上疾大渐

（即正在咽气，即将死亡）。慈禧太后立即带领皇后、瑾妃到瀛台侍疾，此时的光绪已经气若游丝。

根据大清律例，在皇上弥留之际，必须着长寿礼服，否则对皇上升天不好，因为若只穿寻常衣服，就不会引起玉皇大帝重视，也会被祖宗责备。

太监们刚要为光绪换衣服，却被他制止了——他不同意。慈禧可能觉得自己欠他太多，因为她一辈子没给光绪好脸色看过，也没给他好话听过，如今到了最后关头，出于对光绪最后的关爱，就依他的心愿，免得光绪死后还怨她，所以慈禧太后没有坚持让太监给他穿衣服。

到了下午5点，做了一辈子傀儡的光绪皇帝终于驾崩了，这一天是光绪三十四年（1908年）十月二十一日。光绪驾崩时只有慈禧、皇后、瑾妃、李莲英和几个太监、宫女在侧。王公大臣、军机大臣、御前大臣，一个也没有，场景非常悲凉。

慈禧太后见光绪皇帝崩逝，也不免有些悲痛，哭了几声。随后立即回去传谕降光绪帝的遗诏，并颁发新皇帝登基喜诏。其实这份遗诏早就写好了，就等着光绪皇帝死后昭告天下呢！

庆亲王奕劻闻听光绪崩逝，便急忙入宫，面见慈禧，要求新皇入嗣，承继穆宗（同治皇帝），并表示大行皇帝亦不可先后，还是由嗣皇帝兼祧为好。

慈禧很不高兴，可是皇帝刚驾崩，她不好大动肝火。这时，李莲英认为此时是向光绪皇后、将来的皇太后表现的时候了，便劝慈禧说，庆王爷奕劻之言实在是为大清江山社稷着想。

慈禧见奕劻坚持己见不动摇，又有李莲英在一旁助阵，况且自己也没有精力与奕劻争论下去，只要同意奕劻，并去拟旨。这样一来，光绪皇后算是大赢家，也算是光绪有后了。

果然不出李莲英所料，兼祧之制已定，光绪皇后非常感激奕劻亲王和李莲英，因为同治皇后已死，她便是名正言顺的皇太后了。

后来，宣统皇帝登基一年之后，摄政王载沣被隆裕皇后（光绪皇后）逼下台，造成了清帝宣告退位；摄政王载沣要抄李莲英的家，被隆裕太后

拦住，算是救了李莲英一命。这是后话，暂且不表。

奕劻拟完兼祧之旨以后，时已夜半，方才退出。第二天是10月22日，奕劻将拟好的兼祧之旨拿给慈禧太后看，慈禧太后召军机大臣与皇后、摄政王与摄政王福晋，议论多时，复用新皇宣统的名目，发了一道上谕。尊慈禧皇太后为太皇太后，光绪皇后为皇太后。

午膳时，应经成为太皇太后的慈禧忽然一阵头晕，晕倒在饭桌上。幸好李莲英急忙与太监、宫女们扶慈禧到寝宫，又令太医一阵急救，这才醒转过来。

原来，慈禧晚年曾长期为面风、消渴和痔疮便血等病症折磨。而且据脉案记载，慈禧在光绪十二年（1886年）50岁时便已患有面风，其症状是："左眼下连颧"时作跳动，"视物不爽"等。面风到光绪三十二年（1906年）才有所好转，但消渴症和痔疮始终没有治好。

慈禧这次病发突然就是因为消渴症才出现了昏迷。她清醒过来之后，令召光绪皇后、摄政王载沣及军机大臣等齐集病榻之前，吩咐身后事。将国政交由摄政王办理。并令军机大臣现场拟旨，大意如下：

> 奉太皇太后懿旨：昨已降谕，以醇王为监国摄政王，秉承余之训示，处理国事。现余病势危急，自知不起，以后国政，即完全交付监国摄政王。若有重要之事，必须禀询皇太后者，即由监国摄政王禀询裁夺。

慈禧太后叮嘱完毕，喉中突然一股浓痰涌上来，噎得她差点儿背过气去，周围的宫女太监连忙给她冲了口清茶，这才缓过起来。这期间，所拟旨意经过反复斟酌修改，并参考光绪皇后的意见，终于定稿。傍晚时分，慈禧的眼神渐渐迷离起来，随即辞世。统治大清王朝近50年的慈禧太后，终于离开了这个世界，仅仅比光绪皇帝晚一天。

棺椁是早已备下了的，是选用上等金丝楠木制成的。内棺是楠木红漆填金的，在内棺四周细微的万字锦纹上，刻着藏文佛经，经文整整齐齐全部贴金，在棺盖上有九尊团佛，还有凤凰戏牡丹的花纹。

外棺也是金丝楠木制的。棺木外面涂了49道漆，最后一层是金漆，还有喇嘛在上边写的四大天王咒，用来超度亡灵。

慈禧的棺材内部到底都放了些什么东西呢？历来众说纷纭。其实李莲英不仅参加了慈禧的入殓，而且好做了详细记载，其中写道：

慈禧尸体入棺之前，先在棺底铺上一层金丝镶珠宝的锦褥，厚7寸，上边镶着12604颗大珍珠，85块红蓝宝石，祖母绿两块，碧玺、白玉203块。锦褥上铺有一条绣满荷花的丝褥，上面铺消五分圆珠2400粒。在这层丝褥上面又铺绣佛像串珠潜褥一层，褥上用二分珠1320粒。

尸体入棺前，先在头前部位放置一个翡翠荷叶，重22两5钱4分。荷叶满绿，叶筋为天然长就，实为罕见之宝。在脚下部位放置一个重36两8钱的粉红色晶莹夺目碧玺太莲花。

慈禧尸体入棺后，头顶荷叶，脚踏莲花，含有"步步生莲"的吉祥祝福的意思；又有祝福死者尽快地进入西方极乐世界的祈愿。

慈禧身上穿着多层寿衣，金丝串珠扎绣礼服和外罩串珠褂两件衣服上，用大珍珠420粒、中珠1000粒、一分小珠4500粒、宝石1135块。

慈禧胸前佩有两挂朝珠和各种佩饰，用珠800粒、宝石30块。另外还有串珠9练围绕全身。臂间摆放有18尊蚌佛。身上又盖上一床织金陀罗尼经被，被上有用真金丝捻的圆金线织山的佛像、佛经。在经被上又铺珠820粒。

慈禧头顶珠冠一顶。冠上镶嵌着外国进贡的一粒鸭卵大小的珍珠。在慈禧身旁还有金、银、玉、翠、红宝石雕刻的佛像各27尊，计135尊，这些佛的重量为金、银佛每尊重8两，玉、翠佛每尊重6两，红宝石佛每尊重3两5钱。

在慈禧的脚下左、右各置一个西瓜、两个甜瓜。两个西瓜为翡翠制成，青皮、红瓤、黑籽、白丝。四个甜瓜均为翡翠雕制，两枚白皮、黄籽、粉瓤；两枚青皮、白籽、黄瓤。这西瓜、甜瓜均为罕见之宝。

此外，还有青色粉尖的翡翠桃10个，黄色宝石李子100个，红黄宝石杏60个、红宝石枣40个。在这大小210件雕刻的果品之外，还有袁世凯和另一位王爷贡献的两棵翡翠白菜。这两棵白菜为绿叶白心，在菜叶上落着

一个绿色的蝈蝈，正吃那白菜心。在菜叶旁边还落着两只黄色马蜂。这些都是罕见的异宝。

慈禧身旁还放着一枝玉藕，藕分3节，沾有天然生就灰色泥污，藕上长出绿色的荷叶，粉红的莲花。另外还有一颗黑荸荠。右边放着一枝红色的珊瑚树，上有樱桃一枝，青根、绿叶、红果，树上还落着二只翠鸟。

为了填补棺中的空隙，又向棺中倒了4升珠宝。其中有：八分大珠500粒，二分珠1000粒，三分珠2200粒，红蓝宝石2200块，仅填棺空隙这一项就价值白银223万两，其他还不计算在内。

最后，盖上一件宝物，叫作网珠被。被上用了二分重的珠子60粒。在正要盖棺木的盖子时，又赶来一位公主献宝。其中价值最贵重的要算白玉雕刻的8匹骏马和18尊罗汉。这18尊罗汉虽然高不足2寸，但却是白身白足，着黄鞋，披红袈裟，手执红莲花。

总之，据李莲英的记载，棺中除慈禧的尸体外，其余全是奇珍异宝。有人据此粗略地统计了一下，仅大小珍珠就用了33565粒，红蓝宝石3455块，其他金、银、翠、玉还未计算。

正因为慈禧在棺木中装的宝贝太多，所以在她死后仅仅20年，慈禧的墓就被盗墓者多次光顾，引起了贪财之人的垂涎，最后那棺中的宝物，都落入了大军阀孙殿英的手中。

5　靠山　倒急着退隐

慈禧入棺后，众王公大臣举哀，礼毕后，只剩下李莲英仍然伏于灵前，恸哭不起，比起当年他爹他娘死的时候，哭得还要厉害。不仅如此，他的哭相还很特别：一边哭一边唱着说故事。大意是慈禧太后不应该独自留下他一人在时间，若在天有灵把他也接走等，表情极其悲痛，足足哭了半天。

其实，在场的人之所以会哭，大都是因为不得不哭，只有李莲英才是真的伤心。首先，李莲英从咸丰六年（1856年）9岁进宫起，一直到光绪三十四年（1908年）60岁止，一共伺候了慈禧52年。从一个懵懂的杂役小太监一直做到大内总管，而且慈禧对他言听计从，他也处处维护慈禧

慈禧葬礼上栩栩如生的纸兵纸将

的利益，还经常能猜透慈禧的需要，实在是得心应手的好属下；其次，慈禧太后一死，他失去了靠山，再也不能作威作福不说，自己的归宿如何，他自己也没底，脑袋都难说保住保不住；最后，他还想通过一番表演打动光绪皇后。因为现在李莲英的命就在隆裕太后手心里握着，只要隆裕太后说一声不能杀他，那他就可保无虞了。相对于保命，这点儿哭声算什么，所以他痛哭不止，谁拉也拉不起来，其实是在等隆裕太后的一句话。

此时的光绪太后是双重重孝在身。既死了慈禧婆母，又死了丈夫光绪。再说她虽入宫当了皇后，身为六宫之主，可是她一天也没做过主，一切都听慈禧的。如今慈禧一死，她有点不知所措。现在李莲英哭声不止，别人又劝不下来，加上李莲英最近对她还不错，于是，劝李莲英不要再哭了，一切都由她做主。

李莲英终于等来了他想要的那句话，有了这句话，他就有了一道护身符。所以当下就停止哭泣，忙不迭地叩头谢恩。

李莲英早就做好了"跳槽"的准备，慈禧死后，除了有关慈禧的遗物之外，把宫中的一切事务他都推到自己的得意门生小德张那儿，说自己年迈体衰，自太皇太后龙驭上宾之后，悲伤过度，对事情颠三倒四，恐误了隆裕太后的大事。

李莲英的这种以退为进的策略，可谓一石二鸟，一来看似把大权交给

慈禧葬礼中纸做的亭台和法船

了办事机灵的小德张，使小德张快速上路，自己却识趣让路，让小德张非常感动；其次就是摆脱慈禧太后的干系后为投向隆裕太后作准备。

李莲英千方百计为自己留条后路，为的是防止有人借他失势之机加害于他，如今没了后顾之忧，自己退下来也不会遭到不测，便在慈禧百日孝满后，请求"退居南花园养老"。这一请求得到隆裕太后的批准。

李莲英在原籍有一偌大的应园，在北京还有七八处外宅、四五处买卖，还过继了四个侄儿，可谓家财巨万，庄田成片，骡马成群，子孙满堂。以他的家私来说，除了比不上皇家，比王爷也不在其下。可他为什么不回到家乡去安度晚年，享受天伦之乐，而甘愿过这孤独的生活呢？

其实重点就在这南花园上，这南花园是个什么样的地方呢？这南花园在故宫西华门外南长街，也叫"咬春园"。到了清代乾隆年间改称为"升平署"，皇宫内戏班就住在这儿，所以又叫"南花园"。园内种植花卉树木，并广种蔬菜，还建有暖室，培植一些名贵花卉，如芍药、牡丹等，到年终岁末，送进宫去，以备帝王后妃们观赏。从这儿不难看出，这确是一个幽雅僻静的养老好去处。

尽管寻了一个远离宫廷争斗的地方，他还是非常害怕有人会暗算他，在慈禧的梓宫奉安之时（比光绪梓宫奉安迟半年），李莲英一刻也不敢离开隆裕太后，生怕有人趁机下手杀他。

咸丰皇帝的陵寝在东陵，所以慈禧的梓宫当然也要在东陵安葬。从东陵提心吊胆地回来之后，李莲英就住在南花园，平时也很少出门，只有到了清明、十月初一这两大凭吊的节日，李莲英才会到东陵给慈禧去烧纸。

十月初一对李莲英来说确实与众不同。首先，李莲英是在咸丰六年（1856年）十月入宫当太监的，从此开始了他飞黄腾达的一生；其次，慈禧是十月初十生人，而且又死于光绪三十四年（1908年）十月二十三日。这就是说慈禧"生于十月，死于十月"。随着慈禧而得势失势的李莲英，当然也是"发迹于十月，失宠于十月"。因此，每年的九月底，无论刮风下雨，李莲英都要赶到东陵，在慈禧墓前哭诉自己如今的惨淡，回忆当年的辉煌。可以说，慈禧一走，带走了李莲英的一切。

宣统即位，朝中大事一切由摄政王载沣做主，一般很少与隆裕太后商量。这么一来，不仅隆裕抑郁不快，就连要靠太后吃饭的新任大内总管太监的小德张也不痛快。

小德张为了发财，怂恿隆裕不顾正值"国丧"期间修建"水晶宫"，让摄政王载沣很不高兴，可惜他与他的父亲醇亲王奕譞一样懦弱，政治手段也不多，只好对小德张操控隆裕太后的局面听之任之。敏感性极强的李莲英立刻嗅出了其中的机会，他通过小德张控制隆裕太后，又让庆亲王奕劻和御前大臣那桐牵制载沣，使他不能有大的作为，以免做出对自己不利的事情来。

李莲英不仅牵制了载沣，而且挽救了自己的老友袁世凯。原来，光绪死后，隆裕在为光绪收拾遗物时，在砚台盒内发现了光绪的御笔亲书，写的是"袁世凯处死"五个字。袁世凯是手握重兵的大臣，隆裕不知如何办才好，便交给了载沣。载沣没有在"国丧"期间动手，而是仔细观

醇亲王奕譞与他的儿子、日后的摄政王载沣

察了一段时间。他见国内并无重大变故，于是召集诸亲王会议，取出了光绪帝的手谕，众人面对这么大的事件，一时间无法定论，只有庆亲王奕劻反对处死袁世凯。因为当时袁世凯手握京畿兵权，倘若把他惩办，恐怕会引起兵变。他建议以其最近患有的足疾为借口罢免了袁世凯的兵权。

载沣也怕士兵哗变，只好照此计从宽办理。其实袁世凯和李莲英、奕劻是好朋友，奕劻自然会照顾他了。很快，袁世凯便借足疾为名，疏请辞职。载沣见不用自己动手，将计就计让他开缺回原籍。

宣统二年（1910年）的9月下旬，正值金秋季节，厌倦了宫廷生活和官场争斗的李莲英终于决定不再过问任何宫中之事，主要是身体难以支撑下去了。

6　得恶报一切终成空

人一老就容易回忆过去的事，李莲英更是怀念以前和慈禧太后一起的日子，回味当年的辉煌。不过对于一生弄权的李莲英来说，毕竟大势已去。当他每每想起昔日伴同慈禧太后权显朝野、为所欲为的情景，怎不百感交集、思绪万千呢？终因思想苦闷，忧虑过度，身体日趋衰弱；时而紧锁眉头，焦躁不安；时而无精打采，疲惫不堪，没了半点生气。再加上社会上传闻光绪之死就是李莲英亲自办的。这些传入李莲英的耳朵里，他变得十分恐惧不安。

李莲英的几个嗣子见此光景，知道他死期将近，立即为他营造墓室。据他的一个王姓太监的同乡说，李莲英生前，曾在德胜门外买地二亩余，为他修建墓室一座，规模虽不宏大，建造倒也讲究。墓室营造耗时一年，花银五六万两，但是李莲英死后没敢葬入此墓地。《骨董琐记》一书对此有详细记载："大阉李莲英墓，距北苑三里许，地约二亩余，周以女墙，南向铁门，有翁仲二，门榜李氏佳城，某臣公所书也。松楸成行，墓砌白石，玉琢精美，凿石渠泄水，长亘十余丈，守墓者数户，日汲水灌草木。称圹内石室，容百数十人，有享坛列入珍品，费时年余，费金数万始竣……"书中记载有三点符合：第一，墓地距北苑三里，属于德胜门外；第二，费时年余，费金数万元，与太监的五六万之说亦基本相符；第三，从时间上看，费时一年余，也符合太监口述。

宣统三年（1911年）正月，病入膏肓的李莲英自觉难以医治，恐怕将不久于人世。于是，死前也不忘深谋远虑的李莲英于病榻召集几个嗣子及诸弟兄于床前，神情悲伤，又将自己的一生历数了一遍，包括如何发迹，如何升为大内总管。并告诉他们创下这份家业的不容易。一再嘱咐他们，要谨慎持家，以防财源枯竭。不仅如此，他还让家人时刻注意动荡的时局，以便随机应变。因为一旦革命党人发起暴动，纲纪就会完全丧失，要做好充分准备。

隆裕太后

最后，他还对自己的身后大事，做了安排：灵枢不要长期停放，而关于发丧等诸般事宜，且不可冒昧行事，一切都要听从朝廷的安排，请隆裕太后恩准定夺，方可照办，如不请旨，倘出意外，后果不敢想象。另外，他还把各银号、金店的存款及家中库存开列清单，当即分给各人自存。据李氏后人说，除李莲英的四个嗣子每人分得白银四十万两外，其余各屋至少均得二十万两，共分掉白银三百四十万两。

李莲英自己在死前还说，宫廷大内尚有存银三百多万两，珠宝两箱，此项钱财，不可再去要，就当不是李家的，否则，难免引火烧身。果然，李莲英死后，宫中几个知情的太监，企图私分李莲英的财产，被总管太监小德张秘密报告隆裕太后。隆裕太后将财物据为己有并诛杀了参与的所有太监。

宣统三年（1911年）二月初四亥时，李莲英终于在念念不忘慈禧太后的呓语中死去。李莲英死后，他的弟兄七子嗣遵照他的遗嘱，经他长子李成武召集诸弟兄商议后，便向宫里写了一道奏折，请求隆裕太后降旨发丧。二月初六，隆裕太后传旨，按着祖宗家法，凡有品级的太监，均赐茔地于西郊恩济庄之大公地内安葬，并赐以祭坛和治丧银一千两。

　　李家接旨后，随即安排发丧日期和丧葬殡仪，旋又请准隆裕太后降旨，"葬仪饬以国家元勋"对待，这样一来，葬礼的规格就立刻高了起来。虽然国库紧张，无法给李家发钱。其实李家要的是这个名誉，并不缺钱。因有隆裕太后旨意，李家便敢于极力铺张。丧报纷纷散发到京城内外各地，生前友好、朝中大臣都纷纷前来吊唁。李家诸孝子贤孙，披麻戴孝，伏于灵前。退隐章德府（安阳）的袁世凯也令长子袁克定以世侄名义前来北京扶灵吊唁。场面宏大，耗费数万两白银，直到三月初四日，才将李莲英的灵柩送往恩济庄大公地内安葬。

　　恩济庄是御赐茔地。《国朝宫史》续编上记载，此地原为明嘉靖皇帝恩赐。《恩济庄内监公墓碑》中也有："清世宗雍正皇帝，恩赐银一万两，使营兆域""茔在阜成门外，八里庄偏西，工始于雍正十二年八月，竣于乾隆三年七月""共占地四顷六十三亩八分一厘"，可见也是清朝历代的恩赐茔地。另据《日下见闻考》记载："雍正十二年，世宗宪皇帝赐地一区，名恩济庄，并于其敕建关帝庙一座，于乾隆三年二月落成。"两种记载相互印证了此事的真实性。李莲英墓便建在恩济庄茔地之关帝庙后，《李氏家谱》也有"葬于恩济庄恩赐圭地内窀穸"的记载。

　　为了保证墓地的牢固性，李莲英的墓顶用沙土、白灰、黄土合以蛋白、糯米汤灌浆。据说当年八里庄十里方圆内，各村的鸡蛋都被买得精光，尚不足用，而蛋黄则随地乱扔，时值阳春，很快变得腐臭难闻，当地百姓也是怨声载道。

　　李莲英墓的全部工程，包括茔内建石桥、立牌坊、修碑亭、竖墓碑、建祠堂、盖院墙等，费时一年多，耗银两万多两。期间，李成武还调用几百名禁卫军，持枪荷弹，日夜守卫。工程完工后，还长期雇用了当地一个叫孙宝祥的贫苦农民，为李莲英守墓。

　　1931年，李莲英兄嫂病故后，家人又在祖坟内为李莲英造了一座假墓。墓内是专门打造的一个尺许的银人，算是李莲英的替身，装入棺木。前后算起来，李莲英有三个墓地，即真墓（恩济庄）、疑墓（德胜门外）和假墓（故里）。

　　李莲英的后人李瑞描述，整个恩济庄茔地，周围都是高大的石墙，向南有高大的门楼一座，进门就可看到整个茔地的面貌，大约埋葬着自明朝以来的三百多个首领以上的太监，大多数都立有墓志碑，但是规模都不大，再加上年代久远，很多早已荆棘丛生，十分荒凉。李莲英的墓地却完整无损，而且非常宏伟，还在关帝庙东侧建有李莲英祠堂，也很有规模。其中北房五间，东西配房各有三间。祠堂内悬挂着李莲英的画像，一切还算正常。

李莲英死后的当年十月，就爆发了武昌起义，很快清王朝就结束了二百多年的统治，并且建立了中华民国。

清亡后，李莲英的后人无法继续享受优厚的俸禄，而且后人中大都提笼遛鸟，无所事事，家道遂逐渐衰落。故里庄园的生活更是一落千丈，但毕竟瘦死的骆驼比马大，到了民国十年（1921年）前后，仍能维持权贵之家的派头。不过终因过度挥霍，坐吃山空，生活难以维系。1922年直奉战争期间，全家迫不得已逃往天津。当时他们拉不下脸来过穷苦日子，没有经济来源还要维持昔日富贵的生活，只得典当家中的珍奇物品换钱。先是出售衣服、家具、布匹、绸缎。到后来，连成套的桌椅板凳，屏风等都卖了。据说有些餐具就是当年慈禧太后给李莲英妹妹做嫁妆的，相当珍贵。变卖的钱用光后，就甩卖土地，到抗战爆发前，李家的土地、财物几乎已甩卖一空。

1940年左右，昔日李莲英苦心营造的北京多处宅邸，大部分也已变卖或典当出去。仅1940年就卖了后公用库宅院、鑫园澡堂子和西直门外的堂子胡同皮匠铺等旧产。到北京解放前夕，当年盛极一时的所谓李氏的"北京四大家族"彻底名存实亡了。